广州市宣传文化出版资金

本书受广州市宣传文化出版资金资助

第一次国共合作在广州

黄志坚◎著

DIYICI GUOGONG HEZUO
ZAI GUANGZHOU

暨南大学出版社
JINAN UNIVERSITY PRESS

中国·广州

图书在版编目（CIP）数据

第一次国共合作在广州/黄志坚著.—广州：暨南大学出版社，2015.6
ISBN 978-7-5668-1101-1

Ⅰ.①第…　Ⅱ.①黄…　Ⅲ.①国共合作—史料—1924—1927
Ⅳ.①K262.606

中国版本图书馆 CIP 数据核字(2014)第 186532 号

出版发行：暨南大学出版社

地　址：中国广州暨南大学
电　话：总编室（8620）85221601
　　　　营销部（8620）85225284　85228291　85228292（邮购）
传　真：（8620）85221583（办公室）　85223774（营销部）
邮　编：510630
网　址：http://www.jnupress.com　http://press.jnu.edu.cn

排　版：广州市天河星辰文化发展部照排中心
印　刷：佛山市浩文彩色印刷有限公司

开　本：787mm×1092mm　1/16
印　张：16.25
字　数：268 千
版　次：2015 年 6 月第 1 版
印　次：2015 年 6 月第 1 次

定　价：45.00 元

（暨大版图书如有印装质量问题，请与出版社总编室联系调换）

目录

绪 论

一、国内外研究现状

第一次国共合作从1924年1月起至1927年7月止，国共两党在此次合作中迅速成长，革命势力推进到长江流域。这次合作牵涉到当时复杂的国内、国际各种政治势力博弈，并深刻改变了中国政治势力版图。由于各阶层都迫切地想改变中国积弱的现实，各派人物、思想纷纷涌现，整个社会波动不安、光怪陆离，而又气象万千、充满激情。这样一段复杂的、多变的，国际、国内各因素交织的历史，在秦汉以来中国历史的长河中并不多见，因而长期吸引研究者的注意；有关第一次国共合作的研究也一直是中国近现代史、中共党史学术界关注的一个重要课题。

国外学者也关注第一次国共合作历史的研究，美国学者伊罗生著有《中国革命的悲剧》（刘海生译），作者以记者及中国生活观察者的视角，研究了大量直接材料，比较客观地探索了第一次国共合作这段历史，长期以来被世界学术界公认为一部经典著作。日本学者波多野善大著有《国共合作》（罗可群译），主要是从通史角度阐释了国共合作历史；美国学者罗伯特·诺思、津尼亚·尤丁编著的《罗易赴华使命——一九二七年的国共分裂》（王淇等译）从第一次国共合作后期，共产国际代表罗易来华活动的角度阐释了当时的国共合作。日本学者横山宏章参加孙中山与亚洲国际学术讨论会时提交了论文《马林、孙中山、国共合作——以马林档案为中心》，以马林档案为中心解读了国共合作。国外学者从外国人角度提供其观察视角，是我们认识这段历史的重要参考。

港台地区学者也非常注意研究中共党史，台湾李云汉《从容共到清党》、郭华伦《中共史论》、王建民《中国共产党史稿》，香港司马璐编著的《中共党史暨文献选粹》都有对第一次国共合作的论述。由于政治立场和所占有的史料与大陆学界不一致，台港地区有关第一次国共合作的研究可以为我们提供另一个视角。

中国大陆学者有关第一次国共合作方面的研究著作可谓琳琅满目。从通史角度，有唐培吉著《两次国共合作史稿》，黄修荣著《第一次国共合作》，杨世兰、史久远、余茂笈主编《国共合作史稿》，林家有主编《国共合作史》，徐矛、石源华著《国共合作史话》，秦野风、白玉武、冯连举编著《国共合作的过去与未来》，李良志、王顺生编著《国共合作历史与展望》，李淑娥著《国共合作简史》等等。

也有的学者侧重从北伐战争、黄埔军校等军事角度阐述国共合作，如陈伙成著《国共合作北伐记》，曾成贵、江抗美著《国共合作的北伐战争》，卜穗文、孟育东著《大革命时期的黄埔军校史略》，中国人民政治协商会议全国委员会文史资料研究委员会编《第一次国共合作时期的黄埔军校》，张光宇著《第一次国共合作时期的国民革命军》。

第一次国共合作和大革命紧密结合在一起，因此也有学者从大革命角度阐述了第一次国共合作，这其中有华岗著《中国大革命史（1925—1927）》，姚金果、苏杭著《解读中国大革命史》，吴斐民著《中国大革命》，王宗华、马菊英著《中国大革命史纲》。

也有的学者以国际视野角度来观察第一次国共合作，如杨奎松著有《“中间地带”的革命——国际大背景下看中共成功之道》，作者在序言中一口气提出16个为什么，指明了从国际视野角度考察中国革命的重要性，在具体行文中更是搜罗了诸多史料证明了中国整个新民主主义革命的曲折发展实际上是与外部世界发展息息相关的；在吴祖明主编的《中国大革命与亚洲》中收录了《中国国民革命与亚洲民族的复兴》、《国民革命——亚洲革命的升华》等论文；黄修荣著有《共产国际和第一次国共合作的形成》一书，向青著有《共产国际和中国革命关系的历史概述》，杨云若著有《共产国际和中国革命关系纪事（1919—1943）》一书；苏杭、苏若群、姜羿编撰的《绝密档案：第一次国共合作内幕》，依据俄罗斯公布的一大批有关中国问题的秘档，深度解密两党从对立到合作的复杂过程。

还有学者从国民革命角度阐释了第一次国共合作，如“凤凰文库·历史研究系列”中王奇生著《中国近代通史（第七卷）：国共合作与国民革命（1924—1927）》，曾庆榴著《国共合作与国民革命》；有学者从人物角度来阐释第一次国共合作，如中共北京市委党史研究室编《李大钊与第一次国共合作》；有学者从国民党角度阐释了第一次国共合作，如杨奎松著《国民党的“联共”与“反共”》。李玉贞先生则别出心裁，从国民党与共产国际关系角度出发，以 30 年研究功力著有《国民党与共产国际(1919—1927)》，作者具有语言优势，应用了大量国外原始史料，内容广博而逻辑严整，以苏俄和中国国民党各自的利益诉求为分析主轴，提出了一系列新观点。王奇生著有《党员、党权与党争：1924—1949 年中国国民党的组织形态》，该书不仅提出了国民党“弱势独裁”这一观点，并对第一次国共合作时期国民党组织的发展有比较详尽的论述。

值得注意的是，第一次国共合作以及由此引起的革命剧变在中国历史上是波澜壮阔、影响全国并波及后世的历史事件。它的影响在全国各省表现力度和形式并不一致。有些省份的学者对此进行了翔实的资料整理工作，如中共江苏省委党史工作委员会编《第一次国共合作在江苏》、中共北京市委党史研究室编《第一次国共合作在北京》、中共四川省委党史研究室编《第一次国共合作在四川》，陈鹤锦在《民国档案》（1994 年第 4 期）发表了《第一次国共合作在江苏》等。从地域角度出发观察第一次国共合作，也是一个重要的研究角度。本书的研究也是顺承这一思路出发的。

二、写作缘由

广州是第一次国共合作的中心。明确提出全体党员加入国民党的方针策略的中国共产党第三次全国代表大会（中共三大），标志第一次国共合作正式形成的国民党一大，都是在广州召开的。省港大罢工、农讲所和黄埔军校的建立、“中山舰事件”、“整理党务案”、东征和北伐等一系列国共合作中具有标志意义的历史事件，多与广州有密不可分的关系。当时国内、国外很多报刊常用“广州”、“广州方面”、“广州政府”来指代广州国民政府及其代表的国共两党联合力量。党史工作者在“广州与第一次国共合作”研究方面做了很多有益的工作，整理了很多史料，如中央档案馆、广东省档案馆收集整理的《广东革命历史文件汇集》，广州市地方志编纂委员会编写的《广州市志》卷十一中《中国共产党广州地方组织志》，中共广州市委党史资料征集、研究委员会办公室辑录的《广州大革命时期回忆录选编》，陈登贵、江铁军选编的《广东农民运动资料选编》，林锦文辑录的《广州农民运动讲习所资料选编》等等。除了史料整理外，在诸多广东地方通史著作中，对广州与第一次国共合作也有诸多著述。如方志钦、蒋祖缘主编的《广东通史（现代部分·上册）》，对第一次国共合作进行了阐述；广东民国史研究会编的《广东民国史（上册）》第三编《国民革命与广州国民政府》、中共广东省委党史研究室编的《中国共产党广东地方史（第一卷）》第二章《在大革命的洪流中》对国共合作都有论述。在广州地方通史著作中，中共广州市委党史研究室编有《中共广州地方史（新民主主义革命时期）》，对第一次国共合作期间中国共产党在广州的历史有比较详尽的论述，其论述重点在党的发展和大革命发展；杨万秀主编《广州通史（现代卷·上册）》第二章到第四章论述了国共合作从建立到分裂的过程；曾庆榴著有《国民革命与广州》，书中选录了近40篇论文，对20世纪20年代前后发生在广州的与国民革命有关的诸多历史事件做了有益的探讨，许多论点颇有创新。然而，尚缺少从整体论述第一次国共合作在广州的著作。

笔者自2004年7月在广州毛泽东同志主办农民运动讲习所旧址纪念馆工作后，由于工作的关系，开始接触许多第一次国共合作方面的材料。特别是2006年参加中共三大会址纪念馆历史陈列提纲编写和在该纪念馆工作后，对于第一次国共合作在广州的重要性有了更深刻的认识，在工作中逐步萌生了收集第一次国共合作在广州的资料并撰写相关著作的念头。笔者认为，需要一部《第一次国共合作在广州》这样的专著，方能与广州在第一次国共合作中的历史地位和影响相称。

三、写作思路

（1）避免写成大众化的第一次国共合作叙述性通史。笔者特别注重收集有关第一次国共合作在广州的档案、文件、回忆录、报刊资料等史料，有些资料为以往的学术论文中没有或很少提及。笔者力求以史实说话，而杜绝过多的人为论述。比如广州起义，笔者叙述其酝酿、发生以及影响、意义等，基本是从档案入手，以求贴近历史真相。

（2）避免写成中共广州地方党史。毫无疑问，中共广州地方党组织在第一次国共合作中起了非常大的作用。在现行体制下，我们所看到的材料，也偏向中共党史。所以本书的写作，无论是工人运动，还是农民运动、青年运动以及妇女运动等，都力求从国共两党的立场和政策出发，从而避免写成一党的贡献。大革命的发生，应该说是国共两党共同促进的。

（3）把广州与第一次国共合作放在国际大背景下理解，包括列宁相关革命理论对中国革命的指导，共产国际、苏俄对中国革命的指导，并引用一些国外报刊资料对广州革命的报道，为理解广州与第一次国共合作的关系提供新的视角，也有助于理解广州革命所产生的世界影响。事实上，国共为什么合作、国共之间的冲突、中国共产党的困惑等，追根溯源，都可以在列宁理论里找到原因。

（4）通过史料的罗列和分析，本书想提出一个观点：广州是中国革命的第一个圣地。与瑞金、延安不同，这个圣地是由国共两党共同缔造的。它是国共合作的策源之地、激情之地，是全国革命青年向往的地方。

（5）历史的发展，使得广州又成为国共合作的是非之地、伤心之地。这背后的逻辑是什么？是中共指导错误，还是国民党太强大？为什么激情的中共面对国民党右派的进攻软弱无力？本书提出的解释是：列宁理论本身蕴含了太多的局限性，理论的局限性使得共产国际、中共在面对复杂的局势时提不出改变局势的根本办法。

笔者撰写的《中国共产党在“三大”前后对农民问题的探索及启示》、《第一次国共合作时期的广州农民运动讲习所》、《叶剑英早期军事生涯》、《阮啸仙与广东农民运动》等相关论文发表在广州毛泽东同志主办农民运动讲习所旧址纪念馆学术论文系列《广州农讲所纪念馆论丛》上。书中部分内容《中共三大与广州青年运动》在《嘉应学院学报》2013 年第 6 期，《第一次国共合作时期的广州农民运动》在《广州社会主义学院学报》2014 年第 3 期上发表。以上工作为撰写本书做好了准备。

尽管笔者已经尽可能多地收集国民党方面的材料，从而尽量客观去理解第一次国共合作在广州的诸多事件，然而限于客观条件，本书所收集的国民党方面的材料还是不足。这是本书遗憾的地方。

希望笔者的努力能为广州的党史和历史文化工作作点贡献。

第一章　第一次国共合作的理论基础和历史背景

中国共产党领导的28年革命，从来就不是独立的，它总是和世界形势紧密结合在一起。从第一次国共合作影响下的大革命，到抗日战争、解放战争，我们总能清晰地感受到国际因素的脉搏。在中国共产党探索和领导中国革命的前十几年，莫斯科的理论、政策以及行事方式，都深刻影响了中国革命。正如学者所言："中共所领导的这场革命，就其基本内容和方向而言，都是得益于俄国革命性质的影响和规定的。恰恰是由于中共与苏联和共产国际之间存在着这种特殊关系，由于来自苏联和共产国际的理论、政策和策略的指导，由于后者对于前者的援助乃至干预，中国革命才走上了今天我们所看到的这条通向社会主义的艰难曲折的漫长道路。"[①]确实，很多中国革命历史问题，放到国际大环境下，才有更恰当的解释。尤其是在1921—1927年这个时段，中国共产党的早期领导人本身没有对中国国情做过深刻分析，也没有太丰富的领导革命的经验，因而受莫斯科指导和影响更为明显。

第一次国共合作是指中国共产党和中国国民党的第一次合作，从1924年1月起至1927年7月止，历时三年半。从第一次国共合作的酝酿、实现以及发展，乃至结束，苏俄、共产国际的态度和策略在其中起着至为重要的作用。

第一节　列宁关于殖民地、半殖民地民族和革命理论

早在20世纪初，特别是第一次世界大战期间，列宁就陆续提出了关于

① 杨奎松：《"中间地带"的革命——国际大背景下看中共成功之道》，山西人民出版社2010年版，第3页。

殖民地和半殖民地革命的一系列原则问题。1920 年 6 月，列宁为共产国际第二次代表大会草拟的《民族和殖民地问题提纲初稿》发表。1920 年 7、8 月间举行的共产国际第二次代表大会，通过了《关于民族与殖民地问题的补充提纲》等相关决议。这一系列的文章、决议，集中体现了列宁的殖民地、半殖民地民族和革命理论。正是列宁的殖民地、半殖民地民族和革命理论，奠定了第一次国共合作的理论基础。

列宁认为，在民族问题上"不应当把抽象的和形式上的原则当作主要之点，而主要之点应当是：第一，准确地估计具体的历史情况，首先是经济情况；第二，把被压迫阶级、被剥削劳动者的利益，同一般人民利益这样一种意味着统治阶级利益的一般概念明确地区分开来；第三，把被压迫的、附属的、没有平等权利的民族，同压迫的、剥削的、享有充分权利的民族也明确地加以区分"①。这就告诉我们，对于殖民地、半殖民地民族和革命问题，不能照搬资本主义充分发展国家的革命经验，而要基于经济和社会阶级的具体分析，作出具体的决策。

列宁认为，"共产国际在民族和殖民地问题上的全部政策，主要应该是使各民族和各国的无产者和劳动群众为共同进行革命斗争、打倒地主和资产阶级而彼此接近起来。因为只有这种接近，才能保证战胜资本主义，如果没有这一胜利，便不能消灭民族压迫和不平等的现象"②。这就为各国革命者勾勒了一个殖民地、半殖民地民族和革命的大致框架：所有政策的核心，应指向团结各阶级，以取得民族独立，消灭民族压迫。

十月革命后，俄国建立了世界上第一个苏维埃国家。苏维埃俄国面临的形势是险恶的，世界资本主义国家组成反俄联盟，必欲除之而后快。列宁认为，"目前的世界政治形势把无产阶级专政提上了日程，世界政治中的一切事变都必然围绕着一个中心点，这个中心点就是世界资产阶级反对俄罗斯苏维埃共和国的斗争。而俄罗斯苏维埃共和国必然要一方面团结各国先进工人的苏维埃运动，另一方面团结殖民地和被压迫民族的一切民族解放运动。这些民族根据自己的痛苦经验，深信除了苏维埃政权战胜世界

---

① 《列宁〈民族和殖民地问题提纲初稿〉》，中共广东省委党史研究委员会、中共广东省委党史资料征集委员会编：《第一次国共合作研究资料》（内部刊物），1984 年，第 2~3 页。

② 《列宁〈民族和殖民地问题提纲初稿〉》，中共广东省委党史研究委员会、中共广东省委党史资料征集委员会编：《第一次国共合作研究资料》（内部刊物），1984 年，第 3 页。

帝国主义之外，他们别无生路”[1]。这样，列宁把殖民地和半殖民地民族和革命问题上升到世界革命的高度，认为苏维埃俄国必须要团结殖民地、半殖民地革命者，支持他们的民族解放运动。

而且，苏维埃俄国对殖民地、半殖民地国家革命的支持必须是实实在在的，要与殖民地、半殖民地国家革命者结成巩固的联盟，“不能局限于空口承认或空口提倡各民族劳动者互相接近，必须实行使一切民族解放运动和一切殖民地解放运动同苏维埃俄国实现最密切的联盟的政策，并且根据各国无产阶级中共产主义运动发展的程度，或根据落后国家或民族中工人和农民的资产阶级民主解放运动发展的程度，来确定这个联盟的形式”[2]。这就为共产国际指导甚至干涉各国革命提供了组织上的理论基础。列宁甚至更进一步提倡国际无产阶级专政，“把无产阶级专政由一国的专政（即存在于一个国家内的，不能决定全世界政治的专政）转变为国际的专政（即至少是几个先进国家的，对全世界政治能够起决定影响的无产阶级专政）”，“无产阶级的国际主义，第一，要求一个国家的无产阶级斗争的利益服从全世界范围的无产阶级斗争的利益；第二，要求正在战胜资产阶级的民族，有能力和决心去为推翻国际资本而承担最大的民族牺牲”。[3]历史证明，苏维埃俄国的支持对殖民地、半殖民地民族革命的促进作用是巨大的，但各殖民地、半殖民地国家都有自己的历史和民族特点，随着历史的演进，外部的过度支持或干涉有时候会对革命起破坏作用。对此，斯大林后来也不得不承认，“当初建立共产国际时，我们过高估计了自己的力量，以为我们能够把全世界的运动领导起来。这是我们的错误”[4]。

列宁特意提到，“在封建关系或宗法关系和宗法农民关系占优势的比较落后的国家和民族中”进行民族革命的要点，其中第一点就是“各国共

---

① 《列宁〈民族和殖民地问题提纲初稿〉》，中共广东省委党史研究委员会、中共广东省委党史资料征集委员会编：《第一次国共合作研究资料》（内部刊物），1984年，第3～4页。

② 《列宁〈民族和殖民地问题提纲初稿〉》，中共广东省委党史研究委员会、中共广东省委党史资料征集委员会编：《第一次国共合作研究资料》（内部刊物），1984年，第4页。

③ 《列宁〈民族和殖民地问题提纲初稿〉》，中共广东省委党史研究委员会、中共广东省委党史资料征集委员会编：《第一次国共合作研究资料》（内部刊物），1984年，第6页。

④ 《俄共（布）—联共（布）中央委员会政治局与共产国际（1919—1943）》，2004年，第812页。

产党必须帮助这些国家的资产阶级民主解放运动”①。为什么在这些落后国家可以帮助资产阶级民主解放运动，而不能直接进行共产主义运动？列宁认为，这是由这些国家的经济基础决定的。列宁分析道：“一个国家愈是落后，这个国家的小农业生产、宗法制度和闭塞性就愈加厉害，而且这种情况必然使最深刻的小资产阶级偏见，即民族利己主义和民族狭隘性特别厉害和顽固。既然这些偏见只有在各先进国家内的帝国主义和资本主义消灭以后，只有在落后国家的全部经济生活基础急剧改变以后才能消逝，那这些偏见的消逝，就不能不是很缓慢的。因此，各国有觉悟的共产主义无产阶级对于受压迫最久的国家和民族的民族感情残余要特别慎重，特别注意，同样，为了更快地消除以上所指出的不信任心理和偏见，必须作某种让步。”② 在这里，列宁贯穿了马克思主义的经济基础决定上层建筑的分析模式，认为落后国家的生产方式决定了落后国家的小资产阶级偏见、民族利己主义和民族狭隘性特别严重，各国共产党要充分认识到这点，必须对这种落后作出某种妥协和让步。

但同时列宁也认为，“有觉悟的共产主义无产阶级”在经济和文化特别落后的国家进行民族革命，既要让步，不应该过多提及“共产主义”，同时也要保持独立性。列宁论述道：“各国共产党必须帮助这些国家的资产阶级民族解放运动……必须坚决反对把落后国家内的资产阶级民族解放思潮涂上共产主义的色彩；共产国际只是在一切落后国家中未来的无产阶级政党（不仅名义上是共产党）分子集合起来，并且通过教育认识到同本国资产阶级民族运动作斗争这些特别任务的条件下，才应当援助殖民地和落后国家的资产阶级民主民族运动；共产国际应当同殖民地和落后国家的资产阶级民主派结成临时联盟，但是不要同他们融合，甚至当无产阶级运动还处在萌芽状态时，也绝对要保持这一运动的独立性。”③ 历史证明，列宁的这种“让步理论”确实有助于各国无产阶级政党和资本主义民主主义者结成革命联盟，从而推动民族革命的发展，但是当革命联盟内部右派占

① 《列宁〈民族和殖民地问题提纲初稿〉》，中共广东省委党史研究委员会、中共广东省委党史资料征集委员会编：《第一次国共合作研究资料》（内部刊物），1984 年，第 6 页。

② 《列宁〈民族和殖民地问题提纲初稿〉》，中共广东省委党史研究委员会、中共广东省委党史资料征集委员会编：《第一次国共合作研究资料》（内部刊物），1984 年，第 8 页。

③ 《列宁〈民族和殖民地问题提纲初稿〉》，中共广东省委党史研究委员会、中共广东省委党史资料征集委员会编：《第一次国共合作研究资料》（内部刊物），1984 年，第 7 页。

据优势时，当革命形势发展到左、右派的利益起冲突的时候，一味求合作可能要使无产阶级政党付出血的代价。这也显示了列宁理论在各国革命具体运动中的局限性和僵化。

列宁的殖民地、半殖民地民族和革命理论的内容是丰富的，因其突破了传统马克思主义关于世界革命的设想，该理论一出台就饱受争议，但列宁依靠他的革命威望说服了反对者，并成功推行了其革命理论，“列宁关于把农民组织起来革命的设想，受到列宁的苏维埃同事们的怀疑，但是，他的主张得到亚洲代表们的大力支持。相反，亚洲的代表对关于在殖民地、半殖民地国家里援助民族资产阶级的提案提出强烈的异议，认为民族资产阶级和帝国主义妥协。但是，他们终究被列宁说服了。此后，这个提纲便成了殖民地、半殖民地及资本主义的后进国家里共产主义运动的指针”①。

列宁运用马克思主义的政治、经济和哲学观点对落后的殖民地、半殖民地进行经济、阶级和文化的分析，并与苏维埃俄国的生存和发展、与世界革命联系起来，从而提出了一整套苏俄（联）、共产国际帮助和支援殖民地、半殖民地民族革命的理论和方法。列宁的这一系列革命理论尽管饱受争议，但仍然成为世界殖民地、半殖民地人民革命斗争的“宪法”，这尤其充分体现在中国革命历程中。热爱学习、迫切想改变中国现实的中国革命者，曾经严格地执行了列宁这一系列革命理论。这些理论和方法成为第一次国共合作的理论基础，指导了中国革命的发展，并深刻影响了中国历史发展。

第二节　共产国际、苏俄（联）的东方政策

在列宁关于殖民地、半殖民地民族和革命理论指导下，共产国际、苏俄（联）长期以来对亚洲国家，特别是中国、朝鲜、越南、菲律宾等东方国家民族革命进行大规模帮助，甚至在自己国家经济困难的时候，出卖前

① ［日］波多野善大著，罗可群译：《国共合作》，中共广东省委党史研究委员会办公室1982年版，第8页。

沙皇皇室财产取得资金来帮助这些国家革命。共产国际、苏俄（联）的东方政策，既有列宁理论的指导，也有着复杂的国际、国内原因。而共产国际、苏俄（联）的大力援助，也对远东国家的革命产生了深刻影响。因而要理解中国的第一次国共合作，离不开对共产国际、苏俄（联）东方政策的梳理。

一、出于世界革命的需要

早在1912年1月列宁主持召开的俄国社会民主工党第六次全国代表大会上，由列宁起草的决议草案就指出，“中国人民的革命斗争具有世界意义，因为它将给亚洲带来解放并将破坏欧洲资产阶级的统治”①。在列宁的影响下，共产国际非常重视中国革命。1923年7月，共产国际代表马林②在离开中国前夕，写信给廖仲恺，其中一段话非常明确地表明了中国革命一直是共产国际特别重视的问题：

> 作为反对资本主义的世界革命机构，第三国际于1919年成立伊始就认识到殖民地和半殖民地国家革命民族运动的重要性。1920年召开的共产国际第二次代表大会特别重视殖民地问题，随后，讨论中近东问题的巴库会议和讨论运动问题的伊尔库茨克会议均突出了这个问题。1922年召开的共产国际第四次代表大会对东方各国革命工作的成果做了比较，并制定了新的提纲以指导实际工作。一旦你（指廖仲恺）能摆脱繁重而收效不大的省长职务，读一读这些大会和会议记录，你将清楚地看到，在共产国际眼中，附属国的民族主义斗争对于世界革命的意义并不亚于西方国家工人和

---

① 中共中央马克思恩格斯列宁斯大林著作编译局编译：《列宁全集》（第21卷），人民出版社1990年版，第163页。

② 马林，荷兰人，全名亨德立克斯·斯内夫利特，1883年出生于荷兰鹿特丹。受正义感驱使，马林很早就投身于工人运动。1913年前往荷兰殖民地爪哇，1914年他在爪哇建立社会民主联盟。1918年被爪哇当局驱逐出境。1920年他作为爪哇代表参加共产国际第二次代表大会，并被选为共产国际执行委员会的成员。在1921年6月至1922年6月，1922年8月至12月，1923年2月至7月，马林作为共产国际代表，三次来华。他对中国共产党的建立、第一次国共合作形成作出了重要贡献。“二战”爆发后，马林参加了荷兰反法西斯斗争，1942年牺牲。对于马林在中国的活动，一直争议颇多。他在中国的革命理论和实践，虽既有符合中国国情的成分，促进了中国革命的发展，但也有超越中国政治经济实际情况的成分，给中国革命的发展蒙上了阴影。

贫苦农民反对资本主义的革命斗争。[①]

马林这段话清晰地表明，从1920年共产国际第二次代表大会开始，随后的多次重要会议中，共产国际非常重视东方国家的民族革命，并且认为其意义不亚于西方国家人民反对资本主义的斗争。“在中国建立一个坚强的真正独立的中央政府，并非纯属中国一国事务，它具有直接的国际意义。”[②] 1920年，马林作为印尼共产党代表出席了共产国际第二次大会，当选为共产国际执行委员和民族殖民度问题委员会书记。会上，马林深得列宁信任，会后，他被列宁派遣到中国执行东方战略。马林肩负共产国际使命，长期以来活跃于中国，在推动中国民族革命方面不遗余力，他是共产国际、苏俄（联）东方政策的坚定执行者。中国第一次国共合作正是在马林的大力倡导和推动下逐渐实现的。

二、出于苏俄（联）国家安全的需要

十月革命后，苏俄成为世界上第一个社会主义国家，苏俄面临世界主要资本主义国家的东西方两大战线的包围。1917年12月，日本向美国等协约国建议，出兵西伯利亚，对苏俄革命进行干涉。出于对苏俄革命的共同仇视，日、美、英等国均出兵西伯利亚，威胁新生的苏俄政权。特别是日本，对富饶广袤的西伯利亚早就垂涎三尺，因而成为干涉最积极的国家，“日本不断向西伯利亚增兵，最多时候达到7.3万人。贝加尔湖以东所有村镇都有日军。从海参崴到赤塔，不论是西伯利亚铁路，也不论是中东铁路，各个车站都挂上了日本国旗”[③]。

为了打破西方国家对苏俄（联）远东地区的封锁，苏俄（联）需要支持东方国家的民族革命。

三、出于苏俄（联）与西方资本主义国家在中国竞争的需要

第一次世界大战结束后，针对远东和太平洋问题，美、英、日等国召

① 《致廖仲恺的信（1923年7月21日，广州）》，中国社会科学院马列所、近代史研究所编：《马林与第一次国共合作》，光明日报出版社1989年版，第302页。

② 《中国建设与对苏关系（1922年1月10日，桂林）》，中国社会科学院马列所、近代史研究所编：《马林与第一次国共合作》，光明日报出版社1989年版，第52~53页。

③ ［日］井上清：《日本的军国主义》（第二册），商务印书馆1985年版，第191页。

开了华盛顿会议，建立了华盛顿体系，使中国又回到了受各列强共同主宰的状态。对此马林有比较深的认识，他在给共产国际的报告《中国建设与对苏关系》中有详尽的分析：

战后各大国的资产阶级对中国丰富的资源和廉价劳动力进行国际剥削的欲望比以前任何时候都更为强烈。于是他们就必须在殖民地和所谓落后国寻找改造资本主义体制的可能性。……凡尔赛和华盛顿会议的谈判及其结果，表明列强已插手中国内部事务，似乎中国已是他们的殖民地。华盛顿会议使中国沦于比前更加恶劣的境况，并把列强之间战争的爆发至少推迟了若干年。列强通过这次会议达成了某种合作，而中国和苏俄则是受害者。……华盛顿会议使苏俄和中国处于同样的地位，从而决定了这两个国家必将互助合作以反抗四国同盟。①

鸦片战争以来，沙俄与其他西方国家在中国就有比较深的利益冲突。苏维埃俄国建立后，与西方国家除了在意识形态方面有冲突外，在地方利益方面继续了沙俄与其他西方国家的冲突。这就使得在反对西方列强方面，中国和苏俄是有共同利益追求的。

共产国际代表马林和苏俄政府代表越飞多次交流，他们用马克思主义的观点分析中国，在有关中国现实的理解和中国革命的出路等很多方面都取得了一致意见。他们的观点集中在《关于我们在殖民地和半殖民地尤其是在中国的工作问题——越飞和斯内夫利特的提纲》这份档案中。作为共产国际代表和苏俄政府代表，他们的观点也集中反映了共产国际和苏俄政府对中国革命的政策。其观点主要有：

1. 在殖民地、半殖民地国家里，绝对不能单纯进行共产国际的工作，因为在这样一些国家里，阶级的分化尚未达到这种地步，单纯进行党的工作是不相宜的，必须把它与支持民族解放运动结合起来。然而，如果没有俄国外交政策的配合，仅仅让共产国际来支持民族解放运动是不够有

① 《中国建设与对苏关系（1922 年 1 月 10 日，桂林）》，中国社会科学院马列所、近代史研究所编：《马林与第一次国共合作》，光明日报出版社 1989 年版，第 52 ~ 53 页。

力的。

2. 因此，俄国对这些国家的外交政策必须毫不含糊，应在民族问题上友好，而且是反对帝国主义的，即使在外表上，也绝不允许与帝国主义国家有丝毫相似之处。

3. 第一次世界大战之后，民族精神具有十分伟大的作用，迫使帝国主义国家的政策也变得非常谨慎小心，它们遂正式宣称支持各国人民的自决权思想，乔装打扮为被压迫民族的朋友粉墨登场。例如，华盛顿会议就在援助中国的幌子下，推行奴役中国的政策。美国的门户开放政策外表上也是捍卫被压迫民族，尽管这种政策实际上仅仅是为北美合众国资本主义利益效劳。

4. 因此，我们在自己的政策中，不仅要批判帝国主义者，揭露他们的欺骗行径，而且丝毫不可做出任何不当的事，以免使人产生我们实行伪装的帝国主义政策的印象。这样做特别必要，因为俄国的敌人现在正指挥着他们的整个宣传机器，妄图证明俄国也像其他国家一样，推行同样的帝国主义政策。

5. 倘若对这些国家进行资本主义剥削的现实可能性继续存在，那么上述帝国主义的两面政策有可能进一步发展，乃至达到帝国主义也乐意赐与殖民地和半殖民地国家以独立的假象的地步。在这当中，所谓“文明民族放弃特权”首先是要针对东方国家，因为在目前的形势下，即使没有司法特权，帝国主义也能实行他们的剥削政策。

6. 帝国主义娓娓动听地对东方各国人民表示广泛的让步，在这种形势下，革命思想的吸引力再也不能仅仅停留在思想上，必须有事实作为证明。

7. 最有说服力的事实就是那些足以表明革命的俄国和帝国主义者之间的区别，证明只有俄国的政策才真正会使殖民地和半殖民地人民免遭剥削的事实。

8. 因为这些被压迫国家的革命运动在很长时间内必将是民族主义的运动，任何在内政方面的合作都会被理解为干涉内部事务，被理解为不正常的，这就增加了工作的困难。

9. 因此，只有在国际主义精神比较强的工人运动问题上，才可以进行内政方面的合作。对其他一切问题，则只能在共同反对世界帝国主义的斗争中实行合作。

10. 对于中国来说，最重要的政策是把互相争斗的各省联合起来，并揭穿某些自称中国之友的国家（如美国）的虚伪友谊。

11. 为了证明谁是中国的朋友，俄国的政策甚至要比美国更进一步，必须指明门户开放政策只为美国的资本主义利益效劳，而中国只不过是殖民地开发的对象。俄国和中国具有民族主义思想的分子必须反对这种政策。

12. 为了帮助中国实现统一，必须立即着手把中国最大的、真正的政党——国民党建设成为一个群众性的政党，不得给各派系那些专谋私利的领袖以任何援助。

13. 俄国必须答应给国民党以援助。

14. 目前，反动分子（即中国更接近帝国主义者的分子）的势力大于革命分子（即国民党人），因此，我们的政策必须使后者强大起来：利用目前时期，促进各派别联合起来对付共同危险；通过明确的对华友好和反帝政策，壮大亲俄分子的力量。①

以上 14 点，可以归结为三层意思：第一，在殖民地、半殖民地国家，由于政治经济条件的限制，单纯开展共产主义运动时机不成熟，苏俄应该致力帮助这些国家的民族解放运动。（第 1、2 点）第二，第一次世界大战后，民族自觉已经在世界范围内形成潮流，帝国主义国家虚伪地表示让步，表面上支持被压迫国家的民族自觉。在这种情况下，共产国际、苏俄为了争夺对被压迫国家的影响力，必须以实际行动来支持被压迫国家的民族独立。而且，苏俄还应该注意，尽量把和被压迫国家的合作限制在民族独立的问题上，而不在内政方面合作，以免引起误解。（第 2 ~ 9 点）第三，在中国问题上，要揭穿美国等帝国主义国家虚伪的友谊，必须大力帮助国民党，将其改组成一个群众性的政党，使国民党强大起来。（第 10 ~ 14 点）

可以说，第一次国共合作的开展以及开展过程中出现的矛盾，中国共产党各项具体政策的制定和执行，都可以在上述 14 点中找到原因或依据。

① 《关于我们在殖民地和半殖民地尤其是在中国的工作问题——越飞和斯内夫利特的提纲（不晚于 1922 年 12 月）》，中国社会科学院马列所、近代史研究所编：《马林与第一次国共合作》，光明日报出版社 1989 年版，第 99 ~ 101 页。

由于马林在中东铁路问题上与苏联政府有分歧，由于马林与中国共产党领导人、孙中山等国民党领导人之间关系紧张，也由于落实国共合作牵涉到太多苏联政府自身的利益，作为一个外国人，马林已经不适合来完成这个任务。于是，共产国际、苏俄政府任命鲍罗廷为共产国际驻中国代表、苏联驻广州革命政府代表，接替马林的工作。然而，马林与越飞等人确定的国共合作大政方针并没有随着马林离开中国而发生改变，这些大政方针成为中国共产党开展国共合作工作的政策依据。

第三节 “二七”罢工失败引起的思考

从 1921 年下半年起，中共北方区委所组织的八条铁路以及矿山等一系列罢工都取得了胜利。1923 年 1 月，中共北方区委召开会议，总结了罢工的经验，认为以往的罢工多偏重经济斗争，决定把斗争引向深入，之后应该把政治斗争放在首位，并决定 2 月初在郑州成立京汉铁路总工会。

京汉铁路总工会的筹备工作是公开进行的，在上海、北京、武汉、广州等大城市都刊登大幅广告，并邀请各界团体来郑州参加成立大会。当时报纸报道说：“郑州各大旅馆，一时顿现人满之患。总工会会场设在普乐戏园，座位极宽，预备大众听讲，其他设备都费了好些时日的布置，数千元的代价，满拟此簇新的工人团体，立时就要涌现在吾人的眼帘，发生吾人的许多美感。”①

京汉铁路局局长赵继贤表面同意总工会成立，暗中却与吴佩孚加紧镇压部署。1 月 29 日，吴佩孚密电郑州直系将领靳云鹗准备镇压：“据报二月一日，本路全体工人，将在郑州开成立大会，各路与会者甚多。以未经地方官厅许可集会，竟敢明目张胆，聚众招摇，不特影响所及，隐患堪虞，即此目空一切，荒谬绝伦，将来群起效尤，愈演愈烈。蚩蚩愚氓，必将误蹈法网，而不自知。瞻顾前途，杞忧无极，务祈麾下迅饬预为防范，切实监视。”② 曹锟与交通系赵继贤通电认为：“近来书记部工会声势日增，

① 罗章龙:《椿园载记》，生活·读书·新知三联书店（内部发行）1984 年版，第 242 页。
② 罗章龙:《椿园载记》，生活·读书·新知三联书店（内部发行）1984 年版，第 242 页。

过激气焰嚣张，各路罢工影响铁路秩序极巨大"，"最近全路总工会代表借口开会，群集郑州，据报有潜谋不轨情事，市面人心惶惶，一夕数惊。郑州当南北要冲，设有疏虞，后患何堪设想。应该当机立断，严令制止。并查拿该部（指书记部）首要分子归案究办，以遏乱萌"。①

曹锟、吴佩孚等军阀加强了军事部署，增兵京汉沿线各站。当时沿线驻防京警达2万人以上，保定驻第十四混成旅，长辛店驻两个营，琉璃河驻一个营，石家庄、安阳、许昌、信阳等各驻一、二营不等，汉口驻镇守使一旅。直系军阀磨刀霍霍，已经做好了屠杀准备。

2月1日，郑州警察局长黄殿辰宣布戒严，军警上街，"上刺刀，实子弹，阻止工人行走，并派军警数营包围工会。会场、旅馆，亦使兵卒占据，严行监视各代表行动；饭馆、茶铺，不许工人吃喝，工团所送匾额，尽被兵士捣破"②。工人代表和群众冲破阻挠，进入会场，在军警包围中宣布京杭铁路总工会正式成立，"群情激奋，奏乐欢呼，声震屋宇"③。工人们激于义愤，决定从2月4日起举行京汉铁路全线罢工，并呼吁全国支援。直系军阀于2月6日晚发难，从长辛店开始，由北往南，沿铁路各站逮捕和屠杀罢工领导人和工人，制造了震惊中外的"二七"惨案。有记者这样记载当时屠杀的血腥场面：

两军对敌了！一边是赤手空拳的工人，一边是长枪利刃的兵士。总攻击令下了，排枪开了！烟雾弥天！天昏地暗！记者的手颤了，流泪了！心碎了！灿烂的工会被血染了！慰问队集合的场地，变成血泊了！枪声响处，血肉横飞，工友何辜，遭此屠戮，时十九个工友应声而倒了！一个工会纠察团派出维持秩序的工友王先瑞君见工友惨死，痛不欲生，喊道："工友们！他们杀了我这么多弟兄，我们都去死吧！"其余的工友便上前救护死者，而王君就在这里被士兵击毙了！死后手中犹持着"维持秩序"的标语竖立地上！又有纠察团副团长曾玉良君，因士兵横暴，工友惨亡，乃手抱一兵士，一军官即开手枪击曾君，枪声响处，曾君死得其所矣，可怜

---

① 罗章龙：《椿园载记》，生活·读书·新知三联书店（内部发行）1984年版，第243页。

② 罗章龙：《椿园载记》，生活·读书·新知三联书店（内部发行）1984年版，第249页。

③ 罗章龙：《椿园载记》，生活·读书·新知三联书店（内部发行）1984年版，第244页。

一个每月几块钱的兵士，不知为什么也为军阀尽了忠，同时饮弹而死了！[①]

据苏杭、苏若群、姜羿《绝密档案：第一次国共合作内幕》记载，这一天“共有52人惨死在军阀吴佩孚的屠刀之下，有300多人受伤，400多人被捕，1 000多人被开除”[②]。而据罗章龙《椿园载记》记载，京汉铁路罢工“全路斗争中牺牲四十余人，入狱百人，负伤者五百余人，失业兼流亡估计将达一千户，家属牵连被祸者不计其数”[③]。当时整个北方，直系军阀进行大规模的逮捕和屠杀：“北京军警手持‘黑名单’大肆捉拿中共与书记部人员，灯市口工会招待所被查封，捕去负责人；草厂胡同二号曾被搜查一次，捕去同志一人……此外，在天津，《工人周刊》发行人被捕，郑州、丰台等处工会组织亦被查封，逮捕工人、学生达四十余人。一时造成北方空前恐怖状况，真是缇骑密布，陷阱纵横，大有寸步难行之势。”[④]

“二七”罢工时共产国际代表马林也正在中国活动，他用笔记的形式记载了“二七”罢工时期汉口军阀镇压工人的情形，共11页。马林记载道：

240名工人用刀棒武装起来反对破坏罢工的人，警察试图捉住他们中的一些人，工人便撤去，军队向天空鸣枪——警告工人。一个工人，是副头领，抓住一个士兵，两人均被击毙，战斗开始。军队执行从学校传来的指令建筑街垒，约100支枪，20支重机枪。约死伤50人（其中26人死亡）。工人继续战斗，一些人夺得了左轮枪，一个士兵被击毙，一些被打伤。半小时后，工人领袖命令工人散开，——士兵进入工会，代表们知道发生战斗后已离开。6名领袖一起在秘密的地方，搜索房屋。一些工人被杀（有一间房子里被杀4人，包括一名妇女），50人被捕，包括委员

---

① 苏杭、苏若群、姜羿：《绝密档案：第一次国共合作内幕》，人民日报出版社2011年版，第118页。

② 苏杭、苏若群、姜羿：《绝密档案：第一次国共合作内幕》，人民日报出版社2011年版，第119页。

③ 罗章龙：《椿园载记》，生活·读书·新知三联书店（内部发行）1984年版，第256～257页。罗章龙当时在北方区委工作，并负责处理“二七”惨案善后事宜，编写了《京汉工人流血记》，其记载应该是相对准确的。

④ 罗章龙：《椿园载记》，生活·读书·新知三联书店（内部发行）1984年版，第258页。

长——林祥谦（汉口分会）被带到车站，5日他已会见了军队首领——在车站被斩首——悬首杆头。三次要求释放50个工人，有的人三次，工人恐遭枪杀，决定复工。士兵重新搜查。

……许多人哭泣。禁止在车间交谈，否则罚款……

……军阀逮捕了20个次要的领导人。那里的8个工会组织被封关。——30个烟厂领导人和约30名棉纺工人以及施洋被捕。……①

因为马林的记载是笔记形式的，所以行文也未必符合语法规范。笔者摘录部分记录，通过这些记载，我们可以清晰地看到当时没有武装的工人在军阀的镇压下，几乎没有还手之力，任人宰割。从北到南，整个京汉线哀鸿一片，中国共产党领导的革命遭到一次严重挫折。

更重要的是，马林观察发现，即使是这样的大屠杀也并未激起较高的民族情绪：

某些人想入非非，认定一个“群众性的党”必然要在中国发展起来。这样一来，独立于国民党的政策就成了最理想的政策。特别是“莫霍瓦亚的远东（指莫霍瓦亚大街上的共产国际东方部远东局）炮制了这种梦想——这样一种先验图式很难适用于中国实际。约翰勃莱尔福德曾在此做短暂逗留，他为日本《一周要闻》杂志写了一篇论述中国新动向的饶有兴味的文章。当莫斯科有人攻击前不久发生的某些事件所受的决定性影响时，勃莱尔福德准确地指出，中国的现实完全不受形势的影响，甚至工人遭受的大屠杀，除了对一小部分人之外，也并没有在人民中间引起任何激愤。在中国建立群众性政党，今后许多年内都只能是一种幻想，而独立于现存的尚待改进的国民党之外的想法则使所谓的共产党人干脆孤立并陷入宗派主义。②

“五四”运动之所以引起全国各阶层的参与情绪，是因为牵涉到了民

---

① 《郑州铁路大罢工笔记（1923年2月4日至10日）》，中国社会科学院马列所、近代史研究所编：《马林与第一次国共合作》，光明日报出版社1989年版，第122～123页。

② 《致拉夫斯坦的信（1923年2月26日）》，中国社会科学院马列所、近代史研究所编：《马林与第一次国共合作》，光明日报出版社1989年版，第131页。

族独立和自尊。“二七”罢工是工人阶级与北洋军阀统治者的一次正面碰撞，而此次碰撞并没有引起如“五四”运动般的整个民族情绪，这再次印证了列宁关于殖民地、半殖民地民族和革命理论的正确性。

“二七”罢工的失败深深教育了中国共产党，在中国这样一个专制的小农经济占主导地位的国家革命，必须充分重视国情：在革命的起初目标上，不再是共产主义目标，而是参与到民族革命中去（中共二大只是理论上通过了最高革命纲领和最低革命纲领，远不如这次血的实践得来的启示深刻）；在革命的手段上，仅仅依靠无产阶级很难战胜“武装到牙齿”的北洋军阀。革命需要准确界定起初目标，也需要确定同盟者，不能再靠无产阶级单打独斗。实践启示中国共产党：需要和当时中国最大的政党——国民党联合，共同开展国民革命，唤醒全国各阶层，组成各阶级的革命联盟，以首先实现民族独立。

第四节　中国共产党对国共合作理论认识不断深入

20 世纪 20 年代初期，中国共产党刚刚诞生，中国共产党的早期领导人大部分是知识分子，革命的积极性高但尚欠缺革命经验，对于中国革命的复杂性也缺乏认识。这导致其早期的一些理论和政策显得不够成熟。

一、中国共产党初期强烈反对国共合作

1921 年 4 月，共产国际代表马林从莫斯科动身前往中国，其使命是研究远东各国革命形势，并就共产国际与远东各国革命者建立联系作调查。马林在上海活动，帮助中国革命者建立了中国共产党。马林还在上海广泛接触国民党人士，并结识了国民党北方执行部主持人张继。在张继的引荐下，国民党邀请马林南下访问孙中山。

1921 年 12 月，马林南下桂林，在大本营与孙中山进行了三次长谈，孙中山只表示“愿与苏联建立非官方的联系，不再前进一步”①。1922 年

① 《马林给共产国际执委会的报告（1922 年 7 月 11 日）》，中国社会科学院现代史研究室编：《马林在中国的有关资料》，人民出版社 1980 年版，第 18 页。

初，马林到达广州，正值香港海员罢工，“国民党领导不仅支持罢工，并掌握了领导权”，马林对此印象颇深。马林在总结1921年6—12月工作时，认为国民党主要由“起主导作用的知识分子”、华侨、“南军中的士兵”、工人组成，而且其党纲“为不同派别的人入党提供了可能性。其性质是有民族主义的，奉行的是以反对外来统治，主张民主，让国民的人格受到尊重，过上幸福生活为内容的三民主义”。①

马林根据他在爪哇的革命经验，认为中国共产党应该和国民党合作，建立统一战线。当马林向陈独秀等中国共产党早期领导人提出国共合作时，招致了强烈的反对。对于与其他党派和阶级的关系问题，中共一大宣称：“对现有其他政党，应采取独立的攻击政策。在政治斗争中，在反对军阀主义和官僚制度的斗争中，在争取言论、出版、集会自由的斗争中，我们应始终站在完全独立的立场上，只维持无产阶级的利益，不同其他党派建立任何关系。”② 显然，这是个极端的关门主义政策，中共的这一认识还不够成熟。

1922年1月21日至2月2日，共产国际在莫斯科召开远东各国共产党及民族革命团体第一次代表大会。中国代表团共44人，国共两党都派代表参加了代表团，张国焘任代表团团长。这次大会根据列宁的民族和殖民地革命理论，阐明了被压迫民族所面临的反帝反封建的历史任务，强调共产党应该同其他革命政党合作进行民族革命。会议期间，列宁抱病接见了张国焘以及国民党代表张秋白，表明了希望国共两党实现合作，共同推动中国革命的愿望。

张国焘等人返回上海后，向陈独秀汇报了远东大会的精神，陈独秀触动很大。但陈独秀等中国共产党早期领导人对孙中山及其领导的国民党印象不佳，“总觉得国民党有许多毛病，如注重上层、勾结土匪、投机取巧、易于妥协、内部分子复杂、明争暗斗等等”③。对于国共合作这个问题，中共内部反对派认为，中共需要多准备几年，待更加成熟再考虑，此时加入国民党是急于求成、拔苗助长的做法：“我们中没有人设想共产主义会很

① 《向共产国际执行委员会的报告（1922年7月11日）》，中国社会科学院马列所、近代史研究所编：《马林与第一次国共合作》，光明日报出版社1989年版，第71页。

② 参见中国共产党第三次全国代表大会会址纪念馆历史陈列第一部分。

③ 张国焘：《我的回忆》（第一册），现代史料编刊社（内部参考）1989年版，第212页。

快在中国实现，不少人相信中共如能多有几年准备时间，从理论上和组织上壮大自己，它所从事的革命就易于获致水到渠成的圆满结果。他们往往要说：那种急求速效的做法是不懂马克思的辩证唯物论，或者说上几句欲速则不达、揠苗助长等类的老话。从这种观点出发，就会觉得莫斯科有点迫不及待，总想在反帝天平上加上一些中国革命的砝码。”“甚至有人讥讽中共党员加入国民党为党员，不过是想很快求得一官半职。”① 有党员还因为反对加入国民党而退出中共：“李达因反对中共党员加入国民党，终于退出中共。”②

1922 年 4 月，陈独秀致信共产国际另一个代表维经斯基，阐明了反对加入国民党的六点理由：“（一）共产党与国民党革命之宗旨及所据之基础不同。（二）国民党联美国、联张作霖段祺瑞等政策和共产主义太不相容。（三）国民党未曾发表党纲，在广东以外之各省人民视之，仍是一争权夺利之政党，共产党倘加入该党，则在社会上信仰全失（尤其是青年社会），永无发展之机会。（四）广东实力派陈炯明，名为国民党，实则反对孙逸仙甚烈，我们倘加入国民党，即受陈派之敌视，在广东亦不能活动。（五）国民党孙逸仙派向来对于新加入分子，绝对不能容纳其意见及假以权柄。（六）广东、北京、上海、长沙、武昌各区同志对于加入国民党一事，均已开会议决绝对不赞成。在事实上亦已无加入之可能。”③

中共早期出现政策制定上的不够成熟是情有可原的。中共早期党员大部分是没有革命实践经验的知识分子，“党员的人数不多，而且主要是一些研究马克思主义和俄国十月革命的知识分子”④，“当时的共产党人大部分是学生、教职员、新闻记者及少数的工人，大部分是没有政治经验”⑤。这就导致中共在主观上，“第一，政治水平不高，只知道革命运动中纯洁

① 张国焘：《我的回忆》（第一册），现代史料编刊社（内部参考）1989 年版，第 215 页。

② 张国焘：《我的回忆》（第一册），现代史料编刊社（内部参考）1989 年版，第 215 页。

③ 中共档案馆编：《中共中央文件选集》（第一册），中共中央党校出版社 1989 年版，第 31 ~ 32 页。

④ ［苏］C. A. 达林著，梁澄宇、刘敬忠译：《中国回忆录（1921—1927）》，中国社会科学出版社 1981 年版，第 90 页。

⑤ 包惠僧：《第一次国共合作与国民党改组》，中共广州市委党史资料征集、研究委员会办公室编：《广州大革命时期回忆录选编》（中共广州党史资料丛书），广东人民出版社 1986 年版，第 143 页。

性的重要，还没有理解到革命运动中广泛性的重要。我们只知道在群众中扩大共产主义的影响，发挥党在无产阶级中的作用。第二，我们没有政治斗争的经验，对政治环境认识不足，把党的活动停留在书院式研究宣传的阶段，对政治斗争既没有方法，也缺乏热情，对统一战线的作用没有认识”①。

二、广州会议

1922年4月末，青年共产国际代表达林抵达广州，他以苏俄全权代表的身份会见了孙中山。达林提出了共产党加入国民党的问题，“但要以保持党在组织上和政治上的独立性为条件”②，而且，统一战线要有一个前提：“国民党不应对工人运动进行任何限制，承认工人有组织工会的权力，有罢工的权力。”③ 对达林这种党外合作的主张，“孙中山断然拒绝了这种形式”④。

达林在广州期间，还与陈独秀、张国焘等中共领导人会晤，达林建议来广州参加第一次全国劳动大会和社会主义青年团大会的中国共产党领导干部召开会议，“开会的目的，乃是讨论党在劳动大会和社会主义青年团代表大会上应遵循的路线问题，首先是对孙中山的政府和他的党——国民党的态度问题”⑤。达林在这次会议上作了报告：“根据莫斯科远东革命组织代表大会的决议，我谈了关于建立工人、农民、小资产阶级和中国资产阶级关心中国的民族解放和民主改革的那一部分人的反帝民族统一战线的必要性。在发言中，我具体说明了我们将与国民党就这个问题达成协议，

① 包惠僧：《第一次国共合作与国民党改组》，中共广州市委党史资料征集、研究委员会办公室编：《广州大革命时期回忆录选编》（中共广州党史资料丛书），广东人民出版社1986年版，第135页。

② ［苏］C. A. 达林著，梁澄宇、刘敬忠译：《中国回忆录（1921—1927）》，中国社会科学出版社1981年版，第90页。

③ ［苏］C. A. 达林著，梁澄宇、刘敬忠译：《中国回忆录（1921—1927）》，中国社会科学出版社1981年版，第91页。

④ 陈廉：《第一次国共合作史》，北京图书馆出版社1998年版，第42页。

⑤ ［苏］C. A. 达林著，梁澄宇、刘敬忠译：《中国回忆录（1921—1927）》，中国社会科学出版社1981年版，第89页。

指出工人阶级应支持孙中山政府。"[1] 在这次会议上，中共内部对于国共合作的问题分成以下四个派别：

一是同情陈炯明、反对孙中山的反对派。"广州组织的代表不发表意见，实际上企图把全国劳动大会拉向支持陈炯明的那一边去。……他们是孙中山的反对者。"[2]

二是"左倾"的反对派。"以张国焘为首的另外一些与会者反对统一战线，他说是'反对和小资产阶级联合'。这些人是中国共产党内的'左倾'宗派主义者。"[3]

三是有国际背景的支持派。"张太雷和瞿秋白支持我（指达林），他们所持的观点是，在反帝的资产阶级民主革命阶段与小资产阶级结成广泛的统一战线是必要的，和国民党联合以及共产党加入国民党都是必要的。"[4] 张太雷和瞿秋白有比较长时间的苏俄工作和生活背景，精通俄语，与苏俄、共产国际领导人接触较多，对共产国际的政策理解和接受比国内其他中共党员早。

四是动摇派。"陈独秀动摇不定，但在长时间的讨论以后他认识到了统一战线的必要性。"[5]

最终，"大多数与会者同意了（附有很多保留意见）统一战线的策略，但没有通过一定的决议"[6]。尽管没有形成正式的文件，但是广州会议"约有二十至二十五人出席了这次会议。应当指出，当时全国党员仅有一百二十五名左右。这样，全党几乎有五分之一的党员已在这里"[7]，这是中国共

---

① ［苏］C. A. 达林著，梁澄宇、刘敬忠译：《中国回忆录（1921—1927）》，中国社会科学出版社 1981 年版，第 90 页。

② ［苏］C. A. 达林著，梁澄宇、刘敬忠译：《中国回忆录（1921—1927）》，中国社会科学出版社 1981 年版，第 91 页。

③ ［苏］C. A. 达林著，梁澄宇、刘敬忠译：《中国回忆录（1921—1927）》，中国社会科学出版社 1981 年版，第 91 页。

④ ［苏］C. A. 达林著，梁澄宇、刘敬忠译：《中国回忆录（1921—1927）》，中国社会科学出版社 1981 年版，第 91 页。

⑤ ［苏］C. A. 达林著，梁澄宇、刘敬忠译：《中国回忆录（1921—1927）》，中国社会科学出版社 1981 年版，第 91 页。

⑥ ［苏］C. A. 达林著，梁澄宇、刘敬忠译：《中国回忆录（1921—1927）》，中国社会科学出版社 1981 年版，第 91 页。

⑦ ［苏］C. A. 达林著，梁澄宇、刘敬忠译：《中国回忆录（1921—1927）》，中国社会科学出版社 1981 年版，第 89 页。

产党内部第一次公开地以组织形式讨论国共合作的问题，“对中国共产党的历史产生了重大的影响。共产党对国民党的政策开始转变了。在这次会议后约一个半月，1922 年 6 月 15 日中国共产党中央局发表了《对于时局之主张》的声明，表示愿意同所有的民主党派合作”①。在随后 7 月举行的中共二大上，通过了《关于“民主的联合战线”的议决案》，该议决案宣称，“我们认定民主的革命固然是资产阶级的利益，而于无产阶级也是有利益的。因此我们共产党应该出来联合全国革新党派，组织民主的联合战线，以扫清封建军阀，推翻帝国主义的压迫，建设真正民主政治的独立国家为职志”②。

三、西湖会议

1922 年 8 月，中共中央执行委员陈独秀、李大钊、张国焘、蔡和森、高君宇和共产国际代表马林、翻译张太雷在西湖举行为期 2 天的会议，讨论国共合作的问题。马林认为共产党员必须加入国民党，其理由是：“第一，中国在一个很长的时期内，只能有一个民主的、民族的革命，决不能有社会主义的革命；而且现在无产阶级的力量和其所能起的作用，都还很小。第二，孙中山先生的国民党是中国现在一个有力量的民主和民族革命的政党，不能说它是资产阶级的政党，而是一个各阶层革命分子的联盟。第三，孙中山先生可以而且只能容许共产党员加入国民党，决不会与中共建立一个平行的联合战线。第四，中共必须学习西欧工会运动中，共产国际所推行的各国共产党员加入社会民主党工会的联合战线的经验；中共必须尊重共产国际的意向。第五，共产党员加入国民党既可以谋革命势力的团结，又可以使国民党革命化，尤其可以影响国民党所领导的大量工人群众，将他们从国民党手中夺取过来，等等。”③

出席会议的大部分代表都反对加入国民党，陈独秀回忆道：“当时中

① ［苏］C. A. 达林著，梁澄宇、刘敬忠译：《中国回忆录（1921—1927）》，中国社会科学出版社 1981 年版，第 91 页。

② 中央档案馆编：《中国共产党第二次至第六次全国代表大会文件汇编》，人民出版社 1981 年版，第 7 页。

③ 张国焘：《我的回忆》（第一册），现代史料编刊社（内部参考）1989 年版，第 241 ~243 页。

共中央5个委员：李守常、张特立、蔡和森、高君宇及我，都一致[①]反对此提案，其主要的理由是：党内联合乃混合了阶级组织和牵制了我们的独立政策。最后，国际代表提出中国共产党是否服从国际决议为言，于是中共中央为尊重国际纪律[②]遂不得不接受国际提议，承诺加入国民党。"[③] 在共产国际代表马林的压力下，会议最后决定"只要国民党能够根据民主主义原则进行改组，并取消入党时打手模和向孙中山本人宣誓等封建主义的形式，共产党员可以加入国民党"[④]。这样，中国共产党初步作出了有条件加入国民党、与国民党建立统一战线的决议。

西湖会议后，陈独秀、李大钊以及马林拜会了避居上海的孙中山。双方开始来往密切，协商国共合作的诸项事宜。

四、陈独秀的转变

通过学习列宁关于民族和殖民地革命的理论，受益于共产国际代表的帮助，以及自身革命理论和实践的发展，陈独秀逐步接受了国共合作的思想。1922年11月，陈独秀在莫斯科写了《中国共产党目前的策略》[⑤] 一文，详细论述了国共合作的理论：

---

① 据张国焘回忆，李大钊"基本上是附和马林的"。见张国焘：《我的回忆》（第一册），现代史料编刊社（内部参考）1989年版，第243页。

② 这只是中共早期领导人的说法。1935年8月19日，在与美国学者伊罗生交谈时，马林辩白说，"在杭州，绝大多数人接受了这些观点。只有一两个人反对"，"没有'服从纪律'这个问题。何况，我并没有从共产国际得到什么专门指示，我手头没有任何文件"。（见广东革命历史博物馆编：《中共"三大"资料》，广东人民出版社1985年版，第28页）然而托洛茨基否定了马林的说法，"说马林在这个问题上的意见出于他个人的主动，那是绝对不可能的。他那是负有官方的使命，他的活动不是以他早年在爪哇的经验做根据，而是以齐诺维也夫·拉狄克与布哈林的训令为根据的——这些训令还可能得到斯大林的同意。"（见《托洛茨基致伊罗生的信（1937年11月1日）》，《陈独秀研究动态》1993年第1期，第3页。）

③ 《陈独秀谈西湖会议及国共合作（1929年12月10日）》，中共广州市委党史研究室编：《陈独秀在广州的创党活动》，广州出版社2009年版，第223页。原文录自陈独秀：《告全党同志书》，中共中央党史研究室第一研究部编：《共产国际、联共（布）与中国革命档案资料丛书》（第二卷），中共党史出版社2007年版。

④ 《中国共产党中央执行委员会（杭州西湖）特别会议（1922年8月）》，中共广东省委党史资料研究委员会、中共广东省委党史资料征集委员会编：《第一次国共合作研究资料》（内部刊物），1984年，第30页。

⑤ 在1985年中国社会科学出版社出版的《二大和三大》一书中，此文标题为"中国共产党对于目前实际问题之计划"。

东方诸经济落后国如印度、中国等，都在外国帝国主义的势力及本国封建阶级的势力勾结支配下，不但无产阶级没有壮大，即资产阶级亦尚未发达到势力集中，对于封建阶级及帝国主义者有自己阶级的争斗之觉悟与可能，因此他们每每有依赖贵族军阀或帝国主义者而生存的倾向；此等国家的无产阶级，在为自己阶级的利益奋斗以外，仍应采取各种政策，促进那涣散而懦弱的资产阶级在他们能够与封建阶级及帝国主义者争斗范围以内的经济势力集中及发展，使他们的经济地位自然唤醒他们了解有与无产阶级建立联合战线，打倒两阶级的公敌——本国的封建军阀及国际帝国主义——之客观的需要与可能；这种联合战线之胜利，自然是资产阶级的胜利，而幼稚的无产阶级只有在此联合战线才能实行争斗，不仅仅是一个主张，亦只有在此联合战线之复杂的战斗过程中，才能使自己阶级独立争斗的力量之发展增加速度。①

这里陈独秀已经认为东方的无产阶级没有壮大，并且只有在打倒“公敌”——封建军阀及国际帝国主义的“联合战线”中才能发展壮大。显然，这时候的陈独秀已经接受了列宁的殖民地、半殖民地革命理论。陈独秀接着论述道：

共产国际第三次第四次大会，依据世界经济发达的程度，为东方的无产阶级指示出目前争斗所需要的两个策略，即民主的联合战线及反对帝国主义的联合战线。

中国无产阶级的目前争斗，应该以这两个策略为不可离的根本原则，应用在各种实际问题，以消除为中国民族发展的两大障碍物——军阀及国际帝国主义。②

这里陈独秀提到了共产国际第三次和第四次大会，并且认为中共应该贯彻国际决议，认为“联合战线”是根本原则，应该在根本原则指导下

① 中国社会科学院马列所、近代史研究所编：《马林与第一次国共合作》，光明日报出版社1989年版，第92~93页。

② 中国社会科学院马列所、近代史研究所编：《马林与第一次国共合作》，光明日报出版社1989年版，第93页。

“应用于各种实际问题”。这里陈独秀已经在思想上完全和共产国际一致了，不像在西湖会议时那样被动。

陈独秀既强调与国民党的合作，也强调共产党在合作中要积极主动，宣传自己的主张：“国民党虽然有许多缺点与错误，然终为中国唯一革命的民主派，自然算是民主的联合战线中重要分子，在国民党为民主政治及统一政策斗争时期，无产阶级不但要和他们合作参加此争斗，而且要在国民党中提出反对帝国主义及为工人阶级利益与自由的口号，以扩大其争斗，更要向国民党中工人分子宣传促进他们阶级的觉悟，使他们了解国民党终非为无产阶级利益争斗的政党。”① 而且，如果国民党背叛革命，则中共将坚决反对，“若国民党与最反动的黑暗势力（如张作霖、段祺瑞、曹锟等）携手或与帝国主义者妥协时，吾人即宜反对之，绝不容顾忌。总之，我们共产党在任何问题的争斗中及与任何党派联合运动中，总要时刻显示我们的真面目于群众之前，更不可混乱了我们的独立组织于联合战线之中”②。

陈独秀的以上论述，表明其已经能够结合国际、国内政治、经济等因素，运用马克思主义的分析方法，正确地分析中国实际情况，并提出符合实际的革命策略。作为中国共产党主要领导人，其思想的转变无疑具有重要意义，也代表着中国共产党在国共合作的问题上和共产国际、苏俄（联）接轨了，也代表着中国共产党接受了共产国际、苏俄（联）的东方政策。

第五节　饱尝失败苦果的孙中山和国民党

孙中山是中国近代民主革命的先行者，他领导了辛亥革命、护国运动以及护法运动，但都相继失败。虽屡遭失败，但在20世纪20年代初的中国，孙中山无疑是当时革命青年的精神偶像，很多革命青年都自称为“总

① 中国社会科学院马列所、近代史研究所编：《马林与第一次国共合作》，光明日报出版社1989年版，第93～94页。

② 中国社会科学院马列所、近代史研究所编：《马林与第一次国共合作》，光明日报出版社1989年版，第93～94页。

理信徒”；孙中山领导的国民党，也是革命的第一大党。孙中山及其领导的国民党，在政治上具有一定的号召力；而这种号召力，为当时的广东军阀陈炯明所利用，陈、孙在政治上达成同盟。1920 年 11 月，孙中山重返广州重组军政府。1921 年 5 月，孙中山就任非常大总统，再次举起“护法”旗帜。

1921 年 6 月，桂军进攻广东，第二次粤桂战争爆发。8 月，粤军进入南宁，第二次粤桂战争结束，两广统一。孙中山在桂林建立大本营，积极准备北伐，完成统一中国、建立真正民主共和国的夙愿。但陈炯明受英、美和直系军阀蛊惑，不支持孙中山北伐。陈炯明借口“保境息民”，阻挠北伐军假道湖南，又断绝北伐军军需供应。1922 年 4 月，孙中山被迫改设大本营于韶关，准备新的北伐。

1922 年 6 月，孙中山回到广州，陈炯明所部于 16 日发动叛乱，炮轰总统府，孙中山在永丰舰指挥平叛，终因叛军势大，援军受挫，孙中山被迫离粤转沪。陈炯明的叛乱，给了孙中山沉重打击，孙中山沉痛地说，“代敌人而兴者，乃为十余年卵翼之陈炯明，且其阴毒凶狠，凡敌人不忍为者，皆为之无恤”①，“文率同志为民国而奋斗，垂 30 年，中间出生入死，失败之数，不可缕指，顾失败之残酷，未有甚于此役者”②，“吾 30 年来精诚无间之心，几为之冰消瓦解，百折不回之志，几为之槁木死灰者”③。从孙中山的这些话语里可以清晰地感受到，即使是孙中山的钢铁意志，也几乎被陈炯明之乱摧毁。危难中的孙中山，迫切需要寻求新的同盟者，需要新的革命思路和策略。历史在这里叹息，更在这里寻求突破，这正是孙中山的伟大之处。

孙中山挫败，表面上看是因为陈炯明叛变，但实际上和他的革命思想和革命策略有关。他领导的国民党也具有种种缺点，难当大任。对此，共产国际代表马林的观察可谓入木三分。在马林眼里，国民党具有以下缺点：

（1）组织涣散。“这些变化（指辛亥革命后中国社会政治经济形势的变化）本应使国民党产生新的思想，但是国民党的体制，国民党从不召开

---

① 孙中山：《致国民党员书》，《孙中山选集》（上卷），人民出版社 1956 年版，第 441 页。
② 孙中山：《致国民党员书》，《孙中山选集》（上卷），人民出版社 1956 年版，第 448 页。
③ 孙中山：《建国方略》，《孙中山选集》（上卷），人民出版社 1956 年版，第 105 页。

代表大会或代表会议，以及它政治宣传工作的薄弱等都不利于党的新策略思想的产生和发展。”①

（2）走向封建主义化，只依靠军阀。“事实上，虽然国民党的三民主义是革命的，然而在实际行动上却日益封建主义化。虽然党纲规定党应采取新的斗争形式，动员资产阶级、知识分子、农民和工人参加国民运动，但实际上党只依靠军阀，依靠那些和他们在华北的敌人毫无区别的军阀。”②

（3）忽视政治教育和宣传，不敢完全坚持反帝政策，与帝国主义妥协。“烽火连绵迫使党不断向封建军阀和外国帝国主义妥协。而这种策略的结果则是党完全忽视了政治教育和鼓动工作。由于同样的原因，国民党对许多重大问题（例如世界大战、1919年‘五四’运动、华盛顿会议召开时的运动、对京汉铁路大罢工的大屠杀、抵制日货运动）采取了既不领导也不参与的态度。党没有成为国民运动的领导者，却与各封建军阀为伍。”③

（4）腐败、对帝国主义和军阀抱有幻想等。“违犯党义的现象司空见惯；贪婪的军官将公共财产窃为己有；借贷政策把自然资料置于外国帝国主义控制之下；苦力的遭遇有如奴隶；某些公民权利被取消。在对列强的关系方面，革命的国民党人想靠外国的帮助和干预求得生存。利用北方的土匪提出不承认北方政府的要求，虽然同时南方土匪也会以同样理由对待南方的领导人。这样做产生的不良后果是，国民党今天的所作所为使其领导人的辉煌历史大为失色，也败坏了那些为主义而献身者的声誉。”④

马林作为一个资深的、具有世界眼光的革命者，其对国民党的分析是深刻的。从孙中山本人来说，他也认识到了国民党的种种问题：“孙中山也痛苦地认识到国民党的严重局限性。我（指宋庆龄）曾多次听他说国民

① 《致廖仲恺的信（1923年7月21日，广州）》，中国社会科学院马列所、近代史研究所编：《马林与第一次国共合作》，光明日报出版社1989年版，第303页。

② 《致廖仲恺的信（1923年7月21日，广州）》，中国社会科学院马列所、近代史研究所编：《马林与第一次国共合作》，光明日报出版社1989年版，第303页。

③ 《致廖仲恺的信（1923年7月21日，广州）》，中国社会科学院马列所、近代史研究所编：《马林与第一次国共合作》，光明日报出版社1989年版，第303～304页。

④ 《致廖仲恺的信（1923年7月21日，广州）》，中国社会科学院马列所、近代史研究所编：《马林与第一次国共合作》，光明日报出版社1989年版，第305页。

党的内部矛盾怎样使它不能有效地革命。国民党中不是真心想在中国进行彻底的社会改革的党员太多了。"[①] 国民党需要新的血液，需要新的指导思想，在这种情况下，马林、陈独秀和李大钊等人主动接触孙中山，孙中山自己也被马林、李大钊等人的革命热情所感染："孙中山在见到这样的客人后常常说，他认为这些人是他真正的革命同志。他知道，在斗争中他能依靠他们明确的思想和无畏的勇气。"[②]

对于俄国革命，孙中山并不陌生。孙中山和列宁虽未谋面，但实际上神交已久。早在 1912 年 7 月，列宁就撰文《中国的民主主义和民粹主义》，称赞孙中山是"充满着崇高精神和英雄气概的革命的民主主义者"[③]。十月革命胜利后，孙中山电贺列宁，并希望"中俄两国革命党团结一致，共同奋斗"[④]。列宁称这封信为"东方的曙光"[⑤]。1918 年 8 月 1 日，列宁委托苏俄外交委员契切林复信孙中山，内中有云："俄国劳动阶级吁请中国兄弟共同斗争。因为我们的成功就是你们的成功。"[⑥] 1919 年 7 月、1920 年 9 月，苏俄政府两次发表宣言，表示放弃沙俄和中国签订的不平等条约，放弃俄国在中国的特权，提议两国重新订约。1920 年秋，共产国际代表维经斯基和孙中山会谈，孙中山对"中国南方的斗争同遥远的俄罗斯的斗争结合起来"[⑦] 这个话题特别感兴趣。1921 年 8 月，孙中山复信契切林表示，"我非常注意您们的事业，特别是您们契切林的组织，您们的军队和教育的组织。我希望知道您和其他友人在这些事情方面，特别是在教育方面能告诉我们的一切"[⑧]。可见，苏俄革命军队、政党的组织形式，是孙中山非

---

① 宋庆龄：《孙中山和他同中国共产党的合作》，《人民日报》，1962 年 11 月 12 日。

② 宋庆龄：《孙中山和他同中国共产党的合作》，《人民日报》，1962 年 11 月 12 日。

③ 中共中央马克思恩格斯列宁斯大林著作编译局编译：《列宁全集》（第 21 卷），人民出版社 1990 年版，第 163 页。

④ 魏宏远：《孙中山年谱》，天津人民出版社 1979 年版，第 62 页。

⑤ 朱成甲编：《中共党史研究论文集》（上册），湖南人民出版社 1983 年版，第 293 页。

⑥ 《契切林致孙中山的信（1918 年 8 月 1 日）》，中共中央党史研究室第一研究部编：《共产国际、联共（布）与中国革命文献资料选辑（1917—1925）》，北京图书馆出版社 1997 年版，第 49 页。

⑦ 《我与孙中山的两次会见》，中共中央党史研究室第一研究部编：《共产国际、联共（布）与中国革命文献资料选辑（1917—1925）》，北京图书馆出版社 1997 年版，第 100 页。

⑧ 《孙中山致俄罗斯苏维埃社会主义共和国外交部信（1921 年 8 月 28 日）》，中共中央党史研究室第一研究部编：《共产国际、联共（布）与中国革命文献资料选辑（1917—1925）》，北京图书馆出版社 1997 年版，第 53 页。

常关注的问题。国民党后来的改组、党军的建设，也是在参照苏俄政党、军队模式上开展的。

随着马林、陈独秀等人与孙中山的多次接触，孙中山也坚定了以俄为师、改组国民党、实现国共合作的思路。

第二章　国共两党在广州开启合作

国共合作是一项波及全国、影响广泛的历史事件，而其最初是在广州实现的。国共合作在广州首先得以实现，主要是因为广州长期是国民党活动的中心，由于有孙中山政权的庇护，这里的工农运动可以公开进行，各种政治思想可以自由表达，共产党可以在这里公开活动。在共产国际代表的建议和共产国际命令下，1923 年 4 月，中共中央迁粤，中共把活动重心放在了南方，加强了和国民党的联系；6 月，中共三大召开，本次会议正式确立了共产党员以个人身份加入国民党，同时保持党的政治、思想和组织的独立性的方针政策。1924 年 1 月，国民党一大召开，孙中山在会上对三民主义作了新的解释，新三民主义的基本思想和中共的新民主主义革命主张已经基本一致，由此奠定了国共合作的政治基础。国民党一大还提出了“联俄”、“联共”、“扶助农工”三大政策。国民党一大标志着第一次国共合作正式形成。

第一节　中共中央迁粤

一、中国共产党在广州的早期活动

随着 1915 年 9 月陈独秀主办的《青年杂志》（第二卷改名为《新青年》）创刊，新文化运动在全国知识界掀起阵阵热潮。1919 年五四运动波及全国各界，广州各界也参与了爱国抵制日货运动。“五四”运动后，马克思主义在中国的传播速度加快了。在陈独秀、李大钊、胡适、鲁迅等一些新文化干将的宣扬和论战下，广州思想界、广州青年也展开对国家和民族命运积极而深刻的探索。据后来的革命者赖先声回忆说：“那时，广东各地曾流行着《新青年》、《新潮》等新文化刊物，我很喜欢购阅。对于一九二〇年的‘社会主义问题’的论战，一九二一年的‘人生观问题’的论战，尤感兴趣，当时在我的脑际上好像起了一阵小旋风。”①

随着马克思主义在中国的广泛传播，在中国建立共产党早期组织的时机已经成熟。1920 年 8 月，上海共产党早期组织成立。20 世纪 20 年代初，广州已经成立了“广东共产党”组织，这个组织是俄国人米诺尔、别斯林与社会主义者同盟的成员黄凌霜、梁冰弦、区声白等人成立的。但实际上这个组织内部成员复杂，有信仰共产主义的，也有信仰无政府主义的。1920 年 12 月，陈独秀受陈炯明之邀，任广东教育委员会委员长。陈独秀、谭平山、陈公博、谭植棠等信仰马克思主义的人，以《广东群报》为阵地，宣扬马克思主义，同无政府主义等思潮作斗争。共产国际代表维经斯基也来到广州，维经斯基态度强硬，主张和无政府主义者划清界限，在广州亲自主持了“分流”会议，迫使无政府主义者退出“广东共产党”。此后广州的共产党组织才成为比较纯粹信仰和宣传马克思主义的组织。但总的来说，在中共一大之前，广州党的工作基本还是“纸上谈兵时代，在广州的几位同志差不多都是要笔杆的，除了写点文章外，与群众接触不多”②。

中共一大之后，先后在北京、武汉、长沙、广州、济南、上海成立了党支部。当时“上海没有支部之称，各地党支部的成立都是由上海党发动组织起来的，各党员的物色工作的分配、党纲的拟定、工作方针的决定都由上海党负责，事实上它就形成了中央的作用”③。广东支部以谭平山为书记，陈公博负责组织，谭植棠负责宣传，隶属中共中央局领导。中共广东支部成立后，大力发展组织，特别重视在工人中发展党员。到 1922 年 6 月，共有党员 32 人，其中一半是工人。④ 由于党组织发展较快，不久在中

---

① 《在广东大革命的洪流中》，中共广州市委党史资料征集、研究委员会办公室编：《广州大革命时期回忆录选编》（中共广州党史资料丛书），广东人民出版社 1986 年版，第 20 页。

② 《关于广东党组织历史情况的回忆》，中共广州市委党史资料征集、研究委员会办公室编：《广州大革命时期回忆录选编》（中共广州党史资料丛书），广东人民出版社 1986 年版，第 12 页。原件存中共广州市委党史办。

③ 《关于广东党组织历史情况的回忆》，中共广州市委党史资料征集、研究委员会办公室编：《广州大革命时期回忆录选编》（中共广州党史资料丛书），广东人民出版社 1986 年版，第 11 页。原件存中共广州市委党史办。

④ 中共广州市委党史研究室编：《中共广州地方史（新民主主义革命时期）》，广东人民出版社 1995 年版，第 25 页。

共广东支部的基础上，成立了中国共产党广东区执行委员会，简称广东区委，仍以谭平山为书记。

1921年8月，中国共产党在上海成立了中国劳动组合书记部，下设三个支部，南方支部设在广州，谭平山任主任。当时广东工会是一种黄色工会，主张劳资协调。谭平山等共产党人领导工人，同黄色工会展开斗争，也发动了几次小规模罢工，逐渐在群众中树立了威信。特别是南方支部参与领导的1921年香港海员罢工，影响颇大，“当时北方的铁路工人组织与南方的海员工人组织遥相呼应，使我们党的局面焕然一新，使我们的党由书院式的纸上谈兵，进而为深入群众，领导工人，开始与封建军阀、买办资产阶级、黄色工会的工贼以及一切反动派作无情的斗争”①。中共在广州和香港工人中“声望也在急剧地增加”②。广州的党组织在斗争中也壮大了，杨匏安、杨殷、阮啸仙等我党早期著名的领导人也在这一时期被吸收入党。

1922年5月1日，广州召开了第一次全国劳动大会，并举行了“五一”劳动节的庆祝活动。“入夜，游行变成了狂欢，几乎通宵达旦。与1921年不同，当时广州五一庆祝活动是在国民党的领导下进行的，并有店主们参加。而这一次游行是纯粹无产阶级性质的，特别是在共产党的领导下进行的。”③ 这表明，在某些方面，中国共产党在广州的影响力已经超过了国民党。

但在陈炯明与孙中山公开决裂，发动武装政变后，陈炯明封闭了《新青年》，禁止共产党的活动和宣传，中共在广州的活动被迫中断了八个月。直到1922年冬，滇桂军东下赶走陈炯明，孙中山在广州重建大元帅府，再次执掌广州政权后，中国共产党在广州的活动才重新活跃起来。

二、共产国际任命马林为驻中国南方代表

1922年7月，共产国际任命马林为驻中国南方代表：“代表我们同南

---

① 《关于广东党组织历史情况的回忆》，中共广州市委党史资料征集、研究委员会办公室编：《广州大革命时期回忆录选编》（中共广州党史资料丛书），广东人民出版社1986年版，第13页。原件存中共广州市委党史办。

② 张国焘：《我的回忆》（第一册），现代史料编刊社（内部参考）1989年版，第222页。

③ ［苏］C. A. 达林著，梁澄宇、刘敬忠译：《中国回忆录（1921—1927）》，中国社会科学出版社1981年版，第89页。

方国民革命运动领导人合作。该同志应同荷属印度的共产党、工会和民族革命运动保持经常接触”①，任期为1922年7月至1923年9月。同时，共产国际指令马林的任务为：“代表的全部活动应以共产国际第二次代表大会关于殖民地决议的精神为基础。”② 这样，在共产国际的棋盘里，东方的民族革命具有世界意义，中国南方不仅是贯彻中国民族革命的重心，也是联系中国、爪哇等地革命的纽带。广州由此获得了民族独立革命的世界意义。

共产国际在给马林的任务下指示时，也在文件中明确要求中国共产党在南方和国民党开展合作：“国民党是一个革命组织，它保持着辛亥革命的性质并努力创建一个独立的中华民国，因此共产党人应当有以下任务：训练能保持独立思想的党员，未来由他们组成中国共产党核心……这个党将随着资产阶级、小资产阶级和无产阶级分子间日愈明显的分裂而成长。分裂之前，共产党人应该支持国民党，特别是国民党内代表无产阶级分子和手工业工人的那一翼。”③

共产国际在同一文件中还指出，为了实现国共合作，实现民族革命，中国共产党应该十分重视宣传：“共产党人应该在国民党内和工会内把拥护共产党的人组成一些小组。靠这些小组形成一支大军去宣传反对外国帝国主义斗争的思想，宣传建立中华民国和组织反对中外剥削者的阶级斗争的思想。”“为反对外国帝国主义的斗争，需要建立一个专门的宣传组织。”④ 同时中国共产党人“最重要的任务是组织劳动群众，这一任务的完成在目前时期只能采取建立工会的形式……实行工会的集中化”⑤。

而且，对派驻中国南方代表和中国共产党的任务都指出，要通过国共党内合作实现中国的民族革命。后来，共产国际又建立了共产国际东方部

---

① 《共产国际和红色国际发给其派驻中国南方代表的委任书（1922年7月）》，中国社会科学院马列所、近代史研究所编：《马林与第一次国共合作》，光明日报出版社1989年版，第78页。

② 《共产国际执行委员会给其派驻中国南方代表的指令（1922年8月）》，中国社会科学院马列所、近代史研究所编：《马林与第一次国共合作》，光明日报出版社1989年版，第78页。

③ 《共产国际执行委员会给其派驻中国南方代表的指令（1922年8月）》，中国社会科学院马列所、近代史研究所编：《马林与第一次国共合作》，光明日报出版社1989年版，第80页。

④ 《共产国际执行委员会给其派驻中国南方代表的指令（1922年8月）》，中国社会科学院马列所、近代史研究所编：《马林与第一次国共合作》，光明日报出版社1989年版，第80页。

⑤ 《共产国际执行委员会给其派驻中国南方代表的指令（1922年8月）》，中国社会科学院马列所、近代史研究所编：《马林与第一次国共合作》，光明日报出版社1989年版，第81页。

符拉迪沃斯托克局[①]，1923 年 1 月 10 日，共产国际主席团发布命令，任命马林为共产国际东方部符拉迪沃斯托克局第三委员，并且命令马林参加中共三大。[②]

三、共产国际代表马林、利金等建议中共中央迁粤

中国共产党成立后，中共中央[③]驻上海，但在上海开展工作并不顺利。这从在中国考察的共产国际代表马林 1922 年 7 月所写的报告中可以看出：

在上海，工作开始于很不顺利的条件之下，这儿虽然是中国最大的工业中心之一，但却没有我们所熟悉的那种工人运动。随着凡尔赛和约而兴起的知识分子中的巨大骚动已成为过去，学生运动的领袖们由于中国政府给予留学机会而纷纷出国升学，结果，学生组织已失其意义。除了北京附近的铁路工人之外，只有广东工人团结在现代工会组织之中，中国的旧式工人组织、行会、秘密结社——如上海的青红帮一类，与其说是工人运动健康发展的一种助力，勿宁说是二种障碍。[④]

从这段文字可以知道：尽管上海是中国的工业中心，但是在北洋政府的分化瓦解下，“五四”运动后学生运动的领袖相当部分已经出国留学，国内的工人运动、学生运动暂时趋于冷淡，工人组织中只有北京附近的铁路工人和广东的工人组织相对比较有战斗力。

① 《共产国际执行委员会主席团关于建立共产国际东方部符拉迪沃斯托克局的决定（1922 年 8 月）》，中国社会科学院马列所、近代史研究所编：《马林与第一次国共合作》，光明日报出版社 1989 年版，第 109 页。文献中也常称共产国际海参崴局、共产国际远东局为同一机构。

② 《共产国际执行委员会主席团任命参加中国共产党代表大会的代表（1923 年 1 月 10 日）》，中国社会科学院马列所、近代史研究所编：《马林与第一次国共合作》，光明日报出版社 1989 年版，第 110 页。

③ 起初并没有“中央”这一称谓，但上海共产党组织事实上承担了中共中央的职责。这里为行文的方便，就用“中共中央”这一称谓。

④ 《马林给共产国际执委会的报告（1922 年 7 月 11 日）》，中共广东省委党史研究委员会、中共广东省委党史资料征集委员会编：《第一次国共合作研究资料》（内部刊物），1984 年，第 16 ~ 17 页。

马林还指出：

党出版《共产党》月刊，在上海、广州、北京等地，对工会组织经常性的宣传工作也已开始。在职工国际代表的协助下，党在北京、上海两地发行一份周报。在这两个城市和在广州，工人学校已重新开办，以便为职工运动培训干部。少数共产主义小册子也已译成中文。在上海举行的七月会议，由于法国警察当局采取的措施而不得不中止。……劳动组合书记部在上海成立，它出版新的周刊，与各个工人团体接触，但青红帮之类秘密团体立即给它制造困难。书记部在一些要求增加工资的局部性的罢工支持了工人，但上海却没有成立重要的现代工会组织。由于共产党只能非法地进行工作，所以，没有显著的成就。与中国南方的民族主义也没有接触。……

……

上海的青年组织在一九二〇年至一九二一年间曾发展到二百人，一九二一年减少了相当数目，有一段时间在知识分子中的工作完全停止。张太雷同志从国际第三次代表大会归来后，在青年中的工作重新开始系统地进行，特别是在中国南部，青年中共产主义的宣传十分成功。①

从马林以上的叙述中可以得出：中国共产党成立后，在上海、北京、广州等大城市开始了革命宣传；在中共中央所在地上海，中共开展活动受租界警察、青红帮等势力干扰，开展并不顺利，甚至有一段时间在知识分子中的工作完全停止；而与之相反，革命宣传在南方却取得了相当成功。

事实上，20世纪20年代初期，广州的政治气氛相对轻松，工人组织比较健全，工人运动开展相对活跃，马克思主义宣传也比较成功。这在马林后来的报告中有长篇叙述：

一九二一年十二月十日至一九二二年四月末与国民党的联系工作：

十二月十日，张太雷作为翻译和我两人从内陆经湖南去访问孙中山。

① 《马林给共产国际执委会的报告（1922年7月11日）》，中共广东省委党史研究委员会、中共广东省委党史资料征集委员会编：《第一次国共合作研究资料》（内部刊物），1984年，第16~17页。

他那时已把部队集中在桂林（广西）。我作为孙中山的客人，在那儿住了九天，然后继续旅行到广州，正当海员工人罢工时期，我和国民党的领袖在那儿天天接触。我在广州住了十天，接着从陆路到汕头。这次南行，是我留居中国最重要的部分。在上海，我对中国的运动及其发展的可能性获得一种十分悲观的观点。我在南方才发现罢工大有可为，而且能够成功。在少数省会，我看见中国青年对社会主义问题非常感兴趣。我在长沙、桂林、广州和海丰出席了青年们的集会。这些地方有学生会的组织，热心探讨着无政府主义以及社会主义理论。……

……

孙中山长期和工人有接触，特别是在广东省和华侨之中。他的党的领导者们在广州支持工会，在罢工中常站在工人一边。在今年正月海员罢工期间，国民党与工人之间的联系是多么紧密，这一点对我来说是十分清楚的。整个罢工都由这个政治组织的领袖们所领导。罢工工人参加党的民族主义的示威游行，全部财政资助都来自国民党。可是，广州的共产主义团体却不和罢工工人联系，也不支持罢工，因为他们认为自己只能秘密地进行工作。国民党与罢工工人之间的联系如此紧密，以致在广州、香港、汕头三地竟有一万二千名海员加入国民党。……

……

在广州，我遇见一些南方政府中的成员，他们全都对苏俄抱支持态度。特别是，著名的中国第一届国会的议长张继，非常赞成在中国实行党的独裁，他希望在北方，在蒙古或西伯利亚，组织中国革命者来支持南方的革命运动。只有陈炯明——我也和他长谈过三次，一点也不希望实行党的独裁。他同样自称是社会主义者，当他过去在福建省作为革命军队的将领时曾经完全站在俄国革命方面。但俄国革命本身的发展却使他渐渐向右转。他为这样的立场辩解说：在有三千万居民的广东建立国家资本主义是可能的，能够排除私人资本主义。并且，在政治上，一个具有相当广泛的地方自主权的民主政府能够建立起来。他认为，中央集权对全国来说是不可能的。而且，国民党的党纲并不完善，他看出有建设一个新的社会主义党的需要。就像支持罢工工人一样，他出资帮助一家日报，这家报纸的编辑是共产党员。他要求派一个代表到苏俄去，并宣称并不反对在广州设立共产国际的办事处。他希望在苏联军事顾问的帮助下改组军队。……

……

我相信，估计广州组织起来的工人约有五万人，这并不夸大。直到现在这儿找不到任何职工国际的文件。但引导广州已经组织起来的工人与职工国际发生联系，在我看来是可能的。有一位从美国回来的同志领导着一个工人互助社，他正在进行共产主义宣传。这个组织和一个青年团体于今年正月十五日联合举行示威以纪念罗沙·卢森堡和卡尔·李卜克内希，有两千名工人参加。但是，很奇怪，共产主义小组对这次宣传活动却置身事外。

省政府设立了一所为国民党培训宣传干部的学校。这所学校为广州工人开办夜班，课程表规定讲授社会主义理论。

……南方一些青年组织健康地发展着，假如这些地方组织联合成一个团体，那么很可能产生一个重要的青年组织。我建议我们的党中央执行委员会迁到广州，至少在那儿公开地进行工作。①

从以上马林的叙述中，我们可以得出以下情况：

（1）马林认为，南方之行是他考察中国最重要的经历。

（2）马林发现，南方尤其是广州的政治气候相对比较宽松，人们经常公开讨论各种革命理论。

（3）广州的孙中山及其领导的国民党支持工人运动，并且广州的工人组织、工人运动发展较好。

（4）陈炯明希冀取得苏俄、共产国际支持，当时对共产主义宣传采取了宽容政策。

（5）共产党可以在广州合法、公开活动。

（6）广州的共产党与工人结合甚至不如国民党，共产党应该加强与广州的工人组织、工人运动结合。

马林对南方尤其是广州的好感，在其给共产国际的报告中多次可见，如“除了唯一的北京附近的铁路工人组织外，只有广东省的工人建立了现

---

① 《马林给共产国际执委会的报告（1922年7月11日）》，中共广东省委党史研究委员会、中共广东省委党史资料征集委员会编：《第一次国共合作研究资料》（内部刊物），1984年，第18～27页。原文译自赫尔姆特·格庐伯编：《莫斯科控制下的共产国际》，1974年。

代的工会组织”①。基于以上认识，马林“向我们党的领导机关建议把驻地移往广州，在那里至少可以公开工作”②。

在马林考察中国革命时期，共产国际执委会远东书记处还派遣利金来华。利金于1921年10月动身，先后在上海、广州一带工作。利金也建议中共中央迁移到广州开展工作，并且详细列出了迁驻理由：“1. 现在在南方有广泛的合法条件；2. 在广州有最先进的工人运动；3. 广州是国民党的活动中心。”③ 利金指出，“南方是国民党的活动舞台，如果我们共产主义小组中央局迁到广州，这种情况有助于把国民革命运动的各种联系集中到中央局手中”④。

广州的革命气氛和群众基础，也可以从1922年3月19日陈独秀在上海纺织工会浦东部成立大会的演讲中得到充分体现：

上海的工厂比广东多，工人也比广东多，工会却比广东少。广东已有七十多个工会，都是真正工人所组织的；上海只有四十多个工会，而且“招牌工会”占了三分之二。广东的工人，已有二十分之十二入了工会；上海的工人，入工会的还不到四十分之十。上海工人比广东多，为什么上海的工会反不及广东发达呢？这是因为广东工人对于工会都很热心，上海工人对于工会都很冷淡。广东如建筑工会、机器工会、道路工会等，都很有势力，新近有海员工会、印刷工会，团体很坚固。现在广东的工人教育也发达起来了，工人学校已有数十处之多。虽说两个地方的政治权力有保护劳工和压制劳工之分，但无论如何，工人们总要自己去做呀！⑤

可见，无论是共产国际代表还是中国共产党自己，都认识到广州的革

① 《向共产国际执行委员会的报告（1922年7月11日）》，中国社会科学院马列所、近代史研究所编：《马林与第一次国共合作》，光明日报出版社1989年版，第61页。

② 《向共产国际执行委员会的报告（1922年7月11日）》，中国社会科学院马列所、近代史研究所编：《马林与第一次国共合作》，光明日报出版社1989年版，第75页。

③ 参见中国共产党第三次全国代表大会会址纪念馆馆内陈列第二部分“中共三大的召开”。

④ 《利金就在华工作情况给共产国际执委会远东部的报告（1922年5月20日）》，中共中央党史研究室第一研究部编：《联共（布）、共产国际与中国国民革命运动》，北京图书馆出版社1997年版，第95页。

⑤ 《民国日报》副刊《觉悟》，1922年3月21日。

命气氛是相对比较宽松的。马林在从中国回到苏联后，正式提出建议："以办事处的形式，在广州建立一个共产国际与红色工会国际的代表机构，该办事处负责在中国、日本、朝鲜销售共产主义书籍，把共产主义书籍译成这三个国家的文字，发行一份英文周刊，调整和促进中国和朝鲜民族主义运动与共产主义运动的联系。定期向共产国际与红色工会国际报告活动情况及各国的形势。"① 对这个广州办事处，马林进一步给予了说明，"在远东，广州是唯一勿需打扰当局就可以建立常设代表处的城市。它对于通过香港同三个国家联系也十分有利。借助中国海员散发那里出版的书籍、文献也不困难"②。可见，在马林的眼里，广州办事处不仅具有指导中国革命的作用，更是有着促进世界革命的使命，可以更方便共产国际指挥远东和东南亚各国的革命。这样，中国革命的命运与苏俄、共产国际的命运就紧密联系在一起了。

共产国际执委会充分考虑了马林、利金的建议，命令中共中央立即迁驻广州办公。为了确保命令安全送达中共中央，他们把命令打印在马林的丝绸衬衣上："中国共产党中央委员会接短笺后，应据共产国际主席团7月18日决定，立即将驻地迁往广州并与菲力浦（指马林）同志密切配合进行党的一切工作。"③

中共中央接受了共产国际建议，1923年3—5月，中国共产党主要领导人陈独秀、蔡和森、李大钊等人以及共产国际代表马林等陆续来到广州。广州遂成为中共中央驻地，也成为第一次国共合作的酝酿和主要策源地。随着中共三大和国民党一大依次在广州召开，第一次国共合作遂首先在广州实现。

第二节　中共三大

1923年6月12日至20日，中国共产党第三次全国代表大会在广州召

① 《中国建设与对苏关系（1922年1月10日，桂林）》，中国社会科学院马列所、近代史研究所编：《马林与第一次国共合作》，光明日报出版社1989年版，第76页。

② 《中国建设与对苏关系（1922年1月10日，桂林）》，中国社会科学院马列所、近代史研究所编：《马林与第一次国共合作》，光明日报出版社1989年版，第77页。

③ 参见中国共产党第三次全国代表大会会址纪念馆馆内陈列第二部分"中共三大的召开"。

开。会议召开前，中共广东区委承担了大会的筹备工作。这次大会的中心议题就是讨论和国民党合作，共同开展国民革命的问题。大会经过激烈辩论，最终通过了《关于国民运动及国民党问题的决议案》，决定全体党员以个人身份加入国民党，同时保持党自身政治、组织、思想的独立性。中共三大确定的统一战线的方针政策，促进了当时革命的发展，掀起了轰轰烈烈的大革命。统一战线的方针政策形成后，对后世革命和建设都产生了积极作用。

一、中共三大会议筹备

共产国际接受马林等人的建议，指示中共致力于国共合作，共同开展国民革命。为此，中共需要召开全国代表大会，统一全党思想。中共三大召开时，全国已经有400多名党员。代表齐聚广州，需要细致的会前准备工作，安排代表们的生活，并注意会场的保密、代表的安全等问题。

（一）共产国际明确指示国共合作方针

共产国际对于中国革命十分关注，为了更好地观察和指挥中国革命，1923年1月，共产国际建立由片山潜、马林和维经斯基组成的共产国际东方部符拉迪沃斯托克局，1月10日又命令马林以共产国际代表身份参加中共三大。[①] 1月12日，共产国际作出《关于中国共产党与国民党的关系问题的决议》[②]，明确了中国共产党员应该加入国民党，同时保持党的独立性。决议首先指出，“中国唯一重大的民族革命集团是国民党，它既依靠自有资产阶级民主派和小资产阶级，又依靠知识分子和工人”，这就明确了国民党在中国民族革命中处于领导地位，并且认为国民党具有包容性。接着，决议指出由于中国工人阶级力量尚且弱小，在民族革命这个任务上，中共应该与国民党进行合作：

> 中国的中心任务是反对帝国主义者及其在中国的封建代理人的民族革

① 中共中央党史研究室第一研究部编：《共产国际、联共（布）与中国革命文献资料选辑（1917—1925）》，北京图书馆出版社1997年版，第434～435页。

② 该决议内容详见：中共中央党史研究室第一研究部编：《共产国际、联共（布）与中国革命文献资料选辑（1917—1925）》，北京图书馆出版社1997年版，第436～437页。本书中有关此决议的注解不再另外注明。

命，而且由于这个民族革命问题的解决直接关系到工人阶级的利益，而工人阶级又尚未完全形成独立的社会力量，所以共产国际执行委员会认为，国民党与年轻的中国共产党合作是必要的。

决议还特意强调国共合作必须坚持党的独立性：

这不能以取消中国共产党独特的政治面貌为代价。党必须保持自己原有的组织和严格集中的领导机构。……中国共产党应当在自己原有的旗帜下行动，不依赖于其他任何政治集团，但同时要避免同民族革命运动发生冲突。……中国共产党绝对不能与它合并，也绝对不能在这些运动中卷起自己原来的旗帜。

这样，共产国际就明确了中国共产党员加入国民党，同时保持党的独立性的国共合作方针。对于中共来说，这是个崭新的课题。以往中共的革命就是做理论宣传、发动工人运动，而现在，需要和另一个拥有一定地方势力的革命政党——国民党联合，共同开展民族革命。这意味着中共将从主要以论道式的理论宣传工作，走向更加复杂的政治斗争，也就必然走向更加广阔的历史舞台。正如陈独秀在中共三大上的发言，“从这时起，我们党的政治主张有了重大的改变……而以后我们开始更多地注意到中国社会的当前形势，并参加了当前的运动”①。这是个重大的策略制定，中共需要把这个重要的策略通知到中共全党，需要召开全国代表大会，解答各种疑惑，以便统一全党意志。

1923 年 5 月，共产国际又作出《共产国际执行委员会给中国共产党第三次代表大会的指示》，提出或强调了一系列重要观点：“全部政策的中心问题乃是农民问题”，“领导权应当归于工人阶级的政党”，“中国的中心任务是反对帝国主义者及其在中国的封建代理人的民族革命”。② 可惜的是，由于路途遥远，这封信直到 7 月才传到中共中央处，此时中共三大已经结束。

---

① 陈独秀：《陈独秀同志代表中共中央向第三次党代表会议的报告》，广东革命历史博物馆编：《中共“三大”资料》，广东人民出版社 1985 年版，第 58 页。

② 中共中央党史研究室第一研究部编：《共产国际、联共（布）与中国革命文献资料选辑(1917—1925)》，北京图书馆出版社 1997 年版，第 456～457 页。

（二）广东区委承担会议事务性筹备工作

确定了国共合作的大致方针后，关于中共三大在哪里召开，共产国际也听从了马林等共产国际代表的建议。马林在 1923 年 5 月 30 日从广州致信红色工会国际书记处赫勒尔："我们在广州有充分的行动自由，而且只能在这里公开举行党的代表大会和劳动大会。曾问及湖南代表，是否可以在长沙举行青年代表大会，也曾问及北京代表，回答是：只能召开一个秘密的小会"①，"中国虽疆土辽阔，但广州是唯一可以举行大型会议的城市"②。中共中央尊重共产国际意见，决定在广州召开中共三大。

代表人数根据"党员人数比例，约十至二十名党员中选派一人。要求以产业工人为主体，其次为从事工农革命运动的主要负责人和省、区的书记"③。大会筹备工作"主要由第三国际代表和二届中央委员会主持……事务性准备工作和生活安排，统由广东区委谭平山、刘尔崧、阮啸仙等人负责"④。广东区委为中共三大召开做了大量工作，"他们将陈独秀、马林等安排在东山新河浦路的春园居住。谭平山等人认为东山一带地方僻静，华侨多，不引人注目，便在东山恤孤院后街 31 号（今恤孤院路 3 号）租了一幢二层楼房，作为'三大'的会址"⑤。"广东区委同志担负大会后勤工作是很尽力的"⑥，但毕竟代表来自全国，人数多，有些代表住宿条件艰苦，"我们用的床铺、桌子都是借来的，床板每人两块，长凳两条，一床蚊帐，房子也是临时租的，没有电灯。一座一连两间，房子很旧，因为没有人住，又很脏"⑦。

中共中央和广东区委对会议的安全工作亦很重视。中共中央以"钟

---

① 《致共产国际执行委员会、红色工会国际、共产国际执行委员会东方部和东方部远东局——关于中国形势和 1923 年 5 月 15 日至 31 日期间的工作报告（1923 年 5 月 31 日）》，中国社会科学院马列所、近代史研究所编：《马林与第一次国共合作》，光明日报出版社 1989 年版，第 193 页。

② 《致红色工会国际书记处赫勒尔的信（1923 年 5 月 30 日，广州）》，中国社会科学院马列所、近代史研究所编：《马林与第一次国共合作》，光明日报出版社 1989 年版，第 181 页。

③ 罗章龙：《椿园载记》，生活·读书·新知三联书店（内部发行）1984 年版，第 268 页。

④ 罗章龙：《椿园载记》，生活·读书·新知三联书店（内部发行）1984 年版，第 270 页。

⑤ 中共广州市委党史研究室编：《中共广州地方史（新民主主义革命时期）》，广东人民出版社 1995 年版，第 37 ~ 38 页。

⑥ 罗章龙：《椿园载记》，生活·读书·新知三联书店（内部发行）1984 年版，第 269 ~ 270 页。

⑦ 徐梅坤：《中共"三大"会址及大会经过》，中共广州市委党史资料征集、研究委员会办公室编：《广州大革命时期回忆录选编》（中共广州党史资料丛书），广东人民出版社 1986 年版，第 161 页。

英”的名称，给各地方区委去信，指示“事务和保密工作问题”。[1] 为了安全起见，“代表们分批出发，尽量做到不乘同一趟车，不坐同一条船”，到广州后，“立刻换上了一套半长不短的‘唐装’，一副广东人打扮。广东区委派有专人负责接待”[2]。对于外地代表，开会时广东区委还“几乎每次开会都有人来指引”[3]，带他们去会场。

（三）会前统一思想的准备工作

中共一大以来，各地党员干部多将注意力集中于工人运动，对于与国民党合作，很多人都感到困惑。为此，共产国际代表马林做了大量工作。在中共三大正式召开之前，马林“事先找各地代表谈话，特别是工人代表。内容主要是交代和解释国共合作的必要性。这一问题，对工人代表来说是一个新课题。过去各地劳动组合书记部全力做工人运动，对国共合作多不理解，马林的谈话就很必要了”[4]。除此之外，马林还重点谈到了下届中央的组织安排，以及党章和决议的准备情况，“并不厌其烦地反复说明要这样做的理由”[5]。对于组织路线，马林指出，“下届中央要多选一些工人同志到中央来，包括长期在基层做工人运动工作、能联系群众的同志”[6]。除以上外，马林还谈了很多，“除了国共合作的政策外，还谈了工人运动、农民运动、妇女运动以及共产国际的观点和政策”[7]。由于中共三大所确定的国共合作方针是个牵涉面比较广的课题，要真正理解这一系列方针政策，也需要相当的理论水准以及对中国社会的分析和见识。会前马林做的这些工作，对于解答代表们的疑惑，统一代表们的意志，有重要作用，也是非常必要的。

除了马林的会前准备工作外，中共在三大召开前，还召开了中央扩大会议，出席会议的有第二届中央委员和一些省的负责人。会议“主要是讨论准备‘三大’的各项问题，由共产国际代表马林主持”[8]。马林在会上传

---

① 罗章龙：《椿园载记》，生活·读书·新知三联书店（内部发行）1984年版，第269页。
② 罗章龙：《椿园载记》，生活·读书·新知三联书店（内部发行）1984年版，第269页。
③ 罗章龙：《椿园载记》，生活·读书·新知三联书店（内部发行）1984年版，第269页。
④ 罗章龙：《椿园载记》，生活·读书·新知三联书店（内部发行）1984年版，第270～271页。
⑤ 罗章龙：《椿园载记》，生活·读书·新知三联书店（内部发行）1984年版，第271页。
⑥ 罗章龙：《椿园载记》，生活·读书·新知三联书店（内部发行）1984年版，第271页。
⑦ 罗章龙：《椿园载记》，生活·读书·新知三联书店（内部发行）1984年版，第269页。
⑧ 罗章龙：《椿园载记》，生活·读书·新知三联书店（内部发行）1984年版，第270页。

达了共产国际的指示。与会者对即将在中共三大上要讨论的各项议题交换意见，这次会议“起草了政治报告和准备了议决案”[①]。

另据广东党员梁复然回忆：“‘三大’会议召开的前一个星期左右，在前‘养成所’（现已停办）召开‘三大’预备会议。凡是共产党员、少青都可参加，我亦参加了。广东参加开会的约三四十人，外省参加的约九、十人，全场大概有五十人左右参加，谭平山主持会议。预备会内容如下：1. 选举参加‘三大’的代表。广东选出的代表有谭平山、杨章甫、阮啸仙、刘尔崧、谭植棠、冯菊波（曾是廖仲恺的秘书），其他不是代表都可以列席参加‘三大’会议；2. 略略谈到国共合作问题（张国焘最反对国共合作）。”[②] 从会议主持人是谭平山和出席会议的代表大部分为广东党员看，这次会议应该是广东区委主持召开的，外省部分代表列席参加。这次会议应是广东区委为中共三大而召开的一次预备会议。

二、中共三大召开

（一）会议主要流程

1923 年 6 月 12 日至 20 日，中国共产党第三次全国代表大会在广州东山恤孤院后街 31 号（今恤孤院路 3 号）召开。出席的代表至少有 40 人[③]，代表当时全国 420 名[④]党员。“这次大会代表的组成，具有相当的广泛性，其中以铁路和矿山工人运动中涌现的新人物占相当大的比重。这是前两次大会所未有的。”[⑤] 广东区委共产党员罗绮园担任大会记录员，刘仁静以中共出席共产国际四大代表的身份参加会议，共产国际马林也参加了会议。会议的中心议题是讨论国共合作、建立革命统一战线的问题。

大会首先听取陈独秀代表二届中央作工作报告。陈独秀回顾了一年来

---

① 罗章龙：《椿园载记》，生活 · 读书 · 新知三联书店（内部发行）1984 年版，第 270 页。

② 广东革命历史博物馆编：《中共“三大”资料》，广东人民出版社 1985 年版，第 214 页。

③ 对于中共三大有多少代表出席，史学界一直有争议。本书同意王国政的研究成果，取“至少 40 人”的说法。参王国政：《中共三大代表名单考》，陈俊凤主编：《中共三大学术研讨会论文集》，广州出版社 2006 年版，第 536 ~ 541 页。

④ 其中在国外的 44 人，工人 164 人，妇女 37 人，另有 10 个同志被关在牢狱里。见陈独秀：《陈独秀同志代表中共中央向第三次党代表会议的报告》，广东革命历史博物馆编：《中共“三大”资料》，广东人民出版社 1985 年版，第 57 页。

⑤ 罗章龙：《椿园载记》，生活 · 读书 · 新知三联书店（内部发行）1984 年版，第 270 页。

二届中央的工作，并特别提到二届中央委员决策加入国民党的过程：

我们接到了共产国际关于加入国民党的指示，在第二次党代表会议以后，我们不能够很快地再召开代表会议来讨论这个问题，所以中央委员会和共产国际执行委员会的代表一起讨论了这个问题（指西湖会议）。起初，大多数人都反对加入国民党，可是共产国际执行委员会的代表说服了与会的人，我们决定劝说全体党员加入国民党。[1]

陈独秀对一年来的工作失误作了检讨。难能可贵的是，陈独秀还对自己作了公开批评："陈独秀由于对时局的看法不清楚，犯了很多错误。另外，他很容易激动"，点名批评的还有张国焘："张国焘同志无疑是忠实于党的，但是思想非常狭隘，所以犯了很多错误。他在党内组织小集团，是个最大的错误"。[2] 以地区来说，陈独秀还在报告中批评了上海、北京、湖北以及广州党的工作，唯独对湖南工作进行了肯定，"只有湖南的同志可以说工作得很好"[3]。在陈独秀报告之后，马林作了补充发言，认为陈独秀的报告过分悲观，党的工作是"有成绩的"。马林还指出，"知识分子和工人在党内必须很紧密地结合起来"[4]。陈独秀还作了《中国时局和国际政治形势》的报告。各地区代表分别报告了本地区党的工作：谭平山作了《粤区工作报告》，毛泽东作了《湘区工作报告》，李大钊作了《北京区工作报告》，徐梅坤作了《上海区工作报告》，林育南作了《武汉区工作报告》。另外，瞿秋白传达了共产国际第四次会议精神，马林还作了《国际工人运动与国际形势》报告；陈潭秋作了《二七罢工报告》，孙云鹏在会上派发了《京汉工人流血记》的小册子。

大会进行了充分讨论，通过了诸多决议。大会最后一天，全体代表集

---

① 陈独秀：《陈独秀同志代表中共中央向第三次党代表会议的报告》，广东革命历史博物馆编：《中共"三大"资料》，广东人民出版社 1985 年版，第 58 页。

② 陈独秀：《陈独秀同志代表中共中央向第三次党代表会议的报告》，广东革命历史博物馆编：《中共"三大"资料》，广东人民出版社 1985 年版，第 61 页。

③ 陈独秀：《陈独秀同志代表中共中央向第三次党代表会议的报告》，广东革命历史博物馆编：《中共"三大"资料》，广东人民出版社 1985 年版，第 61 页。

④ 马林：《马林的补充发言》，广东革命历史博物馆编：《中共"三大"资料》，广东人民出版社 1985 年版，第 62 页。

中在黄花岗，由瞿秋白、张太雷教唱《国际歌》。在中共全国代表大会闭幕式上唱《国际歌》，是从中共三大开始的。

中共三大会议主要流程见表2-1：

表2-1　中共三大会议主要流程

日　期	内　容
12日	大会开幕，陈独秀主持 陈独秀代表中共中央向大会作报告 马林作《国际工人运动与国际形势》报告
13日	讨论陈独秀的工作报告 瞿秋白传达共产国际第四次会议精神 通过《关于第三国际第四次大会决议案》 王俊传达青年国际第三次代表大会精神
14日	各区工作报告： 谭平山作《粤区工作报告》 毛泽东作《湘区工作报告》 李大钊作《北京区工作报告》 徐梅坤作《上海区工作报告》 林育南作《武汉区工作报告》
15日	大会自由发言 通过《农民问题决议案》 通过《青年运动决议案》 通过《妇女运动决议案》
16日	张国焘作《铁路工会工作报告》 陈潭秋作《二七罢工报告》 孙云鹏作《二七罢工善后工作报告》 通过《劳动运动决议案》
17日	讨论《关于国民运动及国民党问题的决议案》，表决通过
18日	选举中央执行委员和候补执行委员，公布选举结果 通过《中国共产党第三次全国代表大会宣言》

（续上表）

日　期	内　容
19 日	讨论通过： 《中国共产党给日本共产党中央执行委员会的信》 《中国共产党给印度尼西亚共产党中央执行委员会的信》 《关于党员入政界的决议案》 《中国共产党党纲草案》 《中国共产党第一次修正章程》 《中国共产党中央执行委员会组织法》
20 日	代表到黄花岗唱《国际歌》，大会闭幕

（资料来源：中共三大会址纪念馆历史陈列第二部分）

（二）会议主要争论

对于国共合作，中共党内一开始就存在很大争议，“纠纷之源，闹得天翻地覆”①。在大会召开之前，“为了寻求相互之间的谅解，曾使大会推延了一个多星期”②。尤其是张国焘与马林之间，“展开了前所未有的争论”③。

马林用速记笔记的形式专门记载了在中共三大上代表们围绕是否与国民党合作展开的争论。其笔记可以充分反映当时代表们的观点和争论。

瞿秋白精通俄语，有在苏俄工作的经历，对共产国际政策理解较深，他发言强调国民党在当前革命中的中心地位，支持国共合作。其主要观点如下：

一、虽然资本家来自封建阶级，但他们在这个社会里已成为一个独立的因素。

二、没有无产阶级参加，任何资产阶级革命都不会成功。

三、中国资产阶级的利益不尽相同，可分两种。

四、尽管现在小资产阶级和大资产阶级是不革命的，但为了自身利

① 张国焘：《我的回忆》（第一册），现代史料编刊社（内部参考）1989 年版，第 216 页。
② 张国焘：《我的回忆》（第一册），现代史料编刊社（内部参考）1989 年版，第 287 页。
③ 张国焘：《我的回忆》（第一册），现代史料编刊社（内部参考）1989 年版，第 287 页。

益，他们将会革命。

五、只有国民党能把不同的利益统一起来。

六、不要害怕资产阶级的壮大，因为与此同时无产阶级也在壮大。我们不能采取与他们分离的办法阻止他们的发展。

七、任何事情都在发展，我们不能证明国民党不再发展。国民党从一个没有纲领的政党成长为一个有纲领的政党，现在已接近于一支真正的社会力量。虽然危险，却是正确的通路。它已觉察到工人的力量。

八、我们的职责是领导无产阶级推动国民党，使其摆脱资产阶级的妥协政策。

九、我们已经阐明只有无产阶级才是革命的。如果我们不引导无产阶级参加国民党，那怎么能希图国民党发展呢？

十、如果我们等国民党发展以后再参加进去，这是不合理的。假如我们希望壮大力量，假如我们有明确的目标，我们会有充分的机会在国民运动壮大自己，走俄国十月革命的路。

十一、如果我们作为唯一革命的无产阶级，不去参加国民党，后者就势将寻求军阀、资产阶级和帝国主义的帮助。

十二、国民党的发展，并不意味着牺牲共产党。相反，共产党也得到了自身发展的机会。

十三、在建立国民党支部时，我们不要去抓取组织权和指导权，这是在助长老国民党的办法得以发展。我们要发展的是一个将改变其策略的组织。

十四、工会运动不同于国民党开展的运动，工会从事的国民运动是有利而无害的，他们可以宣传反对军阀、反对帝国主义的纲领，这和我们的纲领是一致的。

十五、我们不会放弃对工人进行的宣传，它同国民党的工作没有矛盾，可以继续下去。

十六、要么我们不许工人参加国民党，让国民党得到资产阶级、军阀等给予的帮助从而日趋反动，要么我们领导无产阶级加入国民党，使后者具有革命性，哪种办法更好？①

---

① 《斯内夫利特笔记　中国共产党第三次代表大会关于国共合作问题的讨论（1923 年 6 月 12—20 日）》，中国社会科学院马列所、近代史研究所编：《马林与第一次国共合作》，光明日报出版社 1989 年版，第 234～235 页。

广州代表邓中夏则认为，国民党改组形势趋向好转，孙中山等人意识到了自己的错误；可以加入国民党，但我们不是为国民党工作的。其主要观点如下：

一、如果我们不在北方发展国民党，那么我们为什么要加入国民党呢？

二、我们的重要问题是应否让国民党得到发展。

三、国民党是一个内部利益迥异的政党，很难改造。

四、让孙中山听取新党员的意见十分困难。

五、国民党改组形势日趋好转，因孙中山和其他人现在意识到自己的错误，愿意改革。

六、批评国民党热衷于搞军事行动是不公正的，我们不能不加防卫而让沈鸿英得逞。

七、批评国民党轻视群众也是不对的，因为我们看到他们的党内有群众。

八、没有人反对我们与国民党合作，但我们不是为国民党工作，以后我们应改变合作的政策。

九、建议劳动组合书记部承担我们的工会工作。①

湖南代表毛泽东认为，可以加入国民党，但是在中国靠资产阶级革命是行不通的，资产阶级也无法领导革命；中国国民革命只能在世界革命后进行。其主要观点如下：

一、国民党是否就不能发展？这是个问题。

二、在中国，资产阶级革命行不通。所有反帝运动都是由饥寒交迫者而不是由资产阶级发动的。

三、资产阶级不能领导这个运动。不推翻资本主义国家的资产阶级，国民革命不可能出现。所以中国的国民革命只能在世界革命后进行。

---

① 《斯内夫利特笔记　中国共产党第三次代表大会关于国共合作问题的讨论（1923 年 6 月 12—20 日）》，中国社会科学院马列所、近代史研究所编：《马林与第一次国共合作》，光明日报出版社 1989 年版，第 235 ~ 236 页。

四、希望在中国实现国际合作，出现一个和平时期，那时资本主义发展将非常迅速，中国无产阶级人数也会大量增加。

五、小资产阶级控制了国民党。他相信目前小资产阶级能够领导。这就是我们加入国民党的原因。

六、我们不应该害怕加入国民党。

七、农民和小商人是国民党的好成分。①

北方区委代表李大钊则认为：

一、过去和将来国民运动的领导因素都是无产阶级，而不是其他阶级。

二、由于这个原因，我们不要害怕参加国民运动，我们应站在运动的前列。

三、我们已加入国民党，但还没有工作。没有迹象表明我们没有希望。②

来自湖北的林育南介绍了共产国际二大和四大关于殖民地问题的提纲，他认为不应牺牲自己的力量来帮助国民党发展，应保持共产党自身力量，而且资产阶级难以领导革命成功，革命还是要靠无产阶级来领导。其主要观点如下：

一、我们讨论中的分歧点在于工会和党。

二、资产阶级不可能是革命的因素，无产阶级必须领导。

三、工会运动令人乐观。

四、两党共存时，不要怕分裂。他们能够为同一目标合作。

五、国民党重要人物的观点是，资产阶级和工人阶级之间可以合作。

---

① 《斯内夫利特笔记　中国共产党第三次代表大会关于国共合作问题的讨论（1923 年 6 月 12—20 日）》，中国社会科学院马列所、近代史研究所编：《马林与第一次国共合作》，光明日报出版社 1989 年版，第 236 页。

② 《斯内夫利特笔记　中国共产党第三次代表大会关于国共合作问题的讨论（1923 年 6 月 12—20 日）》，中国社会科学院马列所、近代史研究所编：《马林与第一次国共合作》，光明日报出版社 1989 年版，第 236 页。

六、我们不能牺牲自己的利益站在他们一边。不能对他们的改组抱有希望。他们不会听取我们的意见。

七、反对工会运动。

八、我们必须由一个政党——资产阶级政党或是无产阶级政党来领导运动，因为单纯由一个阶级组成的政党是一个强大的政党。

九、如果国民党失败，应成立一个新政党打好基础。

十、必须让群众知道我们党的存在。

十一、不加入国民党我们也能帮助做国民运动。

十二、如果我们在北方对国民党（的改良主义倾向）让步，我们便向北方工人介绍社会民主党。

十三、我们应该揭露国民党的改良主义倾向，有必要成立一个工农党，因为不能用我们共产党人的名义。

十四、反对替国民党介绍党员。我们应该为我们的党保存力量。

十五、同意加入国民党，因为在南方加入国民党可使我们得以开展工作。

十六、介绍共产国际二大和四大关于殖民地问题的提纲。①

在马林下面的发言记录里，没有给出发言人。但此段发言，具有世界眼光，立场分明，逻辑清楚，完全贯彻了共产国际要求共产党员加入国民党，以实现统一战线的主张，有可能是马林本人的发言提纲：

一、中国目前的任何革命运动都必将是一场国民运动。

二、任何殖民地、半殖民地的民族革命运动都具有国际性。

三、国民运动要取得胜利，就必须有一个国民党，不赞成这种必要性的人会陷入无政府主义倾向的错误。

四、可以向党外而决不应向党内宣传中国工人力量的强大，在党内宣传会使我们产生错觉。

五、是我们的党员加入国民党，而不是我们的党加入国民党。

---

① 《斯内夫利特笔记　中国共产党第三次代表大会关于国共合作问题的讨论（1923 年 6 月 12—20 日）》，中国社会科学院马列所、近代史研究所编：《马林与第一次国共合作》，光明日报出版社 1989 年版，第 237 页。

六、无论是国民运动或工人运动，都需要联合行动。

七、我们不应因害怕加入国民党有危险，而留在党外。这不是革命的工作方法。

八、因为我们要发展国民党，所以我们加入国民党；如果我们现在不为国民党工作，加入国民党就毫无价值。

九、工会不同于党，但我们可以把二者统一起来看。

十、我们一方面有责任发展国民运动，另一方面也有责任建立工会。

十一、我们不是同国民党争党员，我们只是吸收有阶级斗争觉悟的工人。①

蔡和森和张国焘是反对加入国民党的最主要代表。蔡和森认为，“必须保持我们的独立性；……把工人置于国民党的旗帜下，这是违反上述决定的；……小资产阶级和无产阶级是真正的革命力量，二者要联合起来；在统一战线中无产阶级如果不能全部掌握领导权，至少应拥有部分领导权；不能说除国民党外，没有其他的民族主义政党，当然国民党是民族主义政党；孙中山不仅倾向于向军阀妥协，而且也向帝国主义妥协；国民会议比国民党更具有国民革命性；如果目前中国的国民运动非常高涨，那么工人就不需要独立的政党，例如在爱尔兰，民族精神太强烈以致不能组织工人运动；建立一独立的工人政党，不是破坏国民运动，而是促进这一运动；没有证据表明在国民运动中不能有两个政党存在；大部分工人知道什么是资产阶级、什么是无产阶级”②。可见，蔡和森强调坚持建立一个独立的工人政党，而认为孙中山以及国民党对帝国主义和军阀均有妥协性。

对于蔡和森的论调，陈独秀反驳道：“小资产阶级和无产阶级这两个阶级，正如蔡所说，是革命的。但是他却不想建立一个能容纳广大农民……和实业家等人的政党；国民运动非常高涨时，我们才能加入国民党，这是机会主义思想，我们的责任是为开展国民运动而工作；只有国民

---

① 《斯内夫利特笔记　中国共产党第三次代表大会关于国共合作问题的讨论（1923 年 6 月 12—20 日）》（Ⅱ），中国社会科学院马列所、近代史研究所编：《马林与第一次国共合作》，光明日报出版社 1989 年版，第 238 页。

② 《斯内夫利特笔记　中国共产党第三次代表大会关于国共合作问题的讨论（1923 年 6 月 12—20 日）》（Ⅱ），中国社会科学院马列所、近代史研究所编：《马林与第一次国共合作》，光明日报出版社 1989 年版，第 239 ~ 240 页。

党才能容纳那些半革命的资产阶级、小资产阶级、农民和无产阶级，没有其他途径；当谈到国民党缺点时，他犯了和过去广州同志一样的错误。重建国民党是我们的职责。共产国际执行委员会的决定不是联合战线问题，而是在国民党内工作；我们应在国民党内工作，因为国民党软弱涣散，而不是如蔡所说等国民党情况好转时，我们再加入。”① 这里，陈独秀强调了执行共产国际指示，应该加入国民党开展工作，而不是建立国共平行的联合战线。

在所有反对国共合作的论者中，张国焘走得最远：“我们有 140 万产业工人，在中国没有哪一支力量的发展速度能与工人力量的发展相比。海员和铁路工人罢工显示了他们的重要作用。我们的党在北方工人中占有主导地位。……我们的精神力量比其他任何阶级都要强大。至于小资产阶级，我们促使他们组织起来。在许多地方我们可以控制工会工作，那里没有国民党的影响。……发展共产党的唯一途径是独立行动，而不是在国民党内活动。……如果我们建立一个独立的政党，我们就能避免和国民党发生冲突。我们至少应在北方打出共产主义或劳动组合书记部的旗帜去独立开展工会工作。李（大钊）教授在北京的工作证明把国民党老党员容纳在区党支部内是很困难的。也许我们是错误的，但我们宁可保持左，左的错误比右的错误容易改正。希望这次会议将通过略左一点的决定。”② 这里，张国焘从他在北方工作的体会出发，认为中共的力量是强大的，中共应该独立行动，至少在北方应如此；他甚至认为，左比右好，宁愿左一点，也不愿意右。

马林批驳张国焘、蔡和森“把我党的策略建立在幻梦的基础上。列宁的重要作用乃在于他密切联系俄国实际，在于他善于运用革命策略”③。马

---

① 《斯内夫利特笔记　中国共产党第三次代表大会关于国共合作问题的讨论（1923 年 6 月 12—20 日）》（Ⅱ），中国社会科学院马列所、近代史研究所编：《马林与第一次国共合作》，光明日报出版社 1989 年版，第 240 页。

② 《斯内夫利特笔记　中国共产党第三次代表大会关于国共合作问题的讨论（1923 年 6 月 12—20 日）》（Ⅱ），中国社会科学院马列所、近代史研究所编：《马林与第一次国共合作》，光明日报出版社 1989 年版，第 242 页。

③ 《斯内夫利特笔记　中国共产党第三次代表大会关于国共合作问题的讨论（1923 年 6 月 12—20 日）》（Ⅱ），中国社会科学院马列所、近代史研究所编：《马林与第一次国共合作》，光明日报出版社 1989 年版，第 230 页。

林还根据他和毛泽东、王荷波、邓培、王用章等同志交流的结果，认为“夸大我们在工人运动中的成绩是可笑的。……工人们关心改善生活条件的问题，他们对政治和阶级斗争的认识较肤浅”，“最高利益当是日常生活问题，并不是什么政治上的利益”。[①]

在马林看来，这届党代表大会的任务，“只是以共产国际执行委员会的提纲为基础勾勒党明年的策略。我们应努力予以回答的问题，并不是应否加入国民党，……我建议像张国焘在共产国际执行委员会内以及他与国际运动最重要的领导人多次讨论之后所说的那样——执行既定指示。我们面临的是一些很具体而实际的问题：我们应该怎样在国民党内工作”[②]。从这里可以看出，在中国同志看来，是否应该加入国民党、开展国共合作，这是个大问题，而马林以共产国际代表的身份则认为，对于中国同志，最重要的是执行共产国际指示，而不是争论应不应该的问题。

广东支部代表则提出，应“在全国范围内发展国民党”[③]。长辛店代表发言：“国民党是资产阶级的政党，是我们的敌人，我们不能帮助他们。不能扩大他们的影响。”[④] 唐山代表邓培表示“同意陈（指陈独秀）的观点”[⑤]。

总体来看，围绕国共合作问题，反对派以张国焘、蔡和森为首，同意派以马林、瞿秋白、张太雷为代表，而陈独秀则大体上采取了“调和立场；但他保持着作最后裁定的家长姿态。……主张接受共产国际的训令，

---

① 《斯内夫利特笔记　中国共产党第三次代表大会关于国共合作问题的讨论（1923 年 6 月 12—20 日）》（Ⅱ），中国社会科学院马列所、近代史研究所编：《马林与第一次国共合作》，光明日报出版社 1989 年版，第 230 ~ 231 页。

② 《斯内夫利特笔记　中国共产党第三次代表大会关于国共两党关系的讨论（1923 年 6 月 12—20 日）》（Ⅱ），中国社会科学院马列所、近代史研究所编：《马林与第一次国共合作》，光明日报出版社 1989 年版，第 229 页。

③ 《斯内夫利特笔记　中国共产党第三次代表大会关于国共合作问题的讨论（1923 年 6 月 12—20 日）》（Ⅱ），中国社会科学院马列所、近代史研究所编：《马林与第一次国共合作》，光明日报出版社 1989 年版，第 238 页。

④ 《斯内夫利特笔记　中国共产党第三次代表大会关于国共合作问题的讨论（1923 年 6 月 12—20 日）》（Ⅱ），中国社会科学院马列所、近代史研究所编：《马林与第一次国共合作》，光明日报出版社 1989 年版，第 238 页。

⑤ 《斯内夫利特笔记　中国共产党第三次代表大会关于国共合作问题的讨论（1923 年 6 月 12—20 日）》（Ⅱ），中国社会科学院马列所、近代史研究所编：《马林与第一次国共合作》，光明日报出版社 1989 年版，第 236 页。

只对马的解释作些轻微的修正”[①]。会议发扬了民主精神，代表们可以自由发言，充分表达自己的想法。“斗争最激烈时，毛泽东还站起来发言”[②]，蔡和森和向警予夫妻，“散会后回到住处争论得相当厉害”[③]。

辩论持续“近一个星期”后，争论归争论，最终还是要表决形成大会决议。马林最后也参加了辩论，强调了“全体党员加入国民党”，“一切工作归国民党”；是否接受中共党员全体加入国民党，这是“大会是否接受共产国际训令，抑或准备违反的证明”等观点。[④] 在辩论即将结束时，张国焘眼见己方可能处于弱势，于是提出一个有关国共合作的修正案，其大致内容为：

一、中共在国民革命运动中，须加强对职工运动的领导，并在工人中发展中共的组织。

二、中共在职工运动中须与国民党所领导的工会和工会中的国民党员密切合作。但工人中的中共党员，除一部分有必要者外，不应全体加入国民党。

三、工人运动既然是中共所领导的独立运动，中共虽不能阻碍国民党在工人中的活动和工人加入国民党，但不应采取积极介绍大批工人加入国民党的政策。[⑤]

这个修正案主要集中于工人运动，提出中共不应放弃对工人运动的领

---

① 张国焘：《我的回忆》（第一册），现代史料编刊社（内部参考）1989 年版，第 291 ~292 页。

② 徐梅坤：《中共“三大”会址及大会经过》，中共广州市委党史资料征集、研究委员会办公室编：《广州大革命时期回忆录选编》，广东人民出版社 1986 年版，第 164 页。

③ 徐梅坤：《中共“三大”会址及大会经过》，中共广州市委党史资料征集、研究委员会办公室编：《广州大革命时期回忆录选编》，广东人民出版社 1986 年版，第 164 页。

④ 张国焘：《我的回忆》（第一册），现代史料编刊社（内部参考）1989 年版，第 294 ~ 295 页。但这只是张国焘一家之言。1935 年 8 月 19 日，马林与美国学者伊罗生交谈时，马林的观点也是虽然加入国民党，但仍然要坚持中共的独立性：“应该加入国民党，但应保持自己的组织和报纸，并应继续在工人中建立自己的活动和组织中心”，“保持我们中国共产党的独立性是这条路线的逻辑结论。在爪哇，实现了这一点。至于中国，更有必要强调共产党和工人运动的独立性，因为在中国民族资产阶级已经兴起，而爪哇则还没有。从一开始就预料到，我们的人参加进去，国民党领导人将会抱着怀疑的态度迎接他们”。见广东革命历史博物馆编：《中共“三大”资料》，广东人民出版社 1985 年版，第 27 ~ 28 页。

⑤ 张国焘：《我的回忆》（第一册），现代史料编刊社（内部参考）1989 年版，第 295 页。

导，并要扩大中共在工人中的组织。共产党员加入国民党，开展国民运动，这是个引导各阶层广泛参加的民族独立运动，中共也在这个运动中获得更加广泛的发展空间。张国焘则仍把注意力局限于工人运动，表明其思维确实在此刻显得狭小。此修正案表决时以 8 票对 8 票获得均势，最后被陈独秀一票否决。

为了安抚反对派，陈独秀提出一个党团问题提案，主张加入国民党的中共党员组织党团，以保持中共党员在国民党内思想、行动的一致性和发挥他们在国民党内的影响。这个提案因大会当时的气氛没有经过讨论就一致通过了；但党内有党，却成为后来国民党攻击中共的一个借口。

张国焘此种言论充分体现了其思维方式主观、武断的短板。张本人没有直接参加与孙中山有关国共合作的会谈，所以他不知道或者没有体会到马林等人与孙中山洽谈时孙中山的强硬态度。然而，历史就是历史，历史是不能假设的。历史的选择，也无法更改。张国焘的这番见解，也就永远成为假设。

三、中共三大决议

（一）主要决议案

中共三大通过了一个宣言：《中国共产党第三次全国代表大会宣言》；通过了三个组织法案：《中国共产党党纲草案》、《中国共产党第一次修正章程》、《中国共产党中央执行委员会组织法》；通过了多项决议案，包括《关于国民运动及国民党问题的决议案》、《劳动运动决议案》、《农民问题决议案》、《青年运动决议案》、《妇女运动决议案》、《关于党员入政界的决议案》、《关于第三国际第四次大会决议案》、《中国共产党第三次代表大会关于日本进行逮捕的决议》、《中国共产党第三次代表大会关于爪哇进行逮捕的决议》。

在以上文件中，最重要的当数《关于国民运动及国民党问题的决议案》[①]，此决议案主要内容包括：

（1）当前中国，封建军阀居于统治地位，帝国主义通过封建军阀操纵中国。“此时统治中国的是封建的军阀，不是资产阶级。军阀政府名为独

① 广东革命历史博物馆编：《中共“三大”资料》，广东人民出版社 1985 年版，第 81～83 页。

立政府，其实事事听命于国际帝国主义者，中国资产阶级，不啻是他们的经理人，财政、交通、工业几乎完全操于国际帝国主义者之手。”

（2）国民党在当前的国民革命中居于中心地位。“依中国社会的现状，宜有一个势力集中的党为国民革命运动之大本营，中国现有的党，只有国民党比较是一个国民革命的党，同时依社会各阶级的现状，很难另造一个比国民党更大更革命的党，即使能造成，也有使国民革命势力不统一、不集中的结果。”

（3）由于工人阶级尚未足够强大，中国共产党应该加入国民党。“工人阶级尚未强大起来，自然不能产生一个强大的共产党——一个广大群众的党，以应目前革命之需要，因此，共产国际执行委员会议决中国共产党须与中国国民党合作，共产党员应加入国民党，中国共产党中央执行委员会亦曾感此必要，遵行此议决，此次全国大会亦通过此议决。”

（4）中国共产党虽加入国民党，但仍坚持党的独立性，发展党的组织，扩大党的影响。“仍旧保存我们的组织，并须努力从各工人团体中，从国民党左派中，吸收真有阶级觉悟的革命分子，渐渐扩大我们的组织，谨严我们的纪律，以立强大的群众共产党之基础。”

（5）对于国共合作，还应该注意加强政治宣传，防止国民党妥协。“（一）在政治的宣传上，保存我们不和任何帝国主义者、任何军阀妥协之真面目。（二）阻止国民党集全力于军事行动，而忽视对于民众之政治宣传，并阻止国民党在政治运动上妥协的倾向、在劳动运动上改良的倾向。（三）共产党党员及青年团团员在国民党中言语行动都须团结一致。（四）须努力使国民党与苏俄接近，时时警醒国民党，勿为贪而狡的列强所惑。”

（6）号召全体党员加入国民党，以完成国民革命。“我们须努力扩大国民党的组织于全中国，使全中国革命分子集中于国民党，以应目前中国国民革命之需要。同时我们特别的工作，须努力促成全国总工会之独立的组织，从事经济的及政治的争斗。我们须努力引导劳动群众由日常生活的争斗到政治的争斗。目前政治的争斗，自然是国民运动——排除外力及军阀的运动，因此，在劳动群众中须有大规模的国民运动的宣传，扩充国民革命的国民党，同时凡已了解国民革命之必要更进而有阶级觉悟的革命分子，当尽量加入我们自己的组织；并当于群众中普遍宣传‘国民运动中拥让（护）劳动阶级利益的必要’。”

这样，《关于国民运动及国民党问题的决议案》从分析中国的国情入手，从理论上回答了“中国共产党员为什么要加入国民党，与国民党一起开展国民革命”的问题，肯定了加入国民党后中国共产党仍须保持自己政治、组织、思想等方面的独立性。

在《中国共产党第三次全国代表大会宣言》中，中国共产党也表达了以国民党为中心，开展国民革命的愿望。“我们希望社会上革命分子，大家都集中到中国国民党，使国民革命运动得以加速实现；同时希望中国国民党断然抛弃依赖列强及专力军事两个旧观念，十分注意对于民众的政治宣传，勿失去一个宣传的机会，以造成国民革命之真正中心势力，以树立国民革命之真正领袖地位。”

（二）中共第三届中央组成和机构组成

中共三大选出第三届中央执行委员 9 名和候补执行委员 5 名，组成中国共产党第三届中央执行委员会。在选举中，陈独秀得票最高（40 票），当选为中央执行委员会委员长。

中央执行委员会委员为：陈独秀、蔡和森、李大钊、谭平山、王荷波、毛泽东、朱少连、项英、罗章龙。新的中央执行委员会名单“系由国际代表向三届大会提出讨论后通过的。国际代表强调，中央委员会组成应以工人运动领导者占多数，其中必须有产业工人”。因此，“三大所选出的中央委员会显示了工人革命政党，阵容颇为严整，工作效能亦高，为前两届中央所不及”。①

1923 年 6 月 21 日，按照中共三大通过的《中国共产党中央执行委员会组织法》，第三届中央执行委员会在春园开会，研究中央局成员组成及分工。会议决定由陈独秀、蔡和森、毛泽东、罗章龙、谭平山组成中央局，陈独秀为中央执行委员会委员长，毛泽东为中央局秘书，罗章龙为中央局会计。中央局机关驻广州。中央执行委员会委员长负责主持中央局和中央执行委员会的一切会议，遇委员长缺席时，由中央局互推一人代理委员长的职权。中央执行委员会秘书负责党内外文书、通信及会议记录，并管理党的文件。党的一切函件须由委员长和秘书一起签字。中央执行委员

① 罗章龙：《椿园载记》，生活·读书·新知三联书店（内部发行）1984 年版，第 275 页。

会会计在中央督察之下，管理党的财政、行政，并对于各区、各地方及党一切机关的财政、行政负责。张国焘由于强烈反对中国共产党员加入国民党建立革命统一战线的策略，被排除出领导集体之外。

1923 年 9 月上旬，为更好地指导全国革命，中共中央机关从广州迁回上海。1924 年 5 月 10 日至 15 日，中国共产党第三届中央执行委员会第一次扩大会议在上海举行。会议决定设立中央组织部、宣传部、工农部。后来还设立了工人运动委员会、青年运动委员会、妇女运动委员会、军事委员会等，使中共的组织机构更加完善。

第二节　国民党改组

共产国际和苏俄（联）认为孙中山和他领导的国民党是中国民族革命的主力军，但是国民党具有种种弱点，要承担革命大任需要改组。因而共产国际和苏俄（联）一边援助国民党，一边督促国民党进行改组。孙中山对于苏俄（联）革命的成功也十分羡慕，因而决心以俄为师，仿效苏俄（联）共产党组织体制，改组国民党。马林为国民党改组设计了蓝图，但是真正执国民党改组牛耳的，是鲍罗廷。国民党经过改组后，建立了从中央到地方的完整的组织，这几乎是脱胎换骨的变化。改组后的国民党成为工人、农民、知识分子和小资产阶级等各个阶级的革命联盟，建立了从中央到地方的组织体系，承担起了打倒列强、推翻北洋军阀统治的责任。

一、共产国际、苏俄（联）鼎力支持孙中山

现实的挫折逼迫孙中山“不得不按照发展现代群众运动的路线来考虑问题，其次，考虑从俄国取得援助”①。然而，由于历史遗留问题，中俄之间在中东铁路、外蒙古等问题上有着国家利益的冲突；双方在信仰上的差距，导致在合作的具体形式上也有矛盾，孙中山坚持认为共产主义当前不适用于中国，共产党员必须加入国民党，实行党内合作。

---

① 《与斯内夫利特谈话记录——关于 1920—1923 年的中国问题》，中共中央党史研究室第一研究部编：《共产国际、联共（布）与中国革命文献资料选辑（1917—1925）》，北京图书馆出版社 1997 年版，第 256 ~ 257 页。

经过与共产国际和苏俄政府代表们持续交流、谈判，孙中山逐渐与共产国际和苏俄政府消除了意见分歧。1923 年 1 月 26 日，孙中山与苏俄政府全权代表越飞在上海发表《孙文越飞宣言》。双方确认：中国当前的任务是取得国家统一、民族独立，而“共产组织，甚至苏维埃制度”，则不能运用于中国；苏俄政府准备且愿意放弃沙俄时代与中国签订的不平等条约，与中国签订新约；中东铁路维持现状，待适当时机由中俄双方协商解决；苏俄无意支持外蒙古独立，孙中山认为俄军因反对白俄需要，可暂不必撤出外蒙古。[①]《孙文越飞宣言》的发表，扫清了双方合作的障碍，此后，共产国际和苏俄开始大规模地援助国民党，并帮助孙中山进行国民党改组工作。孙中山亦下定了最后决心，决定以俄为师，改组国民党。正如史家所言，“总理……审查当时国际之局势，本党失败之症结，国内青年思想之变动，与民众对于政治改革之要求，八月间苏俄代表越飞亦派员来沪，商讨中俄新关系，遂下改组本党之决心”[②]。陈独秀在谈及国共合作时说：“他（指苏俄政府全权代表鲍罗廷）的皮包中夹有苏俄对国民党巨量物质的帮助，于是国民党始有一九二四年（民国十三年）的改组及联俄政策。”[③]

1923 年 5 月 1 日，越飞致电孙中山，承诺给孙中山援助经费 200 万金卢布（共产国际给中国共产党 3—5 月的预算是 1 500 美元，两者对比，可见共产国际和苏俄对国民党的重视），让孙中山使用一年，款项分若干次给，每次付 50 000 金卢布；而且计划给孙中山 8 000 支日本步枪、15 挺机枪、4 门“奥里萨卡”炮和两辆装甲车，以帮助他在北方或西部建立作战单位。同时还表示，只要孙中山愿意，苏俄愿意帮助孙中山建立一个包括各兵种的军校。鉴于援助数额巨大且是秘密的，越飞表示，“祈能在广州同您面谈上述建议的细节。如果您愿尽快进行这样的谈判，那么可以通过

① 《孙文越飞联合宣言（1923 年 1 月 26 日）》，中共中央党史研究室第一研究部编：《共产国际、联共（布）与中国革命文献资料选辑（1917—1925）》，北京图书馆出版社 1997 年版，第 409 ~ 410 页。

② 罗家伦：《中国国民党十三年改组史料》，《革命文献》（第八辑），（台湾）“中央文物供应社”1955 年版，第 1039 页。

③ 广东革命历史博物馆编：《中共“三大”资料》，广东人民出版社 1985 年版，第 34 页。

马林同志与我代理人（指达夫谦）进行”①。

苏俄的慷慨支持，对于困境中的孙中山，无异于雪中送炭。接到5月1日越飞电文，孙中山大喜，于5月12日回电：

第一，我们当感谢贵国的慷慨允诺。

第二，我们同意贵国的一切建议。

第三，我们将用大部分精力去实施这些建议并派代表赴莫斯科详细磋商。②

5月23日，孙中山致电达夫谦和越飞，表示将立即开始国民党改组工作：“我将立即开始改组党，在广州、上海、哈尔滨办日报，在北京、上海办周报；在上海设立通讯社；在广州办月刊；在北方士兵中尽快开展宣传。”与此同时，他不忘催促共产国际尽快给款：“望支付已承诺的援款中的第一次付款。请立即电告莫斯科。”③

孙中山如此需要苏俄援助，乃因其政府实在是困窘之至。1923年5月，尽管孙中山在滇桂军阀支持下赶跑了陈炯明，在广州掌握了政权，但是，他的政府并不能在广州市内享受充分的税源，滇桂军在广州市内划分了势力范围。孙中山的政府财政十分困难，“从南方华侨那里得到的援助是微不足道的。这些人住在香港、广州和澳门，虽然看到了困难，但对孙中山表现不信任。不过他们有能力给予财政援助。军事开支每月要300万元（中国元）。但是孙中山（每月）的收入不会超过200万元。他竭尽全力集资，不言而喻，他不得不卖地、卖公共建筑，不得不妥协和避免同港英当局发生冲突”④。可见，财政的困难已经影响到孙中山的政策，导致他

① 《收越飞本年5月1日热海来电——转苏联政府致孙中山电（1923年5月1日）》，中国社会科学院马列所、近代史研究所编：《马林与第一次国共合作》，光明日报出版社1989年版，第171页。

② 《转孙中山致越飞的电报（1923年5月12日）》，中国社会科学院马列所、近代史研究所编：《马林与第一次国共合作》，光明日报出版社1989年版，第174页。

③ 《孙中山致达夫谦和越飞的电报（1923年5月23日）》，中国社会科学院马列所、近代史研究所编：《马林与第一次国共合作》，光明日报出版社1989年版，第178页。

④ 《致共产国际执行委员会、红色工会国际、共产国际执行委员会东方部和东方部远东局——关于中国形势和1923年5月15日至31日期间的工作报告（1923年5月31日）》，中国社会科学院马列所、近代史研究所编：《马林与第一次国共合作》，光明日报出版社1989年版，第189页。

无法彻底实行革命政策，相反，还经常向帝国主义妥协。

伴随着国民党改组和革命形势发展，苏俄对国民党的援助源源不断，并向广州派遣了政治和军事顾问小组，要求国民党派军官到苏联的军事学校学习。1924 年 10 月，苏俄向孙中山提供了 200 万卢布和 10 万军队的武器装备，并派遣 200 名军事教官到中国。苏俄顾问在国民党政治、军事等方面建设以及东征、北伐等重要军事行动中都发挥了重要作用。据统计，从国共合作统一战线建立直到破裂这 3 年时间，共产国际和苏俄（联）对国民党的经济援助总额达到 1 400 万卢布。其中，仅在 1925 年 4 月至 6 月，莫斯科给国民党提供的武器援助就多达 460 万卢布。①

二、马林、陈独秀给国民党改组设计蓝图

尽管孙中山认识到“盖俄国革命之能成功，全由于党员之奋斗。……吾等欲革命成功，要学俄国的方法组织及训练，方有成功的希望”②，然而，具体如何学习，如何改组国民党，他不得不倚重共产国际、苏俄政府代表，包括中国共产党人。为了帮助国民党改组，长期活跃在中国并对国民党现存问题有较深刻认识的共产国际代表马林与中共领导人陈独秀在广州反复交流，并多次与孙中山讨论，最终在 1923 年 5 月提出了国民党改组计划。马林、陈独秀的国民党改组计划③要点有：

第一，实行委员会制。“在一年一度的全国党代表大会上选择由 21 名委员组成的党的执行委员会。党部设在广州。”

第二，建立组织部、宣传部。“党的组织部负责组织和财政事务并管理地方分部和地方支部，宣传部指导党的宣传工作。组织部下辖四个部：1. 总书记部，设于广州。2. 情报部，设于广州。3. 财政部，设于广州。4. 联络部，设于上海。”

第三，建立地方支部。“党员人数 20 名以上的地方可设支部。这些支

① 朱洪：《大革命时期苏联和共产国际对国共两党经济援助之比较》，《党的文献》2007 年第 2 期，第 54 ~ 55 页。

②《人民心力为革命成功的基础（1923 年 11 月 25 日）》，中共中央党史研究室第一研究部编：《共产国际、联共（布）与中国革命文献资料选辑（1917—1925）》，北京图书馆出版社 1997 年版，第 539 页。

③《国民党改组计划（1923 年 5 月 30 日，广州）》，中国社会科学院马列所、近代史研究所编：《马林与第一次国共合作》，光明日报出版社 1989 年版。

部的工作分别受广州、上海、湖南、湖北、四川、北京、奉天、哈尔滨、海外地方党部的管理。”

第四，建立具体职能各部。“宣传部下辖6个部：出版部、工人部、农民部、军事部、对知识分子宣传部、海外宣传部。情报部管理党的图书馆和党的印刷所。出版部管理广州、上海、哈尔滨三市各一份日报的出版，广州、上海的印刷厂，上海、北京周报各一份，广州评论月刊一份以及不定期的出版物。”

第五，党的执行委员会构成、职权。“执行委员会由党的总理、组织部长、宣传部长、各部长和国内各个地方党部负责人组成。党的总理、组织部长、宣传部长和该两部下属两个分部的两名部长参加执行委员会中央局。执行委员会常会每三个月举行一次。总理认为必要，或有执行委员会的7名代表要求时，得召集执行委员会的特别会议。”

第六，实行党代表大会制。“党代表大会每年举行一次常会。可根据执行委员会决定或分党部五人的要求举行特别会议。代表大会的决议应当有正常多数通过。”

马林和陈独秀的国民党改组计划涉及国民党从高层到基层的组织设计，确立了从中央到地方的整套组织体制，对松散的国民党组织来说，可谓对症下药。由于马林、陈独秀经常对国民党提出各种批评，激起了孙中山等国民党高层的恼怒。国民党改组、国共合作的计划也一度搁浅，“差不多有一年，国民党始终怠工或拒绝，孙中山屡次向国际代表说：‘共产党既加入国民党，便应服从党纪，不应该公开地批评国民党，共产党若不服从国民党，我便要开除他们；苏俄若袒护中国共产党，我便要反对苏俄。’”①

在这种情况下，共产国际、苏俄政府决定更换马林的工作，马林先后被提议任命为驻广州领事和俄罗斯通讯社记者。马林拒绝了，他选择离开中国。马林在离中赴苏的路上，在哈尔滨遇见了即将接替他工作的共产国际和苏俄政府全权代表鲍罗廷。一个南下，一个北返，然而“工作被转移到一个新的航向。此后发生的事情是很清楚的”②。鲍罗廷对马林、陈独秀的国民党改组方案进行了修改完善，同时采取了灵活的工作方法。在鲍罗

① 广东革命历史博物馆编：《中共“三大”资料》，广东人民出版社1985年版，第34页。
② 广东革命历史博物馆编：《中共“三大”资料》，广东人民出版社1985年版，第32页。

廷主持下，国民党改组工作遂卓有成效地开展起来。

三、鲍罗廷担任国民党组织教练员

1923 年 9 月 23 日，苏联外交官加拉罕致信孙中山，向孙中山推荐了鲍罗廷①：

> 莫斯科长期以来一直强烈地感受到我们的政府在广州缺少一个常驻的、负责的代表。随着鲍罗廷的被任命，我们已经朝这个方向迈出了重要的一步。鲍罗廷同志是在俄国革命运动中工作很多年的我们党的一位老党员。请您不仅把鲍罗廷同志看做是政府的代表，而且也把他看做是我个人的代表，您可以像同我谈话一样，坦率地同他交谈。您可以相信他所说的一切，就像我亲自告诉您的一样。……希望鲍罗廷同志到达广州之后，将会更快地推动形势的发展，将会使形势发展大大地超过到目前为止所能达到的速度……②

10 月 6 日，鲍罗廷抵达广州，起初以新闻记者的身份对外活动。和马林生硬的工作方法不一样，鲍罗廷利用孙中山为他举行的几次欢迎宴会，讲演了俄国革命历史、俄国革命胜利之原因、俄国军队政治工作制度。鲍罗廷的言辞和风采折服了孙中山等人，“这些宴会为国民党改组的工作奠定了基础”③。汪精卫亦云：“鲍先生到粤后与总理商量许多，才决定改组本党。”④ 马林迟迟没有打开的局面，鲍罗廷轻易就打开了，显示了鲍罗廷成熟

---

① 米哈伊尔·鲍罗廷（1884—1951），俄国布尔什维克党最早的党员之一。共产国际第一次代表大会之后，代表共产国际到一些国家活动。1923 年 9 月，作为苏俄政府派到中国的代表来到广州。他与孙中山相处融洽，被孙中山委任为国民党组织教练员。在华期间，主持国民党改组，促成广东革命政府统一广东、发动北伐，为中国革命的发展作出了贡献。大革命失败之后回到苏联，承担了中国革命失败的责任。1949 年 2 月因美国记者斯特朗“间谍案”受牵连被捕。1951 年屈死于西伯利亚的一个劳动营中。

② 《为鲍罗廷来华加拉罕致孙中山的信》，中共中央党史研究室第一研究部编：《共产国际、联共（布）与中国革命文献资料选辑（1917—1925）》，北京图书馆出版社 1997 年版，第 535 ~ 536 页。

③ 《鲍罗廷关于华南形势的札记（1923 年 12 月 10 日）》，中共中央党史研究室第一研究部编：《共产国际、联共（布）与中国革命档案资料丛书》（第一卷），北京图书馆出版社 1997 年版。

④ 《汪精卫先生在第二次全国人民代表大会之政治报告》，《政治周报》1926 年第 5 期。

的政治手腕。孙中山郑重向国民党员推荐鲍罗廷，任命他为国民党组织教练员，并且要求国民党确实以鲍罗廷为老师，学习党的组织和训练方法：

吾党与他们所主张皆是三民主义，主义既是相同，但吾党尚未有良好方法，所以仍迟迟不能成功。他们气魄厚、学问深，故能想出良好方法。吾等想革命成功，一定要学他。吾等在革命未成功之前，既是人自为战，今后应该结合团体而战，为有纪律的奋斗。因为要学他的方法，所以我请鲍君做吾党的训练员，使之训练吾党同志。鲍君办党极有经验，望各同志牺牲自己的成见，诚意去学他的方法。……鲍君对我说："吾能假以6个月时间，可以将广州市变成吾党最巩固的地盘。"不独广州市如此，在一年间或二年间将此革命精神普遍于全国，则我国革命成功虽迟于俄国，而终是成功。①

鲍罗廷向孙中山提出国民党改组面临的三大任务：①在全国广泛开展国民党的宣传，使其党纲普遍为国人知晓，加强国民党在中国政治生活中的声音。②保住广东并将其建设为中国国民革命运动的基地。为此就必须由政府提出工人立法、改善农民经济状况等措施，把工农争取过来"建立强有力的社会基础"。③改组现有的5万至10万士兵的军队，使之归为国民党领导。为此莫斯科必须保证对国民党的援助。②

鲍罗廷成功说服孙中山启动国民党改组，亦不能完全归功于他的外交手腕。这与孙中山一直致力于党务发展、寻求救国救民真理的内心世界是一致的。事实上，孙中山的组党方法也一直在因势而变，从1905年的同盟会，到1912年的国民党，再到1914年的中华革命党，再到1919年的中国国民党，孙中山及其领导的革命政党与时俱进，引导着革命潮流。

苏俄革命迅疾成功刺激了孙中山，反思自己领导的国民党组织涣散，

① 《人民心力为革命成功的基础（1923年11月25日）》，中共中央党史研究室第一研究部编：《共产国际、联共（布）与中国革命文献资料选辑（1917—1925）》，北京图书馆出版社1997年版，第540页。

② 《鲍罗廷关于华南形势的报告（1923年12月10日）》，郭恒钰、M. L.基塔连科等编，李玉贞译：《联共、共产国际与中国（1920—1925）》，（台湾）东大图书公司1997年版，第306～307页。转引自李玉贞：《国民党与共产国际（1919—1927）》，人民出版社2012年版，第205～206页。

动员效率低下，革命屡遭挫折，孙中山以俄为师之心可谓水到渠成。诚如史家所言：

总理环顾吾党，主义虽炳然有如星日，党员亦能屡仆屡起，富于奋斗，但组织缺乏，不特党员之行为言论，纯任自由，未有指导，甚至一经入党，住居何处，所执何业，亦莫之悉，故名有数十万党员，实则贤者人自为战，莫收统一之效，不肖者，或挂名投机，或自由进退，组织不完，因而训练不能周到，致有党员不明党义，遑言政策，……复鉴于苏俄革命之在后，只因组织完密，竟使危而安，安而固，几有蒸蒸日上之势，乃决改组。①

此外，虽然马林的主要革命活动经历在苏联等海外地区，但与苏俄政府高层联系一般。而鲍罗廷则是最早的布尔什维克党党员，对苏俄政党组织的威力有切身体会，且与苏俄领导人斯大林、加拉罕等有比较密切的私人关系，地位尊崇。鲍罗廷可以影响莫斯科决策，这点是马林这个荷兰人远远做不到的。孙中山是个成熟的政治家，自然知道鲍罗廷的巨大价值。加以鲍罗廷工作得法，与孙中山建立了良好的私人关系，孙中山曾经称鲍罗廷是“无以伦比”的人。鲍罗廷长袖善舞，游走于国共高层之间，鲍公馆经常是高朋满座，人们把鲍罗廷看作是一个善于解决问题的人。国民党改组工作，正是在孙中山支持下，由鲍罗廷具体组织的。在当时国民党内，常称孙中山为“国父”，而称鲍罗廷为“亚父”，可见鲍罗廷影响之大。

四、《中国国民党改组宣言》发表

孙中山对自己的三民主义非常自信，但痛恨国民党组织涣散，因而认为国民党改组应借鉴苏俄之经验，“非言主义，乃言组织”②。10月19日，孙中山致电上海国民党事务所，告知他们已经委任廖仲恺、汪精卫、张继、戴季陶、李大钊为国民党改组委员。25日，孙中山任命胡汉民、邓泽如、林森、廖仲恺、谭平山、陈树人、孙科、吴铁城、杨庶堪九人组成国民党临时中央执行委员会，候补委员有李大钊、古应芬、许崇清，鲍罗廷

① 邹鲁：《中国国民党史稿》（上），东方出版中心2011年版，第285页。

② 《国父全集》（第五集），台湾各界纪念“国父”百年诞辰筹备委员会编印，1965年，第559页。

为顾问。10月28日，廖仲恺受命主持召开国民党临时中央执行委员会第一次会议，宣布临时中央执行委员会正式成立。国民党原本在广州的宣传机关、大本营党务处、大本营直辖委员会、广东宣传局等一律裁撤，事权统归临时中央执行委员会。自1923年11月至1924年1月国民党一大召开，临时中央执行委员会共召开28次会议，议决四百多件案件，还负责起草国民党党章、党纲，办理分部登记，筹备国民党一大。

1923年11月6日，临时中央执行委员会发表《中国国民党改组宣言》，同时公布《中国国民党党纲草案》和《中国国民党章程草案》。《中国国民党改组宣言》[①] 回顾了国民党自同盟会以来不断革命的艰难曲折的历史，“党之精英，以个人或团体为主义而捐生命者，不可胜算。当之者摧，撄之者折，其志行之坚，牺牲之大，国中无二”。然而，这样巨大的牺牲没有改变中国专制和军阀横行的现实，“然综十数年以往之成绩，而计效程功，不得不自认为失败。满清鼎革，继有袁氏，洪宪堕废，乃生无数专制一方之小朝廷。军阀横行，政客流毒，党人附逆，议员卖身，有如深山蔓草，烧而益生……”反思其原因，就在于国民党组织涣散，战斗力不强，故需改组：“吾党本其三民主义而奋斗者，历有年所，中间虽迭更称号，然宗旨主义，未尝或离。愿其所以久而不能成功者，则以组织未备，训练未周之故。夫意志不明，运用不灵，虽有大军，无以取胜。吾党有见于此，本其自知之明，自决之勇，发为改组之宣言，以示其必要，……而于组织训练之点，则务使上下逮通，有指臂之用，分子淘汰，去恶留良。吾党奋斗之成功，将系乎此。愿与同志共勉之！”可见，孙中山等人已经把国民党改组视为国民党革命能否成功的根本问题。

11月29日，廖仲恺到上海，与各省支部商讨改组具体事宜。宣传方面，出版《中国国民党周刊》，报道有关国民党改组消息，推动改组进程；确定《上海民国日报》成为党报，汪精卫、胡汉民、瞿秋白主持编辑；上海大学被定位为国民党党校。自此，国民党改组的组织、宣传等各项工作正式开展。广州市特别党部、区党部、区分部亦开始建立。

国民党改组，重在组织，宣传工作更在前头，“国民党首先需要的是

---

① 《中国国民党改组宣言》，中共广东省委党史研究委员会、中共广东省委党史资料征集委员会编：《第一次国共合作研究资料》（内部刊物），1984年，第46~47页。

进行最广泛的宣传和组织工作”①。国民党的理论核心三民主义在当时具有相当的号召力，1923 年 12 月 9 日，孙中山在广州大元帅府大本营发表演讲，要求国民党员多宣传三民主义、五权宪法：“大众能想出良法，使多数人明了三民主义、五权宪法，则可不待军力革命，而亦告成功。……为此之故，我党须每日均学习宣传方法，时时训练，训练纯熟，然后能战胜一切。”② 孙中山要求听讲的国民党员每两个星期回到大元帅府大本营学习三民主义，向孙中山汇报学习三民主义的体会：“今我党人若能日日出而讲演主义，其有不入者，则考其有何故障。今定每两星期来此学习一次，而此两星期须将做过之功夫，报告于我。由下一星期起，定一种问题，互相研究，以便答听者的问话。收集材料，如军队打仗然，打过后须补充子弹，今党员出外宣传，亦当如之。每两星期到此补充材料，则宣传事业自易着手。三民主义、五权宪法，本为吾之所倡始、所发明，其解释须一依我之解释，然后方不致误解误讲。此处可称为诸位的兵工厂，我可以尽力供给材料，为宣传于军士的武器。”③ 可见，伴随国民党改组，三民主义也在强势推广。孙中山改组国民党，只是改组织体制，但三民主义仍是国民党的指导思想。

第四节　国民党第一次全国代表大会

1924 年 1 月 20 日到 30 日，中国国民党第一次全国代表大会在广州原国立高等师范学校礼堂举行。此次大会通过了国民党新党章，发表了宣言，重新解释了三民主义，标志着国民党改组的实现以及第一次国共合作形成。

---

① 《契切林致孙中山的信（1923 年 12 月 4 日）》，中共中央党史研究室第一研究部编：《共产国际、联共（布）与中国革命文献资料选辑（1917—1925）》，北京图书馆出版社 1997 年版，第 550 页。

② 《人民心力为革命成功的基础（1923 年 11 月 25 日）》，中共中央党史研究室第一研究部编：《共产国际、联共（布）与中国革命文献资料选辑（1917—1925）》，北京图书馆出版社 1997 年版，第 546 页。

③ 《人民心力为革命成功的基础（1923 年 11 月 25 日）》，中共中央党史研究室第一研究部编：《共产国际、联共（布）与中国革命文献资料选辑（1917—1925）》，北京图书馆出版社 1997 年版，第 546～547 页。

一、国民党一大代表产生

国民党没有建立完备的基层组织，故其一大代表的产生方法有多种形式："国民党第一次全国代表大会代表的产生，办法是多种多样的。当时国民党在全国各地并没有地方组织，就是在广州的组织形式也不完备。因此大会代表的产生就不能不采取多种多样的办法：有的是孙中山直接指派的；有的是几个老国民党员联名提出，经孙中山批准的；有的是共产党提出，孙中山批准的。在全国各地，国民党没有地方组织，共产党有地方组织，那就在国共合作的形式之下，由共产党地方组织提出人选，经中共中央核准，取得孙中山或国民党的同意来决定。如武汉的代表刘伯垂、廖乾五、李隆郅就是用这样的方法产生出来的。也如北京、上海等地的代表，是由当地国共双方负责同志协商产生的。"①

中国共产党此时已经启动了加入国民党的工作，并且选派精干准备参加国民党一大："吾党在此次国民党全国大会代表中，希望每省至少当选一人，望各区会与地方会预商当选之同志，此同志必须政治头脑明晰且有口才者，方能在大会中纠正国民党旧的错误观念。旧国民党员中，我们也应该出力帮助其比较激进的分子当选。代表选定后，即报告国民党总部(上海法界环龙路四十四号)，川资由总部发给。"②

国民党一大代表总数196人，共出席165人，其中中共党员23人，占总数的11%。③ 出席代表中，由孙中山指派的代表有100人，其中共产党员有直隶代表于树德、安徽代表陈独秀、广州特别区代表谭平山、北京特别区代表李大钊、湖南代表谢晋、浙江代表沈定一。各省、区推选的代表有96人，林祖涵、夏曦、毛泽东、李立三等著名共产党员赫然在列。国民党一大代表的产生，体现了国共合作的精神。

---

① 包惠僧：《第一次国共合作与国民党改组》，中共广州市委党史资料征集、研究委员会办公室编：《广州大革命时期回忆录选编》（中共广州党史资料丛书），广东人民出版社1986年版，第148页。

② 《中国共产党中央委员会第十三号通告——为国民党改组及收回海关主权问题（1923年12月25日）》，中国人民解放军政治学院党史教研室编：《中共党史参考资料》（第三册），1979年，第1页。

③ 肖效钦主编：《中国国民党史》，安徽人民出版社1989年版，第135页。

二、孙中山致开幕词

国民党第一次全国代表大会第一天，孙中山任主席，致开幕词。孙中山在开幕词中表明，此次大会的目的，就是要向全党传达国民党改组的意志和方法，他说："这是一个什么会呢？我们十三年以来，在政治上获得了种种经验，发明了种种方法，看到中国国家虽然不好，国势虽然比以前退步，但知中国仍有办法，还可以建设得更好。革命党三十年来，为良心所驱使，不论成败去革命，革命成功了，对于国家不知道用什么方法去建设，至于现在我们已经得到了办法，所以此次召集各省的同志来广州开这个大会，就是把这个方法公诸大家来采纳。"①

孙中山还指出，国民党改组主要出于两个目的：一个是改造国民党的组织，增强国民党战斗力；另一个就是要通过改造国民党，实现政党革命、政党治国。"此次国民党改组，有两件事：第一件，是改组国民党，要把国民党再来组织一个有力量、有具体的政党；第二件，便是用政党的力量，去改造国家。"②

同时，孙中山还指出，国民党改组还有一个任务，就是要加强纪律："政党中最要紧的事，是各位党员有一个精神上的结合，要各位党员能够精神上结合，第一要牺牲自由，第二要贡献能力。如果个人能够牺牲自由，然后全党方能得自由；如果个人能够贡献能力，然后全党才能有能力。等到全党有了自由、有了能力，才能担负革命的大事业，才能改造国家。本党以前的失败，是各位党员有自由，全党无自由，各位党员有能力，全党无能力，中国国民党之所以失败，就是这个原因，我们今日改组，便要先除去这个毛病。"③

孙中山的开幕词，给国民党一大定了基调，那就是集中全党同志，议定和传达国民党改组的精神和方法。

三、李大钊发言和方瑞林反对跨党提案被否决

1924年1月28日，代表方瑞林发言，提出"本党党员不得加入他党"

---

① 邹鲁：《中国国民党史稿》（上），东方出版中心2011年版，第289页。
② 邹鲁：《中国国民党史稿》（上），东方出版中心2011年版，第290页。
③ 邹鲁：《中国国民党史稿》（上），东方出版中心2011年版，第290～291页。

议案，实际上是反对共产党员加入国民党。此项议案的提出，引起激烈辩论。针对一些代表对共产党员加入国民党的疑虑，李大钊在会上发表声明，强调共产党员加入国民党，是为了参加国民革命，并愿意在国民革命的旗帜下发展国民党：

我等之加入本党，是为有所贡献于本党，以贡献于国民革命的事业而来的，断乎不是为取巧讨便宜，借国民党的名义作共产党的运动而来的。因为在今日经济落后沦为帝国主义下半殖民地的中国，只有国民革命是我民族唯一的生路，所以国民革命事业，便是我们的事业，本党主张的胜利，即是我们的胜利。我们以此理由，不但自己愿来加入本党，并愿全国国民一齐加入本党。这种发展本党的责任，是要先进诸同志与我们共同负担的。①

李大钊还解释，共产党加入国民党，必须接受国民党的政纲，所以不可能把国民党变为共产党，且共产党员加入国民党，“是一个一个地加入的，不是以一个团体加入的，可以说我们是跨党，不能说是党内有党”②。至于为何共产党员加入国民党，但不退出第三国际，李大钊也解释说：

我们不能因为加入中国国民党便脱离了国际的组织。我们若脱离了国际的组织，不但于中国国民党没有利益，且恐有莫大的损失。因为现代的革命运动是国民的，同时亦是世界的，有我们在中国国民的组织与国际的组织中间作个联络，作个连锁，使革命的运动，益能前进，是本党所希望的，亦是第三国际所希望的。由此说来，我们对于本党应负二重的责任：一种是本党党员普通的责任；一种是为本党联络世界的革命运动，以图共进的责任。③

---

① 《李大钊在国民党改组时声明全文》，中共广东省委党史研究委员会、中共广东省委党史资料征集委员会编：《第一次国共合作研究资料》（内部刊物），1984 年，第 68 页。

② 《李大钊在国民党改组时声明全文》，中共广东省委党史研究委员会、中共广东省委党史资料征集委员会编：《第一次国共合作研究资料》（内部刊物），1984 年，第 69 页。

③ 《李大钊在国民党改组时声明全文》，中共广东省委党史研究委员会、中共广东省委党史资料征集委员会编：《第一次国共合作研究资料》（内部刊物），1984 年，第 69 页。

李大钊总结说：

我们来参加本党而兼跨固有的党籍，是光明正大的行为，不是阴谋鬼祟的举动。不过我们既经参加了本党，我们留在本党一日，即当执行本党政纲，遵守本党的章程及纪律；倘有不遵守本党政纲，不守本党纪律者，理宜受本党的惩戒。①

李大钊的发言，表达了中国共产党与国民党合作的真诚，并表示共产党人愿意接受国民党的章程，与国民党共同完成国民革命。经举手表决，大部分人同意："党员不得加入他党，不必用明文规定于章程，惟申明纪律可也。"② 这就意味着，反对跨党的提案被否决，共产党员可以以个人身份加入国民党，标志着"党内合作"的国共合作形式在法理上得到了确认。

四、《中国国民党总章》和《纪律问题决议案》

1924 年 1 月 22 日，国民党一大通过了《纪律问题决议案》；1 月 28 日，通过了《中国国民党总章》。两个文件的通过，在国民党党建史上具有里程碑意义，国民党借此成为一个组织严整、战斗力更强的新型政党。

《中国国民党总章》第一章"党员"第一条规定："中国国民党，不分性别，凡志愿接受本党之党纲，实行本党决议，加入本党所辖之党部，依时缴纳党费者，均得为本党党员。"③ 此条和否定党员不得跨党提案一起，从法理上确认了共产党员可以以个人身份加入国民党，国民党此后成为一个由工人、农民、小资产阶级和资产阶级等各个阶层组成的革命联盟。国民党的党员人数在此后的大革命中迅猛增加，政治影响力也迅速提升，并借北伐战争的胜利，成为一个影响全国的执政党。

《中国国民党总章》第二章"党部组织"对国民党组织系统作了完整规定，如表 2－2 所示：

① 《李大钊在国民党改组时声明全文》，中共广东省委党史研究委员会、中共广东省委党史资料征集委员会编：《第一次国共合作研究资料》（内部刊物），1984 年，第 70 页。

② 《中国国民党第一次全国代表大会回忆录》（第十二号），中共广东省委党史研究委员会、中共广东省委党史资料征集委员会编：《第一次国共合作研究资料》（内部刊物），1984 年，第 75 页。

③ 邹鲁：《中国国民党史稿》（上），东方出版中心 2011 年版，第 309 页。

表 2－2　国民党组织系统

级别	闭会期间权力机关
全国代表大会	中央执行委员会
全省代表大会	全省执行委员会
全县代表大会	全县执行委员会
全区党员大会或代表大会	全区执行委员会
区分部党员大会	区分部执行委员会

（资料来源：邹鲁：《中国国民党史稿》（上），东方出版中心 2011 年版，第 309 页）

对于中央执行委员会，《中国国民党总章》规定其居于党权中枢地位："中央执行委员会，得分设各部，执行本党之通告或非常党务，各部受中央执行委员会之管理，各部之职务及组织法，由中央执行委员会决定之，省及等于省之党部，应设各部，由中央执行委员会决定之。"① 另外，第五章"最高党部"、第六章"省党部"、第七章"县党部"、第八章"区党部"、第九章"区分部"各章分别对各级党部职权作了详细规定。建立基层组织系统，可以说是国民党改组最重要的贡献之一。以往的国民党有上层而无下层，基层组织基本空白，党的命令无法自如贯彻。经此次基层组织的建立，国民党有了脱胎换骨的变化，其影响力和控制力终到达了社会基层。

第十三章"国民党党团"中还规定："在秘密、公开或半公开之非党团体，如工会、俱乐部、会社、商会、学校、市议会、县议会、省议会、国议会之内，本党党员须组织成国民党党团，在非党中扩大本党势力，并指挥其活动。"② 党团组织的建立，保证了国民党与非党群众的联系，加强了国民党对非党群众的渗透和影响力。

通过对由中央到地方的组织系统以及党团组织的建设，每个党员都被安排在相应的组织内，全党形成有序的从中央到地方的组织系统。

《中国国民党总章》第四章"总理"明确规定："本党以创行三民主义、五权宪法之孙先生为总理"，"总理对于中央执行委员会之议决，有最

① 邹鲁：《中国国民党史稿》（上），东方出版中心 2011 年版，第 310 页。
② 邹鲁：《中国国民党史稿》（上），东方出版中心 2011 年版，第 317 页。

后决定之权"。[①] 这就从法理上确立了孙中山对国民党的独裁。在孙中山在世时期，此点保障了国民党作为一个革命政党的发展方向，但也为日后国民党个人独裁开了先河。从长远看，此点可谓国民党党建的败笔。

国民党一大还对党员纪律给予了足够关注。《纪律问题决议案》规定："国民党之组织原则，当为民主主义集权制度"，"全党党员，参与共同讨论决议及选举制度，即所以保证民主主义之实行。讨论既经终了，执行机关既经议决，则凡属党员，均有遵守此等决议案或命令并实行之义务，此即所谓政党的集权制度"。[②] 这里的"民主主义集权制度"，是仿效苏俄共产党的民主集中制提出来的。《中国国民党总章》第十一章"纪律"也强调党员必须遵守党章，对形成决议的党的政策须严格执行："凡党员须恪守纪律，入党后即须遵守党章，服从党义，其在本党执政地方及在军事时期，尤须严行遵守。党内各问题，各得自由讨论，但一经决议后，即须一致进行。"[③]《中国国民党总章》第十一章"纪律"对违纪的党员提出了党内惩戒、公开惩戒、开除党籍等处分措施。该章还把纪律问题放到了关系全党政治目标能否实现的战略高度："本党领有历史的使命而奋斗，我国领土之完全自由及和平，全赖本党奋斗之成功，欲求成功，必赖纪律之森严，党之成败，全系于此，望共勉之。"[④]《纪律问题决议案》也强调指出，"大会认为纪律问题非常重要，嗣后党中遇有党员破坏纪律或违背主义，当加以最严厉之制裁"[⑤]。

五、《中国国民党第一次全国代表大会宣言》和新三民主义

1924 年 1 月 23 日国民党一大通过了《中国国民党第一次全国代表大会宣言》，宣言共有"中国之现状"、"国民党之主义"、"国民党之政纲"三个部分。宣言集中表达了国民党对当前中国局势的分析、三民主义内涵以及国民党对内对外主要政策。国民党一大的宣言和政纲是由国共两党共

① 邹鲁：《中国国民党史稿》（上），东方出版中心 2011 年版，第 310 ~ 311 页。

② 中国人民政治协商会议广东省委员会文史资料研究委员会、广东革命历史博物馆编：《广东文史资料》（第 42 辑），1984 年，第 84 ~ 85 页。

③ 邹鲁：《中国国民党史稿》（上），东方出版中心 2011 年版，第 316 页。

④ 邹鲁：《中国国民党史稿》（上），东方出版中心 2011 年版，第 316 页。

⑤ 中国人民政治协商会议广东省委员会文史资料研究委员会、广东革命历史博物馆编：《广东文史资料》（第 42 辑），1984 年，第 85 页。

同拟定的，也表现了反帝反封建的精神："中国国民党的宣言和政纲，都经过了孙中山、鲍罗廷及中共中央负责同志会商作最后的决定。虽然孙中山和他的亲信干部，如廖仲恺、胡汉民、汪精卫等也有他们的意见，而主要的内容如'反帝'、'反封建军阀'、'联俄'、'联共'、'工农政策'等，都是由共产党方面提出，孙中山同意决定的。"①

孙中山在国民党一大宣言中，对三民主义作了新的阐释：

（1）民族主义，有两方面之含义，"一则中国民族自求解放，二则中国境内各族一律平等"②，这较之早期三民主义简单的"驱逐鞑虏"有了明显进步。

（2）民权主义，"即为国民者，不但有选举权，且兼有创制、复决、罢官诸权也。民权运动之方式，规定于宪法，以孙先生所创之五权分立为原则，即立法、司法、行政、考试、监察五权分立是也"③。这里的民权主义，有学习西方政治体制的因素，但又具有孙中山自己的政治见解，实际上是要让人民当家做主，行使国家权力。孙中山对民权主义曾有生动的解释："现在是民国，是以民为主，国家的大事，人人都可以过问，这就是把国家变成大公司，人人都是这个公司的股东，公司内无论发生什么事，大家都有权去管理，这便是民权主义的精义。"④

（3）民生主义，主要的原则就是"平均地权"和"节制资本"。所谓"平均地权"，主要是指国家制定相关的土地法令法规，并可对地主的土地实行赎买的政策："由国家规定土地法、土地使用法、土地征收法及地价税法。故当由国家规定土地，由地主估价呈报政府，国家就价征税，并于

---

① 包惠僧：《第一次国共合作与国民党改组》，中共广州市委党史资料征集、研究委员会办公室编：《广州大革命时期回忆录选编》（中共广州党史资料丛书），广东人民出版社1986年版，第148～149页。

② 《国民党第一次全国代表大会宣言（1924年1月）》，中共广东省委党史研究委员会、中共广东省委党史资料征集委员会编：《第一次国共合作研究资料》（内部刊物），1984年，第60页。

③ 《国民党第一次全国代表大会宣言（1924年1月）》，中共广东省委党史研究委员会、中共广东省委党史资料征集委员会编：《第一次国共合作研究资料》（内部刊物），1984年，第61～62页。

④ 孙中山：《孙中山选集》（下卷），人民出版社1956年版，第556页。

必要时依报价收买之。”① 所谓“节制资本”，主要是防止垄断并实行国家资本主义：“凡本国人及外国人之企业，或有独占的性质，或规模过大为私人之力所不能办者，如银行、铁道、航路之属，由国家经营管理之，使私有资本者，则民生主义之进行，可期得良好之基础。”② 孙中山还在大会上发表演讲，认为民生主义包含了共产主义，民生主义、共产主义、集产主义的关系如下图所示：

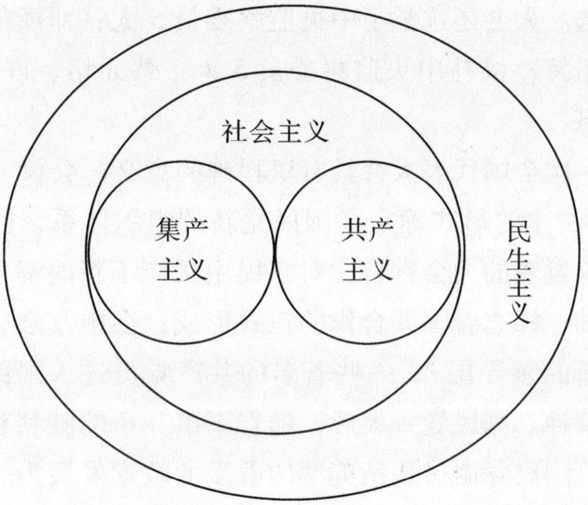

（资料来源：邹鲁：《中国国民党史稿》（上），东方出版中心 2011 年版，第 292 页）

孙中山对三民主义作了新的解释，新三民主义和中共在新民主主义革命时期的纲领基本一致，成为第一次国共合作的政治基础。毛泽东对《中国国民党第一次全国代表大会宣言》评价甚高：“这篇宣言，区分了三民主义的两个历史时代。在这以前，三民主义是旧范畴的三民主义，是旧的半殖民地资产阶级民主革命的三民主义，是旧民主主义的三民主义，是旧三民主义……在这以后，三民主义是新范畴的三民主义，是新的半殖民地

① 《国民党第一次全国代表大会宣言（1924 年 1 月）》，中共广东省委党史研究委员会、中共广东省委党史资料征集委员会编：《第一次国共合作研究资料》（内部刊物），1984 年，第 62 页。

② 《国民党第一次全国代表大会宣言（1924 年 1 月）》，中共广东省委党史研究委员会、中共广东省委党史资料征集委员会编：《第一次国共合作研究资料》（内部刊物），1984 年，第 62 页。

资产阶级民主革命的三民主义，是新民主主义的三民主义，是新三民主义。"①

大会选举中央执行委员24人，他们是胡汉民、汪精卫、张静江、廖仲恺、李烈钧、居正、戴季陶、林森、柏文蔚、丁惟汾、石瑛、邹鲁、谭延闿、覃振、谭平山、石青阳、熊克武、李大钊、恩克巴图、王法勤、于右任、杨希闵、叶楚伧、于树德。其中李大钊、谭平山和于树德是共产党员。另选举了候补中央执行委员17人，共产党员林祖涵、毛泽东、瞿秋白、张国焘入选。大会还选举了中央监察委员5人：邓泽如、吴稚晖、李石曾、张继、谢持；候补中央监察委员5人：蔡元培、许崇智、刘震寰、樊钟秀、杨庶堪。

国民党第一次全国代表大会具有里程碑的意义。会议通过了《中国国民党总章》，以法律的形式确定了国民党新的组织体系，标志着国民党改组的成功；会议发表的大会宣言，对三民主义作了新的解释，确立了国共合作的政治基础，标志着国共合作的正式形成；会中及会后国民党一届一中全会选举了新的领导层②，一些著名的共产党员进入国民党核心，展现了国共合作的精神。国民党一大后，随着军事斗争的胜利和国民党基层组织的广泛建立，国民党由过去精英型的散漫的政党发展为一个有广泛群众基础、有组织有纪律的政党。在以俄为师的精神指导下，以党治国的理念深入人心，且付诸施行。"党国"、"党治"、"党化"、"党军"等名词广泛进入人们的日常生活，广州甚至有"党市"之称。③

关于党在国家政治军事生活中的重要性，汪精卫有一段话解释得极为到位："兵出于党，无党即无兵，党赖乎兵，无兵即无党。国建于党，无党即无国。"④ 1923—1924年国民党改组，是国民党发展史上最具转折性意义的事件之一。正如孙中山在国民党一大第一天发表演讲时道："现在的问题，是国民党改组问题。……此次改组，就是从今天起，重新做过。古

---

① 毛泽东：《毛泽东选集》（第二卷），人民出版社1991年版，第669～670页。

② 详见第三章"国共两党在广州的发展"第一节"组织发展"。

③ 王奇生：《党员、党权与党争：1924—1949年中国国民党的组织形态》，华文出版社2010年版，第22页。

④ 《上海民国日报》，1924年6月22日。

人有云：‘以前种种，譬如昨日死；以后种种，譬如今日生。’”① 确实，经过改组的国民党，获得了新生，中国革命亦进入新的发展时期。

① 《国民党改组问题（1924年1月20日）》，中国人民解放军政治学院党史教研室编：《中共党史参考资料》（第三册），1979年，第3～4页。

第三章　国共两党在广州的发展

第一节　组织发展

一、广州中国共产党组织的发展

（一）中共广州地委和粤区国民运动委员会建立

1923 年 6 月中共三大、1924 年 1 月国民党一大后，第一次国共合作在广州发展顺利。中共中央鉴于广东区委实际上活动范围主要在广州，乃撤销广东区委，成立中共广州地方执行委员会，管理广州和香港党组织。中共广州地委主要负责人为冯菊坡，成员有阮啸仙、彭湃、刘尔崧等，直属中共中央领导。

1924 年 2 月 21 日，原中共广东区党、团领导人组成的粤区国民运动委员会改组，设立最高执行委员会，委员有谭平山、冯菊坡、阮啸仙、张善铭、刘尔崧、沈厚堃、郭瘦真等，以郭瘦真、刘尔崧、沈厚堃为秘书。该委员会统筹国民运动大计方针，是“在粤区进行国民革命运动的机关”①，“国民运动进行的方针，概由 C. P.、S. Y. 所组织的国民运动委员会议决。……委员七人，每星期开会一次”②。广州各国民党区分部以及一些企业、职业特别党部的共产党员、共青团员联合组织国民运动小组，以做好国民党改组工作。

---

① 《粤区国民运动委员会通告（第二号）——加入国民党应注意的问题（一九二四年二月二十三日）》，中央档案馆、广东省档案馆编：《广东革命历史文件汇集（1922—1924）》，甲 1，编号：0001571，第 335 页。

② 《团粤区委报告（第十三号）——关于啸仙视察各地团务报告和追悼列宁大会的情况（一九二四年二月二十六日）》，中央档案馆、广东省档案馆编：《广东革命历史文件汇集（1922—1924）》，甲 1，编号：0001571，第 337 页。

1924 年 2 月 23 日，粤区国民运动委员会发出通告，要求同志们高度重视国共合作：“我们加入国民党与国民党联合战线，固然是我们团体的意思，也是进化路上步骤的必然，但同志中仍有不甚了了，以致轻忽与国民党联合战线的工作（国民革命运动），这实在错误。我们深察现在世界局势与半殖民地的中国情形，此时欲救中国，非国民革命不可。……故国民革命运动的工作，就是我们团体的工作。”①

在中共广州地委和粤区国民运动委员会的领导下，广州中共党员以国共合作为工作重心，广州地区的共产党得以在国民党这个平台上发展自己的组织。

（二）中共广东区委

随着国共合作不断深入，广州革命政府的影响越来越大。中共中央不断派遣优秀干部南下广州，参与领导广东共产党的工作。原有的中共广州地委领导广东党组织的工作已经显得不适应。1924 年 10 月中下旬，中共广州地方执行委员会改组为中共广东区执行委员会，周恩来为书记。中共广东区委的领导结构如表 3－1 所示：

表 3－1　中共广东区委组织机构及负责人表

机构	职务	姓名
广东区委	委员长	周恩来（后陈延年）
组织部	部长	穆青
宣传部	部长	罗亦农（后张太雷、任卓宣）
军事运动委员会	书记	周恩来（后熊雄）
职工运动委员会	书记	冯菊坡（后刘尔崧、黄平）
农民运动委员会	书记	阮啸仙
青年运动委员会	书记	黄居仁（后杨善集）
妇女运动委员会	书记	蔡畅（后邓颖超）
学生运动委员会	书记	恽代英（后沈宝同）
监察委员会	书记	林伟民
省港罢工委员会“党团”	书记	邓中夏（后李森）
国民党中央“党团”	书记	谭平山

（资料来源：中共广东省委党史研究室编：《中国共产党广东地方史》（第一卷），广东人民出版社 1999 年版，第 93 页）

---

① 《粤区国民运动委员会通告（第二号）——加入国民党应注意的问题（一九二四年二月二十三日）》，中央档案馆、广东省档案馆编：《广东革命历史文件汇集（1922—1924）》，甲 1，编号：0001571，第 335 页。

广东区委还设立了主席团，相当于常委，实行集体领导。1925年春，由于周恩来已经担任了黄埔军校政治部主任，且要随军东征，中共中央遂调整广东区委领导班子，以陈延年为广东区委书记，周恩来为区委常委兼军事运动委员会书记。5月8日，鉴于广东地位特殊，形势复杂，党的工作非常重要，中共中央成立中共中央广州临时委员会，由陈延年、谭平山、周恩来、罗亦农、鲍罗廷五人组成。该临时委员会代表中央处理广东党的工作。由于机构重叠，临时委员会很快被取消。广东党的工作实际上还是广东区委负责。1925年2月，谭平山出席了中共四大，继续当选为中共中央执行委员，仍是中央驻粤委员。1925年冬，中共中央成立军事委员会广州分会，谭平山为主任，以加强对广州和广东军事方面的管理工作。

伴随广州革命政府军事上的不断胜利，革命政府控制和影响的区域越来越大，中共广东区委于是派遣重要干部到各地发展党组织。广州附近各县的党组织也逐步建立。1924年11月成立中共顺德县支部，书记李民智；1925年1月成立中共花县支部，书记陈道周；1925年5月成立中共清远支部，书记韦启瑞；1926年初中共增城新塘支部成立，书记伍来成；1926年12月中共佛山支部成立，书记陈宝经；1927年春中共南海支部成立，书记陈道周，等等。

在国共合作的早期，中国共产党集中精力发展国民党，而忽略了自身组织的发展。1925年8月，维经斯基建议中共中央“把注意力放在依靠革命工人，扩大党的队伍上”①。1925年10月，中共中央在北京召开执行委员会扩大会议，会议议题之一是党的建设问题。针对广东党组织的建设，会议指出，“粤区虽能在思想上影响工农群众，而不在组织上把这种势力巩固起来——吸收工农分子进党及在各种团体里组织我们的党团，这是一种错误”②。会议认为，“第一便要扩大自己的党——吸收无产阶级及先进的智识阶级中的革命分子”③。会后，中共广东区委乃放手在各阶层建立和发展党组织。

① 中共中央党史研究室第一研究部编：《共产国际、联共（布）与中国革命档案资料丛书》（第一卷），北京图书馆出版社1997年版，第655页。

② 中央档案馆编：《中共中央文件选集》（一），中共中央党校出版社1982年版，第408页。

③ 中央档案馆编：《中共中央文件选集》（第一册），中共中央党校出版社1989年版，第472页。

针对工人阶层，广东区委注重在省港罢工工人中发展党员，1925 年 11 月，罢工工人中的党员发展到 200 多人。① 另在省港罢工队伍中建立了“党团”组织；此外，广东区委还在粤汉、广三、广九等铁路，石井兵工厂，中山大学，黄埔军校和国民革命各军以及其他各行各业建立了党支部，以党支部为中心开展活动。中山大学、黄埔军校、省港罢工委员会、农民运动讲习所被誉为第一次国共合作期间四大革命基地。② 广东区委的工作有声有色，固然有国共合作迅猛发展的大背景，同时个人才华也起着很大的作用：“谭平山是一个粗枝大叶、遇事不求甚解的人，对于工作的推进，缺乏积极性和计划性，他在广东任了新旧两三年的书记，工作没有甚么发展。……自陈延年、周恩来两同志到广东工作以后，工作重加部署，在文德路租了个两层楼的全楼为办公地点，党的组织和纪律都谨严起来，学生、工人、妇女、军事及农民运动等各项工作，都有平衡的发展。”③

时代呼唤英雄，英雄借助时代。国共合作的洪流，为周恩来、陈延年这样的人才提供了施展才华的平台。

（三）党的建设

中国共产党是个组织严密的政党，要加入中国共产党，有一套严格的程序；加入共产党后，要过严格的组织生活。在国共博弈的历史中，共产党员常常可以轻易渗透到国民党内部，而国民党员要想渗透到共产党则显得比较难。中共在组织上的成功，可从以下三方面来看：

1. 领导作风

广东区委诸领导，如周恩来、陈延年、阮啸仙等人均理想信念坚定、能力比较强。陈延年为了开展工作，“经常到群众最底层的人力车夫中间去，与工人一起拉车子，一面了解工人情况，一面向工人学广州话”，由

① 《团粤区委组织报告（第二号，1925 年 11 月 20 日）》，中央档案馆、广东档案馆编：《广东革命历史文件汇集（1925）》，甲 3，编号：0001571，第 188 页。

② 中共广东省委党史研究室编：《中国共产党广东地方史》（第一卷），广东人民出版社 1999 年版，第 165 页。

③ 包惠僧：《第一次国共合作与国民党改组》，中共广州市委党史资料征集、研究委员会办公室编：《广州大革命时期回忆录选编》，广东人民出版社 1986 年版，第 156 页。

于陈延年不知疲倦地工作，被称为“开疆辟土的推土机”[①]。阮啸仙“日夜奔忙，很少休息。他有几次作演讲时吐起血来，别人劝他休息，他不当一回事，抹抹嘴，又继续讲下去。他经常带病坚持工作，不肯休息。人们称他是一位不怕苦不怕死的铁汉子”[②]。

广东区委的伙食每人每月七元，每天两餐，朝十晚五，月底有剩余，便告诉同志们定于某时某餐加菜。尽管物质条件贫乏，同志们依然热情洋溢地参加革命工作。正因为周恩来、陈延年、阮啸仙等一大批广东区委领导以身作则，广东区委工作作风踏实，各项工作在全国亦可谓表现突出。

2. 思想建设

广东区委以《人民周刊》为机关刊物。该刊于1926年2月7日创刊，广东区委委员张太雷任主编。区委主要领导人经常在该刊发表文章，评论时事、宣传党的政策和马克思主义理论。当时《人民周刊》每期发行均达到1万份以上。

广东区委还举办培训班和时事报告、专题报告会。例如，省港大罢工期间，为了提高工人的思想政治素养，举办了几期党员干部深造班，“由组织部选定名单编班上课，每班30至40人，以4周为一期，每周上课3晚，课程内容有社会发展史、唯物主义论……主要教员有恽代英、罗亦农、肖楚女、邓中夏、彭湃、穆青等。苏联顾问鲍罗廷、加伦等人曾前往作专题报告”[③]。这样的短期党课虽然时间短，但也可说是名师荟萃，学生受益匪浅。后来，中共广东区委建立起每周定期的党课制度，给党员以理论学习和交流的机会。1926年6月1日，中共广东区委和团广东区委合办的党校正式开课，“学科分为理论、党务、政治及实际工作四个方面……学习时间为期一个月，每天上课不少于4小时”[④]。学员集中住宿，广州各支部则到场旁听。这种集中培训的党校，为党员系统学习革命理论知识提供了方便。

---

① 中共广州市委党史研究室编：《中共广州地方史（新民主主义革命时期）》，广东人民出版社1995年版，第114～115页。

② 元邦建：《阮啸仙》，广东人民出版社1983年版，第32页。

③ 中共广州市委党史研究室编：《中共广州地方史（新民主主义革命时期）》，广东人民出版社1995年版，第112～113页。

④ 中共广州市委党史研究室编：《中共广州地方史（新民主主义革命时期）》，广东人民出版社1995年版，第112～114页。

3. 组织建设

中共广东区委在国民党中央党部建立了“党团”，以谭平山为书记。中共在国民党内建立“党团”组织，出发点是统筹党员在国民党内的思想和行为，以有利于国共合作。但是，也引起了国民党右派的警惕和攻击。从这个意义上说，中共在国民党内建立“党团”的实践，为中共统一战线策略和思想的发展提供了经验。

广州为第一次国共合作的策源地和中心，特别是在省港大罢工后，共产党组织和党员发展比较快，同时国共关系也比较复杂。广东区委书记陈延年为了更好地指导广州基层党的工作并及时总结经验，提出由区委直接领导广州党的基层组织。这样，广州不设市一级的领导机构，各基层组织直接处于区委领导之下。广东区委建立了严格的组织生活和会议制度，区委委员原则上每月至少开会 2 次，必要时可以召开临时会议或紧急会议。党员不论职位高低都必须参加党的会议，学习相关文件，讨论党的相关工作。无故不参加党的组织生活，则可以根据情况给予批评、警告或处分等处罚，严重时甚至可以开除出党。

广东区委的党建工作措施得力，使得广州和广东的共产党组织在复杂的斗争中经受了各种考验，并得以发展壮大。1927 年，广东全省党员人数达 9 000 人，占全国党员人数 1/6，其中广州有 30 多个党支部、2 000 名党员。①

二、广州国民党组织的发展及隐患

（一）国民党在广州建立了中央党部，全面负责党务工作

国民党一大闭幕后，1924 年 1 月 31 日到 2 月 6 日，孙中山在广州主持召开一届一中全会，在有关国民党组织方面，通过了《中央执行委员会各部组织问题案》、《关于监察委员会之决议案》、《党部常务会定期案》等。依据这些法案，确定中央执行委员廖仲恺、戴季陶、谭平山三人为常务委员，处理日常事务。确定中央执行委员会下设八部一处，组成中央党部。一处为秘书处，由廖仲恺、戴季陶、谭平山负责，分任财务、党务、会务

① 中共广州市委党史研究室编：《中共广州地方史（新民主主义革命时期）》，广东人民出版社 1995 年版，第 115 页。

工作。八部具体如表 3 – 2 所示：

表 3 – 2　中央执行委员会八部

部名称	部长	秘书
组织部	谭平山	杨匏安
宣传部	戴季陶	刘芦隐
青年部	邹鲁	孙甄陶
工人部	廖仲恺	冯菊坡
农民部	林祖涵	彭湃
妇女部	曾醒	唐元恭
军事部	许崇智	未定
调查部	未定	未定

（资料来源：肖效钦主编：《中国国民党史》，安徽人民出版社 1989 年版，第 135 页）

中央执行委员会直辖广东、广西、云南、福建。中央执行委员会派遣中央委员分赴上海、北京、汉口等地组织执行部，负责各地党务。为加快各省党部建立，又派筹备专员，赴各省建立临时党部，开展工作；之后逐步建立省党部。由于措施得力，到 1926 年 1 月，全国党员达到 14 万多人。①

国民党二大闭幕后，1926 年 1 月 22 日至 25 日，国民党在广州召开二届一中全会，选出新的中央领导机构。确立中央执行委员会常委为：汪精卫、谭延闿、胡汉民、蒋介石、林伯渠、谭平山、杨匏安、陈公博、甘乃光。中央监察委员会常委为：张静江、高语罕、邓泽如、古应芬、陈璧君。中央政治委员会委员为：汪精卫、谭延闿、胡汉民、蒋介石、伍朝枢、孙科、谭平山、朱培德、宋子文。中央政治委员会候补委员为：陈公博、甘乃光、林伯渠、邵力子。在中央常委下设一处八部，组成中央党部。一处为秘书处，秘书为谭平山、林祖涵、杨匏安，书记为刘芬。八部具体如表 3 – 3 所示：

① 肖效钦主编：《中国国民党史》，安徽人民出版社 1989 年版，第 135 页。

表 3－3　中央常委八部

部名称	部长	秘书
组织部	谭平山	杨匏安
宣传部	汪精卫（未到任，毛泽东代理）	沈雁冰
青年部	甘乃光	黄日葵
工人部	胡汉民	冯菊坡
农民部	林祖涵	彭湃、罗绮园
妇女部	何香凝	邓颖超
外事部	彭泽民	许甦魂
商业部	宋子文	黄乐裕

（资料来源：肖效钦主编：《中国国民党史》，安徽人民出版社 1989 年版，第 154～155 页）

对照国民党一届一中全会，八部大致框架不动，外事部和商业部的设立表明国民党开始把国家建设和经济建设放到重要位置。这是国民党统一广东政权后发展趋势的反映。

（二）国民党广东省党部、广州市党部建立，促进了广州和广东全省党务工作的开展

广东、广西、云南、福建四省是广州国民党中央党部直辖区，由中央党部派员改组国民党。在国民党中央党部主持下，广州市特别党部、区党部、区分部亦开始建立。国民党宣称，“凡有革命勇决之心及信仰三民主义者，不问其平日属何派别，本党无不推诚延纳，许其加入，态度本极明显”①。1923 年 11 月底，中共三届第一次中央执行委员会决议，“国民党有组织的地方，如广东、上海、四川、山东等处，同志们一并加入”，“国民党无组织之地方，……同志们为之创设”。② 国民党原本是个组织松散的政党，经过共产党和青年团的帮助，国民党基层组织逐步建立起来，党员

① 《中国国民党关于党务宣言（一九二四年七月七日）》，中共广东省委党史研究委员会、中共广东省委党史资料征集委员会编：《第一次国共合作研究资料》（内部刊物），1984 年，第 95 页。

② 《国民运动进行计划决议案》，中央档案馆编：《中共中央文件选集》（一），中共中央党校出版社 1982 年版，第 146 页。

人数迅速增加，1923 年 11 月广州市国民党登记党员有 4 569 人，“仅两个多月，广州国民党员就增加到 8 218 人，并建立起 9 个区党部、3 个代理区党部、66 个区分部、3 个特别党部”①。

1925 年 10 月，国民党召开广东全省第一次代表大会，谭平山任大会主席，作《党务报告》，杨匏安负责起草《党务报告决议案》。大会选举产生了国民党广东省党部执行委员会和监察委员会，何香凝、刘尔崧、彭湃、杨匏安、陈公博、甘乃光、陈孚木、范其务、罗国杰当选为执行委员；伍朝枢、宋子文、古应芬、李济深、杨其珊为监察委员；陈公博、杨匏安、甘乃光当选为国民党广东省党部执行委员会常务委员。广州成立了特别市党部，陈其瑗为会务、文书常务委员，潘歌雅为财务常务委员，陈其瑗还是宣传部长兼青年部长，孙科为组织部长，吴铁城为工人部长，傅秉常代商民部长。至 1925 年 11 月，广州市建立区党部 13 个，区分部 250 个，党员 12 028 人。② 除了区党部外，广州市内还建立了一些重要的特别党部，至国民党广东全省第一次代表大会时期，“尚有特别党部，如黄埔军校、湘军讲武堂、国民革命军第一二三部，及建国豫军等皆成立特别党部。计成立的有八处，未正式成立的有两处。产业的特别党部，则有兵工厂、粤汉、广九、广三、电话司机等。职业的特别党部，有海员、机关两特别党部。学校有广大特别党部，官署有国民政府，两广盐运使署特别党部。审判厅特别党部，则正在筹备中”③。到 1926 年 5 月，在国民党广东省党部负责下，全省有县、市党部 93 处，区党部 316 个，区分部 1 937

① 广东青运史研究委员会、共青团广东省委员会编：《广东青年运动史》，广东高等教育出版社 1994 年版，第 75 页。

② 陈其瑗：《党第二次全国代表大会广州特别市党务报告》，中共广东省党史研究委员会办公室编：《大革命时期广东工、农、青、妇等运动参考资料》，油印本，1964 年，第 218 页。但在谭平山的党务报告里，“广州特别市党部是在警区范围内分为十二区党部，除外还有花地（非警区）亦归并在广州特别市党部，合共有十三个区党部，区分部则有四百五十个，同志有二万五千余人。党员成分在以前统计在一万人的时候有三千是工人，一千是学生，余以军警为多。……党员的统计数目甚不容易确实报告出来，只能计算发出去的党证”（见《中国国民党全国党务概况——谭平山在广东第一次全省代表大会之报告》，中共广东省委党史研究委员会、中共广东省党史资料征集委员会编：《第一次国共合作研究资料》（内部刊物），1984 年，第 216 页），数字相差比较大。从逻辑上说，领取党证多少就有多少党员，似不成立。

③ 《中国国民党全国党务概况——谭平山在广东第一次全省代表大会之报告》，中共广东省委党史研究委员会、中共广东省委党史资料征集委员会编：《第一次国共合作研究资料》（内部刊物），1984 年，第 216 ~ 217 页。

个，党员108 831人。[①] 1926年12月，国民党广东省第二次代表大会在广州召开时，全省建立县、市、党部共91处（含11个筹备处），区党部580处，区分部4 291处，党员183 695人（英德、各平、昌江、北海未计）。[②]

（三）国民党人数膨胀，但隐患重重

国民党吸引社会成员加入，向来只重数量，经常是一个单位集体入党："国民党自改组后，新加入党者已有数万人，现警局教练所员生亦全体加入。"[③] 有时候甚至是强迫集体加入："凡（广州）市政府所属机关各职工，如有未入党者，限期本月内，一律使之入党，否则将其姓名列成册函送区党部办理。"[④] 对此，1924年1月10日，谭平山向鲍罗廷汇报广州国民党员迅速增加时如是说："党员人数的增加是由于党的威信的提高。但是，威信的提高不可能这么快和这么突然。我们知道是怎样吸收新党员的。他们是被成批吸收的。一名工会会员吸收五六百名新会员，于是宣布整个工会加入国民党。那些正式加入国民党的人可能连自己还不知道这种情况。"[⑤] 据徐向前回忆，他们第一期黄埔军校学生，"第一次上课是填表，集体加入国民党。毫无思想准备，想不到入国民党手续这么简单，一堂课下来，都成清一色的国民党员了，后来一些同志都当笑话说"[⑥]。

改组之初，广州国民党员数量迅速增加，也是因为组织者可得到一定的经济利益和政治利益。经济方面，"中央以前决定，每个支部应当有一位书记和一位组织委员，他们每月收入50元。谁都认为，如果他组织起支部，他就能当书记或组织委员。因此大家都急于组织支部"。政治方面，"这正好是选举期间，每个关心选举的人都力争组织支部，以此来扩大人数，因为曾决定每个支部有一票，每50人也有一票。这就是为什么增加这

① 《政治周报》第3期，第6、7期合刊。

② 曾庆榴：《国民革命高潮中的国民党与共产党》，《国民革命与广州》，广州出版社2011年版，第121页。

③ 《广州民国日报》，1924年3月27日。

④ 《广州民国日报》，1927年1月10日。

⑤ 《谭平山与鲍罗廷的谈话（1924年1月10日）》，中共中央党史研究室第一研究部编：《共产国际、联共（布）与中国革命文献资料选辑（1917—1925）》，北京图书馆出版社1997年版，第551页。

⑥ 中国人民政治协商会议全国委员会文史资料研究委员会编：《第一次国共合作时期的黄埔军校》，文史资料出版社1984年版，第218页。

么多的支部和党员”[①]。在当时的政治气候下，党员身份成为步入仕途、平步青云的敲门砖，也就成为部分民众争权夺利、扬威乡里的工具。如增城，本地土族黎氏与客家人吴氏矛盾甚深，黎、吴两家族为了在家族竞争中处于优势，竟然都“为捞取选票壮大自己势力，在县党部建立初期，便各自拉人入党，因此，党组织迅速扩大”[②]。

1924—1927年，国民党吸收和容纳了各阶层人士入党，为国民党注入了新鲜血液，但是急剧膨胀的组织也带来了管理松懈等问题。“土豪劣绅，地痞讼棍，尚多混入党籍，曲解党义，以图私立。”[③] 广州市郊及附近农村有产者阶层纷纷加入国民党，以捞取更多政治权益：“农村的剥削者阶层为了应付国民党当局都相应地进行了伪装，他们中的许多人加入了国民党，常常在县和县以下的国民党机构中占据着领导地位。”[④] 北伐开始后，“凡同情于本党的即可加入；再过一时期，即对本党不表同情，对于主义未曾了解，为暂时的利用，也就勉强拉入”[⑤]。

谭平山在国民党广东全省第一次代表大会上作中国国民党全国党务概况报告时，详细阐述了国民党员泛滥的危害：

自第一次代表大会以后，组织及数量均算得很大的进步，我们可否处于乐观，这实成一个疑问，因为数目上增加，实质上仍未能见十分增加。如每个党员都要能切实担负责任，不论其他，但就广东言之，都很多不能做到。所以要严格起来，不但不可乐观，而且要引起许多感想。许多党员入了党自己还不知道的。有些入了党，连国民党政纲、第一次全国代表大会宣言也没有看过的。此后苟非严格训练，则此散漫之组织不但不能为革命之助，实足为革命之障碍。许多同志不负责的随便拉人入党，不问其人

① 《谭平山与鲍罗廷的谈话（1924年1月10日）》，中共中央党史研究室第一研究部编：《共产国际、联共（布）与中国革命文献资料选辑（1917—1925）》，北京图书馆出版社1997年版，第551页。

② ［日］深町英夫：《改组前后的中国国民党的基层组织》，（台）《近代中国》1999年第129期。

③ 《广州民国日报》，1927年1月26日

④ 《共产国际执行委员会远东使团关于对广州政治关系和党派关系调查结果的报告（1926年9月12日）》，中共中央党史研究室第一研究部编：《联共（布）共产国际与中国国民革命活动（1926—1927）》，北京图书馆出版社1998年版，第459页。

⑤ 魏然：《反动局面的形成及其责任者》，《民意》1929年第2、3、4期合刊。

如何，所以将革命之党，变成乌合之众，数目增加，工作没有增加。此是非常危险的。[1]

对于所谓的“以党治国”，谭平山也批评道：

此外尚有机关上人员入党问题，也值得非常注意。我们的以党治国，并不是政府的机关一切用我们的党员，也不一切机关一定要我们党员。各机关多有一种错误，常由上级官长下令全体职员入党，其实不过使增加危险。以党治国，不过是以党的政策实施于国内，所以不必个个党员都去行政机关上办事，更不必要办事的一切职员都要强制加入党。[2]

国民党身份如此泛滥，事实上也削弱了国民党的威信。这样的认识已经出现在了苏联报刊：“国家职员必须是国民党员，否则就被解职。当你同国民党党部成员谈到这一点时，他们不知为什么感到非常难堪。显然因为这种强迫入党的做法败坏着党的威信。”[3] 国民党员对自己的党员身份尚且感到“难堪”，其政治尊严和号召力从何而来？这种情况在大学亦然。1926 年秋，曾先后任过共产国际代表、青年共产国际代表的达林等一行在戴季陶陪同下参观广州中山大学时，戴季陶抱怨学校改革阻力也来自国民党员身份的教授：“我们以为这些困难一定来自旧教授的阻扰，问他教授中有多少国民党员。他回答说，事情就坏在这里，所有教授都是国民党员，所有人都以国民党员的身份，打着国民党的旗帜，阻碍改革，维护旧的一套。”[4] 读及这样的史料，令人感叹，国民党改组尽管大张旗鼓，然“金玉其外，败絮其中”，事实上是徒有革命外表而已。对照中共对入党的

① 《中国国民党全国党务概况——谭平山在广东第一次全省代表大会之报告》，中共广东省委党史研究委员会、中共广东省委党史资料征集委员会编：《第一次国共合作研究资料》（内部刊物），1984 年，第 217 页。

② 《中国国民党全国党务概况——谭平山在广东第一次全省代表大会之报告》，中共广东省委党史研究委员会、中共广东省委党史资料征集委员会编：《第一次国共合作研究资料》（内部刊物），1984 年，第 215 ~216 页。

③ 安徽大学马列主义教研室编：《苏联报刊关于中国革命的文献资料》（第二辑）（内部资料），第 55 页。

④ 安徽大学马列主义教研室编：《苏联报刊关于中国革命的文献资料》（第二辑）（内部资料），第 55 页。

严谨态度和方法，20 世纪 40 年代末期国民党败退的因子似已在 20 世纪 20 年代种下。

三、主义、知识青年与政党革命

1915 年兴起的新文化运动和 1919 年“五四”运动开启了中国近现代历史的新篇章，人们开始大规模地探讨救世良方。近代媒介发展为各种主义在中国流行提供了温床，知识分子得领风骚，政党政治逐渐被人们接受。“这是时代的进步，也是中国觉醒的标志。”① 青年学生在这场大探讨中进行着自己的选择。青年的选择，就是时代的选择，也对中国历史发展产生了深远的影响。

无论中国共产党抑或国民党，都是标榜“主义”的政党，都坚定认为共产主义或三民主义是救世良方，是社会发展的终极选择。这种理念的自信，符合青年积极向上、要求改变现实、渴望建功立业的心理特征。20 世纪 20 年代，诸多青年知识分子加入中国共产党或国民党，青年的理想主义遂渗透到两党的政治生活中，成为当时政党政治一大特色。如 20 世纪 20 年代初期的中共，“我的同志们多数是些初出茅庐的书生，脑海中总有些乌托邦思想和无政府观点。他们瞧不起现实政治，甚至认为不够清洁或者充满罪恶，也不喜欢纪律、训练、严密组织、思想行动一致这类的东西”②。20 世纪 20 年代，中共党员常互称“大学同学”，青年团员则互称“中学同学”，中央通告常把各级党组织称为“各级同学们”，团中央转发党中央通告，常以“转发大学讲义某某号”名义，③ 还把“共产党”称为“本校”，“国民党”则常被称为“民校”，“少校”则指“共青团”，④ 这些称谓虽然是暗语，但也反映了革命者们脱胎于各级学校的事实。1923 年 5 月，马林向共产国际报告，中国共产党“党员人数不足 250 名，大部分

---

① 张国焘：《我的回忆》（第一册），现代史料编刊社（内部参考）1989 年版，第 58 页。

② 张国焘：《我的回忆》（第一册），现代史料编刊社（内部参考）1989 年版，第 214 页。

③ 李一氓：《模糊的荧屏》，人民出版社 1992 年版，第 46 页。

④ 广东革命历史博物馆编：《黄埔军校史料（1924—1927）》，广东人民出版社 1982 年版，第 70 页。

是学生”[①]，国民党也出现“青年学生群涌入国民党的情形”[②]，“党员多集中于城市，且多属于智识阶级”[③]。

当时广州青年学生非常热衷探讨各种社会变革理论，正如共产国际代表马林所言，“在少数省会，我看见中国青年对社会主义问题非常感兴趣。我在长沙、桂林、广州和海丰出席了青年们的集会。这些地方有学生会的组织，热心探讨着无政府主义以及社会主义理论”[④]。研究主义，选择主义，成为知识青年的风尚和重要课题，“如果不研究主义，没有主义的信仰，人家说他是书呆子，甚至于给他一个‘时代落伍者’的头衔”[⑤]。但是，青年毕竟是青年，他们所谓的信仰经常就是一时冲动而未作深入研究，广东的调查显示青年们“对这些主义实际并不甚了解，甚至对不同主义之间的概念亦混淆不清；他们大多声称曾经信奉过多种主义，或同时信奉多种主义。这显示了那个年代的‘新青年们’信仰的模糊性和庞杂性”[⑥]。很多青年南下广州，也并不完全是为了革命，很多人参加革命是为了谋生。据徐向前回忆：“我和十几个同学，从上海乘坐火轮船去广州的……听说有‘卖猪仔’（即出国当劳力），我们要是复试（指南下报考黄埔军校）不上，就借机会到海外去。”[⑦]

尽管这些青年知识分子对主义的掌握并不精深，但这并不妨碍他们革

---

① 《致共产国际执行委员会、红色工会国际、共产国际执行委员会东方部和东方部远东局——关于中国形势和1923年5月15日至31日期间的工作报告（1923年5月31日）》，中国社会科学院马列所、近代史研究所编：《马林与第一次国共合作》，光明日报出版社1989年版，第190页。

② 王奇生：《党员、党权与党争：1924—1949年中国国民党的组织形态》，华文出版社2010年版，第30页。

③ 荣孟源编：《中国国民党历次代表大会及中央全会资料》（上），光明日报出版社1985年版，第117页。国民党内各省党员阶层构成不一致。如果从绝对数量看，广东省内工、农数量超过青年知识分子。但论对国民党的长远影响，则当属青年知识分子。

④ 《马林给共产国际执委会的报告（1922年7月11日）》，中共广东省委党史研究委员会、中共广东省委党史资料征集委员会编：《第一次国共合作研究资料》（内部刊物），1984年，第21页。原文译自赫尔姆特·格庐伯编：《莫斯科控制下的共产国际》，1974年。

⑤ 蒲良柱：《一般青年对于主义的信仰》，《现代青年》（《广州民国日报》副刊）1927年第43期。

⑥ 王奇生：《党员、党权与党争：1924—1949年中国国民党的组织形态》，华文出版社2010年版，第34页。

⑦ 中国人民政治协商会议全国委员会文史资料研究委员会编：《第一次国共合作时期的黄埔军校》，文史资料出版社1984年版，第216页。

命热情的高涨。很多青年是饿着肚子革命的，其精神令人钦佩。以下为共产党方面几个青年知识分子在赤贫状态下做学生工作的信笺内容：“学总直到昨天才交代清楚，我们三个都是生手，加之经济方面恐慌万状，日来尚无成绩可言。我们已印好几种通告和调查表，但因购买邮票费无着，无法寄出，日前由叶处领得十五元，除偿还垫款及发伙食费外，已早告罄尽。日来战云迷漫，一时更无其他办法……”① 国民党方面也存在这种情况：“席不暇暖地，上午开会，下午游行，拿的薪水总是只够糊口，交游的人总是面有菜色，居住的屋子总是只看见标语不看见墙壁，他们的行踪总是马策刀环游移不定。”② 支撑这些贫穷的知识青年革命的，正是他们一知半解的主义。

有了主义武装，青年知识分子的能力得到充分体现，甚至是大爆发。这在当时黄埔军校学生军中表现得十分明显。第一次东征的时候，陈炯明部将林虎起初听说学生军奋勇善战，轻视地说：“何物学生军！不过小孩子胡闹把戏而已，你们看我杀他个片甲不回。”③ 林虎以“一万兵力，包围学生军二千，卒被冲围而出，得许济之援助，反败为胜，学生军奋勇追击，追敌百里，俘获林军团长黄济中一名，营排长八人，枪支七百余支，俘兵士五百余人，林始惊顾失色……”④ 学生军有如此战斗力，根本在于有了主义武装，成为当时一支新型人民军队，“军行所至不扰民间一草一木，老弱妇孺，喜而挤观。鸡犬不惊，商市安堵。入夜无公家空房，则扎篷露宿，东江人民父老，谓民国以来，仅此次所见，乃是真正革命军，真正卫国保民之革命军。而学生军聆此好誉，益自勉励”⑤。黄埔学生军在主义的激发下，战斗激情十分高昂，“当时，同学中有一个口号：‘不要钱，不要命，爱国家，爱百姓’，每天高唱着校歌：‘以血洒花，以校为家，卧

---

① 《亚农、寿华、李逸致育南信——学生联合会总会工作情况和对战事的意见（1922 年）》，中央档案馆、广东省档案馆编：《广东革命历史文件汇集（1922—1924）》，甲 1，编号：0001571，第 13 页。

② 彭学沛：《今后的党员》，《中央日报》，1928 年 2 月 18 日。

③ 《中国青年》1925 年第 74 期。

④ 《中国青年》1925 年第 74 期。

⑤ 《中国青年》1925 年第 74 期。

薪尝胆，努力建设中华’”[①]。这样一支“不怕死”的军队，战斗力相比旧军队，自然是强大了。

学生军后发展为党军，战斗素质在当时各军中首屈一指，充分反映了青年知识分子在主义武装下个人能力得到充分展现。20 世纪 20 年代，大批知识青年为理想和主义奔赴广州，一时间“人人南下”，求施展才华的机会。[②] 他们选择三民主义或共产主义，加入国民党或共产党，活跃在各个行业，“南方政府可算是青年政府，南方军队大可算是学生军队，所以学生们在南方，可说是时髦之至。宣传主义用学生，侦探军情用学生，图谋内应用学生，组织政府也用学生”[③]。“时髦之至”这个词表明当时青年学生们被使用的频率很高。当时在干部培养上，对知识青年也比较偏爱，如第五届农讲所招生要求“中学毕业及有相当程度者”[④]，黄埔军校 1925 年 11 月招生时学生报考文化资格要求“高小以上”[⑤]。

广州正因为有这种“聚才”效应，使得政治、军事、财政、宣传等各方面都人才济济，显得生气勃勃，全面超过了北方。这在广州历史上，确实是个难得的时期。

第二节　干部培养

一、黄埔军校

黄埔军校是第一次国共合作时期，孙中山在苏联和中国共产党支持下创立，为国共两党培养了大批政治、军事干部的军校。黄埔军校从 1924 年到 1929 年共培养了七期 13 000 余人，这些人中的多数形成了国民党中央军的骨干——“黄埔系”，而在中共方面亦有周恩来、林彪、聂荣臻、徐向前、陈赓等大批优秀政治、军事骨干出身于黄埔军校。将星璀璨，声名远扬，黄埔军校是中国现代史绕不过去的一页。

---

① 中国人民政治协商会议全国委员会文史资料研究委员会编：《第一次国共合作时期的黄埔军校》，文史资料出版社 1984 年版，第 219 ~ 220 页。

② 宇文：《打倒知识阶级》，《现代评论》1927 年第 5 卷第 116 期。

③ 《学生界有幸有不幸》，《现代评论》1927 年第 5 卷第 105 期。

④ 《广州民国日报》，1925 年 9 月 16 日

⑤ 参见黄埔军校旧址陈列室陈列。

（一）创校

关于黄埔军校的创建，国民党元老邹鲁有比较好的总结：

> 总理受此刺激①，反观苏俄红军之纪律与精神，瞠乎后焉，乃决计根本改造军队，故特派今总裁（指蒋介石）往苏俄考察军事教育，以资借鉴。十二年十二月，今总裁回国，报告苏俄军队之训练，除战术而外，尤注意于主义之灌输，故军人均富于为主义而奋斗之牺牲精神，苏联革命之成功，实基于此。总理于是决意设立黄埔陆军军官学校，以培植革命军基本干部。②

这段话表明，孙中山创办黄埔军校，主要有两个原因：一是孙中山痛感自己没有军队，总是被军阀控制左右。二是孙中山决心以俄为师，学习苏俄建军经验。蒋介石奉命赴苏俄考察，认为苏俄军队用主义武装，故军人富于牺牲精神，战斗力强，革命成功“实基于此”。1923 年后，孙中山多次发表演讲，表达了对现有军队的失望：

> 今之手握一万数千兵者，以利结合，鲜有以主义感化其部下者。就现在情形观之，凡兵士临阵，有赏则能克敌破城，无之则不能。或有不赏亦打仗者，则因地盘苦瘠，须占领较富裕的地盘而已，可知军队奋斗，系为升官发财起见，非如昔日党员专为主义的奋斗也。故欲靠今日之军队单独以达革命之成功，则希望甚微；必定将现在将士升官发财、自私自利的思想化除，引他到远大的志愿，乃能有望。③

孙中山在演讲中，也表达了将主义与军队相结合的军队发展新思路：“从前党员出外宣传，发挥主义，非常踊跃；至成功后，以为此等事乃无效力之所为，须握军权乃算奋斗，这个观念实在错误。今日由俄国革命成

---

① 指陈炯明炮轰总统府，背叛孙中山，及陈炯明被逐出广州后，粤、桂、滇等军阀盘踞广州，军纪混乱，命令不统，且垄断税源，争权夺利。

② 邹鲁：《中国国民党史稿》（上），东方出版中心 2011 年版，第 319 页。

③ 《人民心力为革命成功的基础（1923 年 11 月 25 日）》，中共中央党史研究室第一研究部编：《共产国际、联共（布）与中国革命文献资料选辑（1917—1925）》，北京图书馆出版社 1997 年版，第 542 ~ 543 页。

功观察之，我们当知军队革命成功非成功，党人革命成功乃真成功。”① “吾党经过10余年来，或胜或败，已历许多次数。就以胜败成绩观察之，则军队战胜为不可靠，必须党人战胜乃为可靠，此点党员须首先明白。”② 这样，以苏俄为榜样，建立新式军校和军队，已经成为孙中山等国民党精英的普遍认识。

实际上早在1921年12月马林于桂林会见孙中山时，马林就建议孙中山创立军校。1923年2月，廖仲恺与苏俄政府代表越飞会谈时双方协商了在苏援下建立军校。1923年9—12月蒋介石赴苏考察期间，双方还协商过在库伦以南邻近蒙中边界组建国民党军队的问题。在苏联的支持下，广州政府将建立军校逐步提上了日程。1923年10月15日国民党党务讨论会议决定设陆军讲武堂于广州。③ 1924年1月国民党中央执行委员会议决建立国民军军官学校。④ 当月24日国民党一大决定成立中国国民党“陆军军官学校筹备委员会”，蒋介石为筹备委员长，并确定以广州黄埔长洲岛原广东陆军小学与广东水师学堂旧址为校址，校名定为“陆军军官学校”，因地点在黄埔，又常被称为黄埔军校。

黄埔长洲岛林木葱茏，山峦起伏，南连虎门，为广州第二门户。孙中山认为其“四面环水，隔绝城市，地当枢要，实为军事重地，便于兴学讲武”⑤。1924年2月中旬起，众人开始拓荒建校，“着手修葺，披荆斩棘，除秽去污，飞垩流舟，焕然一新。以前蛇鼠丛众之墟，一变而为跃马谈兵之地，于是弹丸孤岛之黄埔，遂为本党武力发祥之地矣”⑥。黄埔军校遂落址于此。

---

① 《人民心力为革命成功的基础（1923年11月25日）》，中共中央党史研究室第一研究部编：《共产国际、联共（布）与中国革命文献资料选辑（1917—1925）》，北京图书馆出版社1997年版，第542页。

② 《党义战胜与党员奋斗（1923年12月9日）》，中共中央党史研究室第一研究部编：《共产国际、联共（布）与中国革命文献资料选辑（1917—1925）》，北京图书馆出版社1997年版，第541页。

③ 《广州民国日报》，1923年10月16日。

④ 《广州民国日报》，1924年1月3日。

⑤ 广东革命历史博物馆编：《黄埔军校史料（1924—1927）》，广东人民出版社1982年版，第26页。

⑥ 广东革命历史博物馆编：《黄埔军校史料（1924—1927）》，广东人民出版社1982年版，第26页。

1924年5月5日，黄埔军校第一期学生开始训练。6月16日，军校举行开学典礼，孙中山莅临会场发表演讲，要求军校学生要有“高深学问”、要学习先烈，有不怕死的精神，为主义献身。演讲结束后，“群呼孙总理万岁！国民党万岁！声动如雷！”① 当晚国民党中央执行委员会及广州市党部在军校后操场公宴黄埔军校教职员工和学生。是夜，“三山环拱，一地平开。将士六百余人，酒数巡”，军校校长蒋介石发表演讲，言“汝等今日所饮之酒，不啻饮血，本党当此财府奇窘之际，一丝一粒，实不知费几许血汗得来，汝等切勿忘记。……言毕三呼‘中国国民党万岁’”，众人响应，“众手齐举，声震山谷”。②

（二）办学情况

1. 军校组织

黄埔军校以孙中山为总理，蒋介石为校长，廖仲恺为党代表，李济深为副校长。校本部为军校最高决策层，由总理、校长、党代表组成，隶属国民党中央执行委员会。校本部下设政治、教授、训练、管理、军需、军医六个部和军校教导团。教授部主任先为王柏龄，副主任为叶剑英；政治部主任为戴季陶，因戴与蒋介石多有意见冲突，乃辞职，后由邵元冲代替，邵因与蒋不合，又离职，后继之有周恩来、邵力子、熊雄等人。军事总教官为何应钦，教官有刘峙、顾祝同、陈诚、钱大钧、季芳等；政治主任教官为恽代英，教官有肖楚女、张秋人等。

军校教导团于1924年10月成立，第一团团长为何应钦，第二团团长为王伯龄。教导团各级指挥官和党代表由军校第一期毕业生担任。军校教导团后来发展为党军、国民革命军第一军。

军校还聘请了大批苏联顾问，如鲍罗廷、加伦、巴甫洛夫、斯切潘诺夫等，他们组成了顾问团，主要负责军事教材的翻译、改编和军事训练。

黄埔军校组织系统如下图所示③：

---

① 《上海民国日报》，1924年6月22日。

② 《上海民国日报》，1924年6月22日。

③ 广东革命历史博物馆编：《黄埔军校史料（1924—1927）》，广东人民出版社1982年版，第94页。

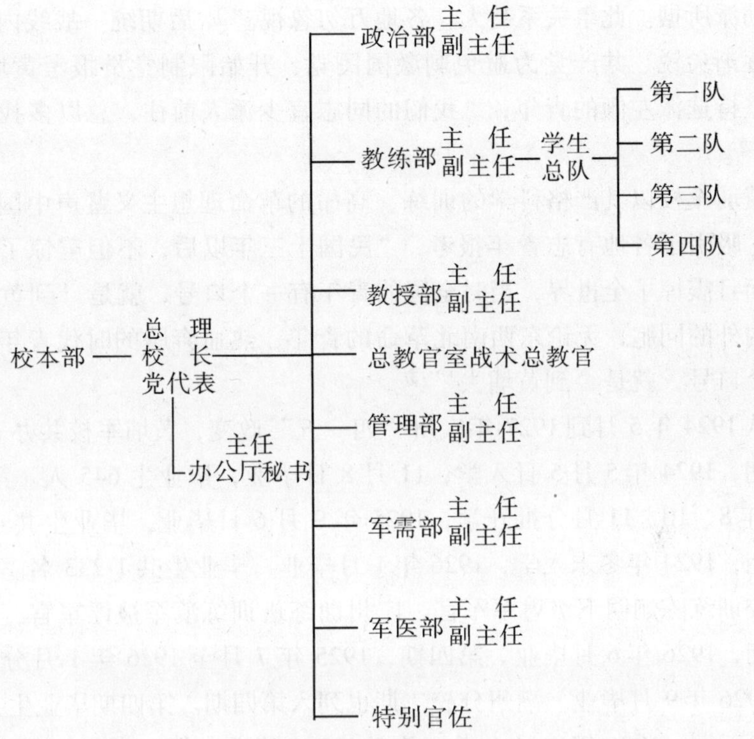

黄埔军校组织系统图

（资料来源：《中共陆军军官学校史稿》1936 年版）

2. 招生与毕业

黄埔军校是国共合作的产物，招收学员以国共合作的各地国民党党部选派革命青年为主体，对文化有一定的要求："中学或中学相当之学校毕业文凭。"① 同时，"须取得省党部介绍信；其有无党派之革命青年愿往者，均可临时会之加入 K. M. T（指国民党）前去（无省党部的地方，能有民校要人的介绍信亦可取入）"②。无论是中共还是国民党，都认识到黄埔军校是培养自己武装的地方，因而都很重视选调青年报考黄埔军校："望各地速速多选工作不甚重要之同学（指党员）、少校同学（指共青团员）及民校（指国民党）左派同学，自备川资和旅费，前往广州投考，以免该校

① 《赤心评论》1925 年第 12 期。

② 广东革命历史博物馆编：《黄埔军校史料（1924—1927）》，广东人民出版社 1982 年版，第 80 页。

为反动派所据。此事关系甚大，各地万勿忽视。"① 后期统一战线内部国共矛盾逐渐尖锐，共产党为避免刺激国民党，开始限制党员报考黄埔军校，但仍坚持选派左倾的青年，"我们的同志宜少派人前往，总以多找左派为原则"②。

黄埔军校以其严格科学的训练、高昂的革命理想主义蜚声中国，乃至世界，吸引了各地有志青年报考，"民国十三年以后，不但震惊了全国青年，而且震惊了全世界，当时全国的青年有一个口号，就是'到黄埔去'！凡海内外的同胞，无论东西南北革命的青年，热血奔腾的时代青年，都喊出一个口号，就是'到黄埔去'"③。

从1924年5月到1927年广州"四一五"政变，黄埔军校共办了六期。第一期，1924年5月5日入学，11月8日毕业，毕业生645人。第二期，1924年8、10、11月分批开学，1925年9月6日毕业，毕业生共449名。第三期，1924年冬末入学，1926年1月毕业，毕业生共1 233名。其中潮州分校训练陈炯明下级粤军军官，广州训练班训练滇军被俘军官，都列入第三期，1926年6月毕业。第四期，1925年7月至1926年1月分七批入伍，1926年9月毕业。潮州分校二期也列入第四期。第四期毕业生共2 654人。第五期，1926年4月入学，共2 480人毕业。第五期学生随军北伐，炮兵、工兵、政治三科毕业于武汉，其他则毕业于南京。第六期，1926年7月至10月入学，在黄埔本校和南京校区两地招收，黄埔本校录取4 400余名学生。从第六期开始，学制改为三年。由于国民党实行清党，国共合作破裂，校内人心惶惶，大量学生退学，黄埔本校仅剩下800余人。至1929年2月24日毕业，黄埔本校共718名毕业生，南京校区毕业生则为3 500余人。④

3. 筹款

在广州革命军扫荡陈炯明部和滇桂军阀之前，广州的财政税收被滇桂

---

① 广东革命历史博物馆编：《黄埔军校史料（1924—1927）》，广东人民出版社1982年版，第70页。

② 广东革命历史博物馆编：《黄埔军校史料（1924—1927）》，广东人民出版社1982年版，第80页。

③ 广东革命历史博物馆编：《黄埔军校史料（1924—1927）》，广东人民出版社1982年版，第66~67页。

④ 以上数据来源于卜穗文、孟育东：《大革命时期的黄埔军校史略》，广东人民出版社2012年版，第103~105页。

军阀掌握，因而黄埔军校经费筹集十分困难。黄埔军校党代表廖仲恺谈及自己筹款的艰难，“几乎落下泪来”。有时候军校第二天伙食已经开不了了，他“今天就四出奔跑设法，一直到下午八九点钟，还没有得着一个钱的时候，他只好跑到这一批军阀的公馆里面去。这一些军阀总是正靠在烟榻上抽大烟”，廖仲恺“本来是一个革命党员，对于这一班军阀的情形怎么能看得惯。但是他为了要养活五百个革命青年，不得不为我们牺牲身份，而并且也靠在大烟床上陪着军阀谈笑，等到军阀高兴了，他才提出某一个地方有一笔款子可以让他去收一收，只说有一个紧急的用途，始终不敢提起到是为黄埔学生的伙食，然后这班军阀才答应了……这五百个热血的革命青年，才不至于断炊”。[①] 故此，廖仲恺先生被称为“黄埔的慈母”，“一般学生没有哪一个不把他当为慈母看待的”[②]。

在广州革命政府荡平陈炯明、滇桂军阀等势力后，财税趋于稳定，黄埔军校方有稳定的经费来源。

4. 军事课程和训练

黄埔军校军事教育主要由苏联顾问负责指导，蔡诺比拉夫为军校军事总顾问，组织军校顾问团。按照当时通常的军事教育进度，培养一个初级军官要三年，但黄埔军校为适应革命形势的发展，需要在半年内把课程全部教完。苏方顾问团与何应钦、邓演达、王柏龄、严重等研究，在原苏联教材基础上，“重新编写典、范、令和战术、兵器、筑城、地形、交通通信五大教程”[③]，黄埔的军事课，“主要是讲典范论和四大教程，如‘步兵操典’、‘射击教范’、‘野外勤务’以及‘战术学’、‘兵器学’、‘筑城学’、‘地形学’，另外还设有‘军制学’、‘交通学’、‘实地测图’。总之，从单兵动作到排连营，行军、宿营、战斗中的联络和协同，都依次循序实施，每天的活动都很紧张”[④]。至于术科，则由顾问团先教会队长、区队

---

① 广东革命历史博物馆编：《黄埔军校史料（1924—1927）》，广东人民出版社 1982 年版，第 67～68 页。

② 广东革命历史博物馆编：《黄埔军校史料（1924—1927）》，广东人民出版社 1982 年版，第 68 页。

③ 广东革命历史博物馆编：《黄埔军校史料（1924—1927）》，广东人民出版社 1982 年版，第 68 页。

④ 宋希濂：《参加黄埔军校前后》，中国人民政治协商会议全国委员会文史资料研究委员会编：《第一次国共合作时期的黄埔军校》，文史资料出版社 1984 年版，第 218 页。

长，队长、区队长则教会各分队长，分队长再教给学员。也曾经请过两三个日本军士，专门教劈刺、投掷手榴弹等动作，教练三个月；战术、兵器、筑城、地形等教程，基本上采用日本士官学校和保定军官学校的那一套。①

早期军校学生生活是艰苦的，学生服装就“只是一套灰布的衣服，没有袜子，赤着足穿草鞋”，除少数学生住在原陆军小学的瓦房，大部分学生住在“临时搭成的棚子，睡的是用竹子担起的床”。② 即使到第四期时，经费仍不充足，隆冬时学生“都无棉衣，全连仅得六件棉大衣，每班尚摊不到一件”③。在艰苦的环境下，军校的训练非常严格，“每日三操两讲。晚上自习，八时半点名，九时熄灯就寝”④。所谓“三操两讲”，就是“每天早起环岛跑步和早操，上午、下午又出操两小时，及学科各一小时”⑤，“涨潮时操场里的水都漫过了脚，照样出操”⑥。学生的生活十分紧凑，“早上从起床到集合只有 3 分钟，吃饭只有 10 分钟。……这使学生迅速向军人角色转变”⑦。

由于身处战争环境，急需用人，黄埔军校在教学上主张教练结合、学以致用。军校非常重视演习课，演习分为野外演习、战术实行和野营演习三大类。“军事演习常连续日夜进行，情形一如实战，称之为‘知行合一’。”⑧ 军校还“大胆革新教学方法，尤为重视启发式、形象化和示范教学”⑨。学生一边在校学习军事理论和操练，一边还参加当时的重要军事行动，如东征、消灭滇桂军阀、北伐、支援工农等，学生的军事理论知识和

① 中国人民政治协商会议全国委员会文史资料研究委员会编：《第一次国共合作时期的黄埔军校》，文史资料出版社 1984 年版，第 249 页。

② 广东革命历史博物馆编：《黄埔军校史料（1924—1927）》，广东人民出版社 1982 年版，第 68 页。

③ 何崇校：《难忘的岁月》，中国人民政治协商会议全国委员会文史资料研究委员会编：《第一次国共合作时期的黄埔军校》，文史资料出版社 1984 年版，第 346 页。

④ 宋瑞珂：《往事历历》，中国人民政治协商会议全国委员会文史资料研究委员会编：《第一次国共合作时期的黄埔军校》，文史资料出版社 1984 年版，第 304 页。

⑤ 卜穗文、孟育东：《大革命时期的黄埔军校史略》，广东人民出版社 2012 年版，第 64 ~ 65 页。

⑥ 中国人民政治协商会议全国委员会文史资料研究委员会编：《第一次国共合作时期的黄埔军校》，文史资料出版社 1984 年版，第 218 页。

⑦ 卜穗文、孟育东：《大革命时期的黄埔军校史略》，广东人民出版社 2012 年版，第 65 页。

⑧ 卜穗文、孟育东：《大革命时期的黄埔军校史略》，广东人民出版社 2012 年版，第 66 页。

⑨ 卜穗文、孟育东：《大革命时期的黄埔军校史略》，广东人民出版社 2012 年版，第 67 页。

训练水平得以迅速付诸实践检验。在复杂的军事斗争实践中，年轻的黄埔军校学生迅速成长起来，毕业时已经成为能征善战的军事骨干。“黄埔系”成为国民党军队系列中最精锐的部队。

5. 政治教育、党代表制度

黄埔军校仿效苏俄军事体制，在校内设立党代表和政治部。党代表职责为“校代表依据党代表之职责监察本校行政，指导党务之进行，并主持政治训练事宜”①。政治部是“负担政治教育及在学生与人民群众中发展国民革命的意识之唯一机关”②。军校的一切命令，都必须由党代表副署交校长执行，未经党代表副署的命令无效。政治部是党代表的助手，主要负责全校的政治思想教育工作。

军校创办之初，在戴季陶、邵元冲主持政治部工作时，政治部工作流于形式。1924 年 11 月，周恩来任黄埔军校政治部主任后，着手制定工作秩序和政工制度，军校政治工作开始走上正轨。周恩来主持重订了《军校政治教育大纲草案》，增设了“社会发展史”、“帝国主义侵略中国史”、“各国革命史”，扩大了学生视野。③ 周恩来还主持制定了《国民革命军党代表条例》，该条例明确规定“党代表为所属军队之长官，其所发命令，与指挥官同，所属人员一律执行之”，“一切命令及发出公文，凡未经党代表之共同署名者，概不发生效力”。④ 周恩来所主持制定的军队党代表制度，乃参照于苏俄军队模式，后来中共独立领导革命后，人民军队也学习此模式，将支部建立在连上。以党治军，以政治统帅军事，黄埔军校可谓开创了中国军事史的新时代。

黄埔军校号称军事、政治并重。政治课程主要由共产党员教官讲授，周恩来、恽代英、肖楚女、高宇罕、于树德等，都是军校优秀的政治课教

① 广东革命历史博物馆编：《黄埔军校史料（1924—1927）》，广东人民出版社 1982 年版，第 122 页。

② 杨其纲：《本校之概况》，《黄埔日刊》，1927 年 3 月 1 日。

③ 中共广东省委党史研究室编：《周恩来与广东》，广东人民出版社 1998 年版，第 7 页。

④ 《国民革命军党代表条例》，《军事政治月刊》1926 年第 1 期。

师。[1] 毛泽东也在黄埔军校讲过中国农民问题。[2] 政治课程有“社会主义原理”、“三民主义浅说”、“国民革命概论”、“中国农民运动”、“中国职工运动”、“军队政治工作”、“帝国主义侵略中国史”、“社会学概论”、“政治学概论”、“经济学概论” 等26门课程。[3] 黄埔军校是在国共合作旗帜下创办的，对三民主义和马克思主义采取宽容的政策，因而两种思想都可以在军校内部自由流通，这对军校学生的思想产生极大的影响。谈论主义，选择主义，成为军校学生的日常课之一。

在黄埔军校，政治演讲、政治讨论会经常举行，学生不分党派都可以登台发表演讲、自由讨论。当时的社会名人谭延闿、张静江、毛泽东、刘少奇、何香凝、鲁迅、邓中夏、苏兆征、吴玉章等都应邀来校演讲。[4] 军校还实行政治问答制度，设质问箱解答学生政治疑问，“凡学生关于主义及一切政治经济问题有疑问时，可投函于质问箱。每星期一日开箱，检查各质问函件，由主任、教授分别以书面或口头答复质问者”[5]，政治教官在课堂或校刊上公开解答。1927 年 1 月，军校政治部将这些提问与解答编成《政治问答集》出版，长达十余万言，充分表明军校里政治讨论十分活跃。军校还组织宣传队，受政治部宣传科领导，分总队、支队、分队、宣传组，开展各种形式的政治宣传活动。1925 年 1 月，军校学生成立了“血花剧社”，该剧社主要由共产党员、共青团员组成，编排了许多反帝反封建的节目，颇受军校师生欢迎。此外，军校政治部还出版《士兵之友》、《壁报》、《黄埔潮》等杂志，宣传革命理论。

为了激发学生的政治意识，军校“每个走廊上都满挂醒目标语，如亲爱精诚，和衷共济；精诚团结，卧薪尝胆；十年生聚十年教训；枕戈待旦，闻鸡起舞；勇往直前，破釜沉舟；同舟共济，团结奋斗；百折不挠，再接再厉；杀身成仁，舍生取义；艰苦卓绝，完成革命；以血洒花，以校作家……我们无论上讲堂，出操场，上饭厅，到厕所，抬头就看到，印象

---

① 中国人民政治协商会议全国委员会文史资料研究委员会编：《第一次国共合作时期的黄埔军校》，文史资料出版社 1984 年版，第 30 页。

② 何崇校：《难忘的岁月》，中国人民政治协商会议全国委员会文史资料研究委员会编：《第一次国共合作时期的黄埔军校》，文史资料出版社 1984 年版，第 357 页。

③ 肖效钦主编：《中国国民党史》，安徽人民出版社 1989 年版，第 139 页。

④ 卜穗文、孟育东：《大革命时期的黄埔军校史略》，广东人民出版社 2012 年版，第 60 页。

⑤ 《上海民国日报》，1924 年 6 月 3 日。

很深，对陶冶军人精神，大有益处”①。

6. *左与右的斗争*

黄埔军校是国共合作的产物，建校之初，国共均有党员入学。学员一入校，就填写表格，集体加入国民党。国民党在黄埔军校设有特别党部，直属国民党中央执行委员会领导。同时，也有相当部分学员是中共党员或共青团员，“当时（指第一期学员就读时期）黄埔军校有六百学生，大部分是我党从各省秘密活动来的左倾青年，其中党团员五六十人，占学生的四分之一”②。校内还允许跨党，故当时有些学员兼两个党派身份。周恩来担任黄埔军校政治部主任后，着手建立了中共黄埔军校支部，以蒋先云为书记。国共两党遂在黄埔军校内均有了组织。

1924 年 12 月，黄埔军校内的中共党员在杨其纲组织下，建立了火星社作为党的外围组织。该社成员后来大部分加入了共产党。1925 年 2 月，蒋先云、李之龙等根据周恩来指示，成立了中国青年军人联合会，成员包括在粤各军的进步军人。军校的中共党员经常利用假日到广州的省港罢工委员会、国光书店、农民运动讲习所三个地方过组织生活。为了与中国青年军人联合会争夺影响力，“以组织对付组织”③，1925 年 4 月，贺衷寒、曾扩情、潘佑强等黄埔军校右派学生成立了孙文主义学会。此后，黄埔军校内部有了两种思想、两种主义的斗争，且愈演愈烈。杨其纲等中共党员一面继续发展党员，扩大组织，另一方面也采取了秘密方式开展工作，发展了一些秘密的中共党员和共青团员。

蒋介石为了控制军校内共产党势力的发展，乃于 1925 年 12 月 8 日在潮州行营召集东征的黄埔学生军各政治部职员、各级党代表会议，议决：“（一）校内准共产党员活动，凡有一切动作均得公开；（二）……本校亦不禁止国民党（员）加入共产党，惟加入共产党者须向特别党部声明，请

---

① 宋瑞珂：《往事历历》，中国人民政治协商会议全国委员会文史资料研究委员会编：《第一次国共合作时期的黄埔军校》，文史资料出版社 1984 年版，第 304 页。

② 广东革命历史博物馆编：《黄埔军校史料（1924—1927）》，广东人民出版社 1982 年版，第 61 页。

③ 广东革命历史博物馆编：《黄埔军校史料（1924—1927）》，广东人民出版社 1982 年版，第 340 页。

得照准。”[①] 1926 年 3 月 20 日中山舰事件后，蒋介石逼迫共产党员退出了第一军，国民党右派气焰日盛。中共广东区委决定在军校再成立一个党的核心组织——“黄埔军校党团”，党团书记为熊雄。黄埔特支在党团领导下工作，特支下再分党小组活动。1926 年 5 月，蒋介石再次公开提出让黄埔军校内的中共党员公开身份。5 月 24 日，蒋介石决定解散中国青年军人联合会和孙文主义学会，另成立黄埔同学会。黄埔同学会实权操纵在国民党右派手中。6 月 28 日，蒋介石在黄埔军校总理纪念周会上讲话，提出跨党党员必须作出选择，只能选择一个党派，“总要做一个纯粹的党员”[②]，并限期三天完成。中共广东区委书记陈延年指示，军校内没有暴露的中共党员应继续保持静态。一部分中共党员则退出了共产党，杨其纲、蒋先云、陈赓等共产党员则退出了国民党。

1927 年 4 月 12 日，蒋介石在上海发动政变，开始残酷的“清党”。4 月 15 日，广州的国民党军阀也开始“清党”。黄埔一期毕业生、中共广东区委军委秘书麻植被捕前，在榨粉街军委机关烧毁了黄埔军校中共党员名单。这样，相当一部分军校内的秘密中共党员得以保存，并在日后的斗争中起着重要作用。4 月 18 日，黄埔军校当局逮捕了 400 多名进步师生，军校内优秀的中共党员熊雄、孙炳文、杨其纲等牺牲。此后，黄埔军校的政治空气彻底右转。1927 年 8 月 15 日，黄埔军校第五期毕业生在南京举行毕业典礼，学生宣读誓词，内有“发扬黄埔精神，铲除共产党”[③]，表明黄埔军校已沦为国民党右派的军校了。

（三）战功

以黄埔军校学生为骨干，先是组成了 2 个教导团，后发展为教导旅。该军又称校军、党军，1925 年 6 月扩充成师；7 月，又扩编为国民革命军第一军。在统一广东和北伐诸战役中，黄埔军校师生在各个战场都立下了赫赫战功。

---

① 广东革命历史博物馆编：《黄埔军校史料（1924—1927）》，广东人民出版社 1982 年版，第 345 页。

② 广东革命历史博物馆编：《黄埔军校史料（1924—1927）》，广东人民出版社 1982 年版，第 379 页。

③ 广东革命历史博物馆编：《黄埔军校史料（1924—1927）》，广东人民出版社 1982 年版，第 452 页。

1. 统一广东诸战役

（1）粉碎商团叛乱。1924年10月，广州商团叛乱。① 10月14日，孙中山任命蒋介石为指挥，统帅黄埔军校、飞机队、铁甲车队、工团军、农民自卫军、警卫军，共平商团军。黄埔军校临时成立了机枪队，配备两个炮兵连，参加战斗。15日，黄埔军校学生军与各参战部队攻克西关，商团军迅速溃败。是役为黄埔学生军初次参加实战，表现出纪律严格、作战勇敢等素质，苏联军事顾问加伦评价："黄埔军校虽然参加人数不多，却成了政府军的核心，革命党人纷纷集合在它的周围。"②

（2）两次东征。1925年1月、9月，为彻底荡平盘踞在东江一带的陈炯明势力，广东革命政府发动了两次东征。第一次东征，黄埔学生军3 000人为右路军，在校长蒋介石等人率领下，以少胜多，所向披靡，由偏师转为东征主力。时人评论道："初出茅庐之黄埔学生军教导团，尤出类拔萃，每战必克，每攻必取。俄加伦将军在前敌目睹学生军之奋不顾身、冲锋陷阵、视死如归之革命精神，谓比欧战时之德国少年军尤超出几倍。……盖此次右翼之长驱直入，遇危不乱者，实学生军之功居多，而粤军因有学生军之良好印象，亦足以励其奋勇之心，此右翼大胜之原因也。"③ 第二次东征，黄埔学生军已经改编为国民革命军第一军，是东征军主力。第二次东征的关键战役是惠州战役。惠州为陈炯明老巢，"素称天险，从来所经战事，未尝一度失陷"，但黄埔学生军组成敢死队，经2天激战，攻克了惠州，蒋介石称，"总理生平唯一之缺陷，至此可以少慰"④。两次东征胜利，彻底扫除了陈炯明军队赖以起家的资本。

（3）平定滇桂军叛乱。在第一次东征正在进行的时候，滇桂军坐视黄埔学生军、粤军与陈炯明军激战，而阴谋趁广州空虚发动叛乱。1925年5月21日，滇桂军公开叛乱，广州危急。黄埔军校派出官兵护送革命政府人员到长洲岛，政府金库也移至校内。广州革命政府调集各路军队平叛，黄埔学生军位列东路军。6月12日，东路军攻下滇桂军重点设防的龙眼洞、白云山、瘦狗岭等战略要地，从沙河等地追击进入市区。当日，滇桂叛军

① 详见本章第四节《平叛和广东国民政府成立》。

② 卜穗文、孟育东：《大革命时期的黄埔军校史略》，广东人民出版社2012年版，第131页。

③ 张秋人：《广州的青年革命军》，《中国青年》1925年第74期。

④ 《申报》，1925年10月27日。

大部被歼，叛军首领杨希闵、刘震寰远遁，平叛取得胜利。据统计，从5月21日至6月12日，在平定滇桂军叛乱中，黄埔军校学生军牺牲91人，负伤103人。①

2. 北伐

为打倒北洋军阀、统一全国，1926年7月，国民革命军在广州誓师北伐。北伐军共8个军，黄埔师生分布在各军中，为北伐胜利作出了自己的贡献。校长蒋介石担任北伐军总司令，副校长李济深担任北伐军总参谋长，教育长邓演达担任北伐军总政治部主任。第一军为蒋介石嫡系军队，骨干基本为黄埔师生。第一军为北伐东路军，由何应钦率领，从广东进入福建；又与各部配合，扫平了江西及江浙一带孙传芳军队。其余各军各级指挥员与政工人员，亦多有黄埔学生或毕业生。第四军叶挺独立团是中国共产党掌握的一支部队，其骨干亦多为黄埔毕业生。黄埔一期的周士第、曹渊、许继慎、董仲明、胡焕文及黄埔二期的卢德铭、练国梁、吴兆生、张堂坤、蔡晴川等人分别担任独立团的参谋长、营长、连长、监视队长。叶挺独立团为北伐先锋，为第四军赢得了“铁军”称号。北伐战争中黄埔师生共牺牲120多人②，其中比较著名的有蒋先云、曹渊、金佛庄等人。

二、农讲所

农讲所是在国共合作背景下，以国民党名义开办，为中国共产党培养了大批农民运动干部的学校。农讲所共办了六届，培养学员近800名，学员毕业后奔赴各地参加革命，为中国革命作出了自己的贡献。

（一）建立

1923年6月，中共三大通过了《农民问题决议案》，明确了农民运动的重要性。但在国共合作前，农民运动受到各地政府压制，处于秘密发展状态。“我们党在广东开全国第三次大会后，C. P. 、C. Y. 分化清楚，定出农运政策，农运便放在党的指挥之下。但当时并没有公开招牌做……”③1924年1月国民党一大召开，标志着第一次国共合作正式形成，在这次大会上，孙中山提出了“联俄、联共、扶助农工”三大政策，此后，农民运

① 卜穗文、孟育东：《大革命时期的黄埔军校史略》，广东人民出版社2012年版，第137页。
② 卜穗文、孟育东：《大革命时期的黄埔军校史略》，广东人民出版社2012年版，第144页。
③ 中共广东区委农委：《广东农民运动报告》（第二章第十八节），1926年。

动得到迅猛的发展。

当时，农民运动干部还很缺乏，中国共产党急需创办一所培养农民运动干部的学校，以推动农民运动。在国共合作的背景下，以国民党名义开办这样的学校，将有利于开展工作。“因为国民党改组后，国民党认定农民运动是革命工作之一，我们因此用国民党中央农民部名义工作，开办农民运动讲习所。”①

正式提出开办农讲所的是农民运动的先驱彭湃。彭湃领导了海陆丰地区的农民运动，在实践中认识到培养农民运动干部的重要性。1924 年 4 月，彭湃任国民党中央农民部秘书，实际上承担部里的主要工作。彭湃开办农讲所的建议得到国民党中央组织部部长谭平山（同时是中国共产党当时的主要领导人之一）以及国民党左派领袖廖仲恺等人支持。1924 年 6 月 30 日，国民党中央执行委员会第 39 次会议通过了彭湃提出的“农民运动第一步实施方案”，正式决定设立农民运动讲习所。7 月 3 日，广州农民运动讲习所正式诞生，这是第一所由共产党人主持、以培养农民运动干部为主要目的的学校。

（二）办学情况

1. 名称与校址变迁

1924 年 7 月 3 日至 1926 年 9 月 11 日，广州农讲所办了 6 届，共培养了 797 名农民运动干部。第一届至第五届称为“中国国民党中央执行委员会农民运动讲习所”②，第六届称为“中国国民党农民运动讲习所”③。当时的经费和所址均由国民党中央批给和选定。第一、二届在惠州会馆，以国民党中央党部的会场为课堂；第三届至第五届在东皋大道一号，以奸商陈恭绶逆产为课堂和宿舍；第六届在惠爱东路番禺学宫。

2. 历届领导人

农讲所历届领导人都是当时深受国共两党信任，在两党内部担任重要职务，对农民运动热心，并在这一领域具有一定威信的共产党人。彭湃担任了第一届和第五届农讲所的主任，他是党内最早提倡农民运动并在实践上取得重要成绩的领导人。他当时担任了中共广东区委委员和农委负责

① 中共广东区委农委：《广东农民运动报告》（第二章第十八节），1926 年。
② 《农民讲习所之简章》，《广州民国日报》，1924 年 7 月 24 日。
③ 参见第六届农讲所证章背面，《农民问题丛刊》封面。

人，又先后任国民党中央农民部秘书、组织干事和农委委员。第二届主任为罗绮园，他当时为中共广东区委委员和农委负责人，又先后任国民党中央农民部秘书和农委委员。第三届主任是阮啸仙，他是中共广东区委委员和农委负责人，后兼任国民党中央农民部秘书和农委委员。第四届主任是谭植棠，他是中共广东区委主席团成员，负责统战和农运工作，并任国民党中央农民部组织干事和农委委员。第六届主任是毛泽东，他当时任国民党候补中央执行委员、中央宣传部代理部长、中央农民部农委委员。正是由于上述农民运动的专家型领导人的主持，使历届广州农讲所均办得有声有色，培养了大批优秀的农民运动干部。

3. 师资

当时到农讲所任教的师资力量很强，有彭湃、阮啸仙、罗绮园、谭植棠、谭平山、毛泽东、周恩来、恽代英、李立三、肖楚女等众多我党早期的理论家、宣传家，共产国际政治顾问鲍罗廷、军事顾问加伦等人都在农讲所上过课，国民党方面孙中山、廖仲恺等人也曾到农讲所发表演讲，对农讲所的工作非常关心。1924 年 8 月 21 日，在第一届农讲所学员毕业典礼上，孙中山发表演讲，阐述了农民运动对于国民革命的重要性："农民是我们中国人民之中的最大多数，如果农民不参加革命，就是我们革命没有基础……"① 当时的广州汇聚了国共两党精英，农讲所学员能够聆听到各种思想学说，经过严格的政治理论学习、军事训练以及社会实践，最终成长为我党开展农民运动的基层骨干力量。

4. 招生

在招收学员方面，各届农讲所有自己的侧重点。"第一、二届以中国国民党员（包括以个人名义加入国民党的共产党员和共青团员），志愿从事农民运动，身体强健能忍苦耐劳者为合格；第三、四届则专招农民协会会员或佃农子弟。"第五届要求"年龄在十八岁以上、二十八岁以下，身体强壮，勤敏忠实，无恶劣嗜好，在中学毕业及有相当之程度者，始能合格"②。第六届要求"学生须经过严格考试，具备下列四项资格：1. 决心于农民运动，并无他项异想；2. 中学程度，文理通顺；3. 年龄十八以上、

① 《孙中山先生对农民运动讲习所学生训词》，《农民问题丛刊》第一种，1924 年 8 月 21 日。
② 《本部一年来工作报告概要》（第三章），《中国农民》1926 年第 2 期。

二十八以下，身体强健无疾病；4. 富勇敢奋斗精神”[①]。前五届主要是招收广东生源，第六届则面向全国招生，规模也最大。

5. 课程

农讲所的课程大致可分为七大类：①政治经济理论类，如“帝国主义及其侵略简史”、“中国民族革命史”、“政治经济之浅释”、“社会问题与社会主义”、“中国政治状况”、“苏俄状况”、“经济学常识”、“中国史概要”等。②农民运动的理论及其实施方略，包括“农民运动之理论”、“世界农民运动史略及其现势”、“农民协会与自卫军之组织法”、“农村教育”、“广东第二次农民代表大会决议案”、“农村合作概论”、“农业常识”等。③本党理论，包括“三民主义与五权宪法”、“国民党党纲及宣言”。④宣传训练，如“统计学”、“阅书报与造论”、“集会与演说”、“辩论会”、“革命歌”、“革命画”。⑤军事训练。⑥课外阅读，如“共产党宣言”、“资本论入门”、“共产主义 ABC”等。⑦农民运动实习。[②]

6. 教学方法

在课程之外，农讲所经常开展各种讨论、辩论，演讲练习，读报会，教唱革命歌曲等，使学员能力得到全面提升。农讲所在教学上还重视社会实践，重视组织学员参加社会考察，使理论与实践相结合，全面培养学员的能力。

（三）农讲所对国民革命的积极作用

广州是当时中国革命的中心，农讲所办学期间，学员多为革命信仰坚定的热血青年，他们经过短暂而有效的训练，在实践中发挥出强大的战斗力，促进了当时国民革命的发展。

1. 积极参加革命集会、游行、示威

1924 年 7 月，第一届农讲所全体学员发出《敬告农民书（第二）——打倒帝国资本主义》，指出应“联合起来，组织农民协会，组织农民自卫军，同工人们团结一致向前猛攻！打倒帝国资本主义！！”[③] 1924 年秋，第二届农讲所学员参加广州各界“反基督教同盟”的活动，“最热烈参加的，

---

① 《国民党中央农民部第二号通知》，《中国农民》1926 年第 4 期。

② 陈登贵、林锦文：《广州农民运动讲习所》，张腾霄主编：《中国共产党干部教育研究资料丛书》（第三辑），中国人民大学出版社 1989 年版，第 8 ~9 页。

③ 《新琼崖评论》1924 年第 14 期。

就是黄埔军校学生，及农民运动讲习所学生，及沙面青年工人”[1]。当时农讲所的学员白天到处演讲、发传单，宣传、发动群众，晚上则听廖仲恺等人的演讲，往返奔波于广州各地，革命热情高涨。1925 年 8 月，第四届农讲所设省港罢工工人宣传班，招工人学员 50 多名，经训练后，“分往各地调查反帝国主义运动情况”[2]。1926 年 6 月 23 日，第六届农讲所师生参加广州各界纪念沙基惨案一周年活动并举行反帝示威游行。

2. 支持孙中山平定商团叛乱

1924 年秋，广州商团在帝国主义支持下策动罢市，准备推翻革命政府。第二届农讲所“将两百名（女生除外）学生改组为农民自卫军”，进行军事训练，准备参加保卫革命政府的军事行动。10 月 10 日，农讲所学员还参加了广州各界反对商团的集会和游行，商团进行惨无人道的屠杀，农讲所学员梁岐玉“身中四枪并受刺刀伤二，倒卧地上，商团见其不死，复以足踢其颅，皮破血出，晕不省人事”[3]。在各界人民的一致声讨下，孙中山成功平定了商团叛乱，巩固了革命政府。

3. 支持东征

1925 年 2 月，广东革命政府出师东征，讨伐盘踞粤东的军阀陈炯明。出发前，第三届农讲所派出海丰籍学员林道文、陈文等潜回海丰，发动群众，策应东征军。在林、陈两位学员和当地共产党员帮助下，地方群众组织了欢迎队、运输队、担架队等支援东征军。东征军出发时，第三届农讲所派出“东江籍学生十人，组织宣传队随军出发，担任宣传工作。此宣传队又随军到五华、紫金、龙川等县去组织农民协会”[4]。这些学员懂得当地语言，对于发动地方群众支援东征军有非常大的促进作用。

4. 支援南征

南征的对象是盘踞于南路、海南岛的邓本殷军阀。“农讲所学生钟竹筠、何毅、欧赤、卢宝炫等随军做政治宣传工作，沿途发动群众，为革命军侦察敌情，当向导，运输粮食弹药。”[5] 在南征军进军海南岛时，第二届

---

① 《中国社会主义青年团广东区委委员会给团中央的报告》，1924 年。

② 《广州民国日报》，1925 年 9 月 1 日。

③ 《本部一年来工作报告概要》（第三章），《中国农民》1926 年第 2 期。

④ 阮啸仙：《惠阳农民协会成立之经过》，《中国农民》1926 年第 3 期。

⑤ 张腾霄主编：《中国共产党干部教育研究资料丛书》（第三辑），中国人民大学出版社 1989 年版，第 18 页。

农讲所学员雷永铨动员当地群众策应南征军进入海南岛。在东征和南征取得胜利后，农讲所一部分毕业学员还参加到巩固地方政权的斗争中。

5. 支援北伐

1926年10月，广东革命政府发动北伐，讨伐北洋军阀。在北伐前后，农讲所数十名湘、鄂省籍毕业生在当地发动农民运动，响应北伐军。北伐军所到之处，总能得到地方群众的支持，与这些学员的辛苦工作分不开。另外，农讲所第一届毕业女学员高恬波，担任妇女北伐救护队队长，随军转战湖南、湖北、江西等地，冒着枪林弹雨抢救伤员。

农讲所学员毕业后大部分回到原籍，发动地方农民，组织农民协会，建立地方农讲所，组成农民自卫军。第一至五届农讲所学员主要面对广东招生，他们“三分之一由中央农民部分派为广东各地特派员，从事工作；三分之二则分遣回籍，从事地方农民运动。所有广东各地农民协会，多于此时组织起来”[①]，“凡是农民运动发展较快的地区，均与农讲所学生的宣传发动密不可分，如广州市郊、顺德、广宁、花县、南海、番禺、紫金等地，在农讲所学生李民智、郑千里、吴勤本、黄泽南、吴兆元、李华昭、梁岐玉、卢耀门、钟一强、陈伯忠、梁桂华等人的努力下得以迅速发展”[②]。第三届农讲所学员韦拔群、陈伯民等在广西创办了三期农讲所，共培训了500多名农民运动干部，他们遍布右江各地，迅速掀起该地区农民运动高潮，“江西、湖南、湖北、陕西等省也先后办起地方性的农讲所，使农讲所学生遍布于全国各地”[③]。第六届农讲所学员“参照广东农民运动取得发展的经验，积极指导本省区的工作，导致全国的农民运动，特别是湖南、湖北、江西、广西等的农民运动，很快进入了高潮”[④]。这就扩大了共产党和国民党基层组织，促进了各地农民运动的发展，对轰轰烈烈的大革命的深入发展起着积极作用。

① 《全国农民运动概观》，《中国农民问题》，1927年1月。

② 杨绍练、余炎光：《广东农民运动（1922—1927年）》，广东人民出版社1988年版，第84～85页。

③ 杨绍练、余炎光：《广东农民运动（1922—1927年）》，广东人民出版社1988年版，第86～87页。

④ 杨绍练、余炎光：《广东农民运动（1922—1927年）》，广东人民出版社1988年版，第228页。

三、劳动学院

劳动学院是在大革命时期，由中国共产党、中华全国总工会在广州创办，以培养工人运动干部为目的的院校。学院以马列主义理论和工人运动理论为指导，培养了大批工人运动干部，为中国工人运动发展作出了重要贡献。

（一）创办

20 世纪 20 年代，广州的工人运动十分活跃，广州有 200 多个工会①，香港也有 100 多个工会②。但是，广州、香港的工会都比较复杂，分别接受共产党、国民党右派以及三合会、洪门等帮派领导。1925 年五卅运动爆发后，广州、香港的工人为了响应五卅运动，于 6 月 19 日发动了著名的省港大罢工。香港工人纷纷回广州，并在广州居住下来，与港英当局进行长期对峙。罢工工人建立中华全国总工会省港罢工委员会，以苏兆征为委员长，廖仲恺、邓中夏、黄平、杨匏安等为顾问。

省港大罢工规模大，参与人数众多。参与罢工的工人素质良莠不齐，“有少数工会干部，包庇坏人，贩卖走私货物，从中牟利或贪污受贿中饱私囊；有少数闹本位主义，挑动工会之间闹纠纷，制造事端，煽动工人打群架，打死、打伤一些工人；有个别成为帝国主义走狗，破坏工人队伍；有些对反帝反军阀斗争的重要性认识不足”③。这些情况表明，工人运动要发展，需要对工人运动干部进行思想、纪律等方面的培训。

1926 年 1 月，刘少奇由湖南到广州，代理中华全国总工会委员长，提出了加强培训工人运动干部等问题。5 月，中华全国总工会在广州召开全国第三次劳动大会，选举苏兆征为第二届中华全国总工会执行委员会委员长，项英为副委员长，刘少奇为秘书长，李立三为组织部长，邓中夏为宣传部长。会后苏兆征、刘少奇、邓中夏等人多次商议后，决定以中华全国总工会教育宣传委员会名义创办“工人运动研究学校”。6 月 12 日，他们

---

① 何锦州：《劳动学院》，张腾霄主编：《中国共产党干部教育研究资料丛书》（第三辑），中国人民大学出版社 1989 年版，第 77 页。

② 何锦州：《劳动学院》，张腾霄主编：《中国共产党干部教育研究资料丛书》（第三辑），中国人民大学出版社 1989 年版，第 76 页。

③ 何锦州：《劳动学院》，张腾霄主编：《中国共产党干部教育研究资料丛书》（第三辑），中国人民大学出版社 1989 年版，第 77 页。

在《工人之路》刊载招生简章，确定6月12—17日为报名日期，19日（省港大罢工爆发一周年的日期）为考试日期。① 后来，中华全国总工会的苏兆征、刘少奇、邓中夏以及中共广东区委书记陈延年、中共广东区委委员何耀全、刘尔崧等人研究认为，革命形势的发展需要培养更高水平的工会领导，因而将“工人运动研究学校”更名为“劳动学院”，“这是中国共产党、全总举办的最早的培训工人运动干部的高等院校，负责培训广州、香港以至各地工会领导干部和工运人才”②。

（二）办学情况

1. 主要领导与组织机构

劳动学院共办了2届③，由中华全国总工会直接领导。劳动学院领导人只有院长和教务主任两人，第一、二届劳动学院院长均为中共广东区委委员、中华全国总工会常委及宣传部长邓中夏。第一届教务主任为中华全国总工会教育宣传委员会委员李耀先，第二届教务主任为中华全国总工会教育宣传委员会委员唐锄强。教务主任主持该学院日常工作，另外中华全国总工会教育宣传委员会根据情况分配工作人员协助开展工作。④ 劳动学院第一期院址设在广州越秀南路东园中华全国总工会省港罢工委员会训育厅，第二期院址设在广州西濠口南华楼四楼。⑤

2. 教员情况

第一届劳动学院教员有刘少奇、邓中夏、肖楚女、熊锐、谭植棠、黄平、冯菊坡、于树德、恽代英、阮啸仙等。⑥ 其中，肖楚女教授“中国政治状况”，熊锐教授“世界革命史”，谭植棠教授“帝国主义侵略史”，邓中夏教授“省港罢工”，黄平教授“世界职工运动”，刘少奇教授“工会

---

① 《工人之路》，1926年6月12日。

② 何锦州：《劳动学院》，张腾霄主编：《中国共产党干部教育研究资料丛书》（第三辑），中国人民大学出版社1989年版，第78页。

③ 第三届劳动学院1927年4月12日开学，因国民党开始实行“清党”，故开学仅3天就被封闭。

④ 何锦州：《劳动学院》，张腾霄主编：《中国共产党干部教育研究资料丛书》（第三辑），中国人民大学出版社1989年版，第82～83页。

⑤ 《工人之路》，1926年10月13日。

⑥ 何锦州：《劳动学院》，张腾霄主编：《中国共产党干部教育研究资料丛书》（第三辑），中国人民大学出版社1989年版，第78页。

组织法”，冯菊坡教授“广东工会问题”。[①] 第二届劳动学院举办期间，由于刘少奇、邓中夏相继离开广州，由中共广东区委委员、工人部长刘尔崧、何来等主持学院行政工作和教学安排。

3. 学员情况

学员要求是“工会职员，及活动分子”，且要求有一定的文化基础，“能阅读书报者”[②]。第一届学院录取了正取生 193 名、备取生 28 名；同时，学院开学后，广东、香港的工会干部继续要求入学，到 7 月中旬正取生、备取生、旁听生、特别生合计 480 余人。但是，由于工作的需要，很多学员在学习中途又回到原单位工作，到 10 月毕业考试时，能合格毕业的仅 119 人。[③] 第二届学院共招生 271 名，1927 年 4 月上旬结业，学员大部分回到原岗位工作，有些学员则调到其他部门或省区工作。[④]

4. 课程

劳动学院开设的课程主要围绕工人干部开展工作所需，既有工人运动理论、世界革命趋势，也有具体工作方法课程：“世界职工运动；中国职工运动；工会组织法；罢工战术；第三次全国劳动大会决议案；帝国主义侵略史；世界革命史；三民主义浅说；中国政治状况；社会主义；中国民族革命运动；农民问题；工会技术工作；广东工会问题；省港罢工”[⑤]。

5. 教学方法

学院主要是晚上授课，“每日晚上 7 时至 9 时”[⑥]。学院实行严格的考试制度，“合格者录取，结业后发毕业证书；不合格者不录取，结业时，坚决不发证书”[⑦]。除了正常的课堂讲授外，学院还重视组织各种专题演

---

① 《工人之路》，1926 年 6 月 27 日。

② 何锦州：《劳动学院》，张腾霄主编：《中国共产党干部教育研究资料丛书》（第三辑），中国人民大学出版社 1989 年版，第 93 页。

③ 何锦州：《劳动学院》，张腾霄主编：《中国共产党干部教育研究资料丛书》（第三辑），中国人民大学出版社 1989 年版，第 83 页。

④ 何锦州：《劳动学院》，张腾霄主编：《中国共产党干部教育研究资料丛书》（第三辑），中国人民大学出版社 1989 年版，第 85 页。

⑤ 《工人之路》，1926 年 6 月 12 日。

⑥ 何锦州：《劳动学院》，张腾霄主编：《中国共产党干部教育研究资料丛书》（第三辑），中国人民大学出版社 1989 年版，第 93 页。

⑦ 何锦州：《劳动学院》，张腾霄主编：《中国共产党干部教育研究资料丛书》（第三辑），中国人民大学出版社 1989 年版，第 82 页。

讲，诸多社会名流、专家、学者被邀请到学院作演说。国民党方面张静江、谭延闿、陈树人、陈其瑗，中共高级领导人瞿秋白，苏俄顾问鲍罗廷，共产国际及赤色职工国际代表团等均受邀到学院作演讲，丰富了学员各方面的知识。[①] 学院还发动学员在听课后广泛提出问题，交给有关老师有针对性地解答，“教授时又不辞劳瘁，讲述设问，极其周详。学员听讲，兴味非常浓厚”[②]。学院还重视课堂讨论和小组谈论，老师随后再做总结。学院还建立学生会、出壁报、组织宣传队，让学员到群众中去，通过各种形式提高学员的思想觉悟。

（三）劳动学院与国民革命

1. 培养大批教员和工人干部

在两届劳动学院举办过程中，中共一些优秀领导人参与进来，锻炼了一支理论与实际相结合的教师队伍。刘少奇、邓中夏、李耀先、恽代英、阮啸仙、肖楚女、熊锐、谭植棠、安体诚、唐锄强、黄平、冯菊坡、张瑞成等都是优秀的教师。在学院系统的课程体系培训下，学员学到了开展革命所需的一些理论和实操知识，成长为当时革命所需的干部。

2. 推动工人运动及其他群众运动发展

大革命时期，广州为革命中心。劳动学院两届师生参加了各主要工人运动和群众运动。1926 年 7 月 13 日，广州工贼头子陈森指使暴徒打死 2 名工人，劳动学院师生支持广州工代会代表两千余人向国民党中央执行委员会、国民政府、国民革命军总司令部请愿，要求严惩凶手。7 月 18 日，劳动学院师生与广州工农商学各界群众在东校场举行欢送北伐军大会。1926 年 10 月，中共广东区委、中华全国总工会省港罢工委员会决定结束封锁香港。劳动学院中一些香港学员重返香港，重新成立工会，开展各种斗争。在北伐战争影响下，华中、华北、华东的工人运动也迫切需要优秀干部。劳动学院负责人李耀先、唐锄强执行上级指示，挑选了一些素质好、不怕吃苦的学员到外省开展工人运动，促进了大革命的发展。

3. 支持北伐

北伐战争开始后，劳动学院负责人刘少奇、邓中夏、李耀先等同志号

---

① 何锦州：《劳动学院》，张腾霄主编：《中国共产党干部教育研究资料丛书》（第三辑），中国人民大学出版社 1989 年版，第 81 页。

② 《工人之路》，1926 年 7 月 11 日。

召学员支持北伐。一部分学员参加了北伐的“宣传队、卫生队、运输队，随北伐军出师，肩挑重担，挺进到湖南、湖北、江西等省”[①]。

4. 推动反帝斗争的发展

在省港大罢工、沙基惨案等反帝国主义运动中，劳动学院师生通过各种形式参与其中，反抗帝国主义。1926 年 9 月 23 日，广东各界扩大对英经济绝交委员会举行第一次会议，决议抵制英货。劳动学院学员迅即回到各工会，并派出宣传队到各工厂、街道宣传大会决议，呼吁各界抵制英货。10 月 26 日，为抗议英帝国主义炮击我万县居民，广东农工商学各界群众 10 万人进行集会，第二届劳动学院师生均参加。会后，学院师生与各界群众一起举行游行，还深入各工厂，揭发英帝罪行，动员群众抵制英货。

总之，劳动学院虽然只办了两届，授课主要在夜间进行，合格毕业的学员也不足 300 人，但是学院有优秀的教师群体，陆续受训的学员多，师生们积极参加各类群众运动，在理论和实践磨炼中，劳动学院为中国工人运动和中国革命事业培养了大批干部，为革命事业的发展作出了重要贡献。

第三节　工、农、青、妇运动的发展

一、工人运动

（一）1920 年前后广州工人组织和工人运动

粤、港、澳为近代中国外国资本、官僚资本、民族资本较早落足地区，资本主义经济相对发达。到 1921 年，粤、港、澳工人超过 50 万人，其中近代产业工人超过 30 万人。[②] 广州的先施公司、大新公司等，均名噪一时。相对发达的资本主义经济使广州的工会组织和工人运动较早发展起来。

20 世纪 20 年代初期，广州已经建立了相当数量的工会组织，如惠群工会（由洋务工人组成）、工团总会（由广州制鞋工业，绵纶、机织、皮革等行业工人组成）、华侨工业联合会，以及无政府主义者建立的理发工会和茶居工会等。到中国共产党成立之前，仅广州一地，就有各种各样的

---

① 何锦州：《劳动学院》，张腾霄主编：《中国共产党干部教育研究资料丛书》（第三辑），中国人民大学出版社 1989 年版，第 87 页。

② 禤倩红、卢权：《党成立前的省港工人阶级》，《学术研究》1984 年第 4 期。

工会62个。[①] 国民党支持工人运动，其领导下的工会多带有行会色彩："国民党人士是较早从事职工运动的。南方政府所在地的广州及近在咫尺的香港，就是他们活动的中心区域，这一带的工会主要都由他们领导。不过国民党的职工运动多保有行会色彩，有些甚至劳资不分地混合组织在一起，而且会与会之间也极少联系。"[②] 共产国际代表达林笔下写到，1922年4、5月间，"行会几乎不存在了，小业主们被从工会中赶走，但是这种组织原则还保留着。职业分工仍是工会组织原则的基础，比如说：手车夫工会、茶居工会、厨业工会、船务栈房工界联合会、海员工会等等。那时仅广州一地就有一百三十四个工会之多"[③]。由此说明，旧行会已经受资本主义经济冲击而走向瓦解，但对当时的工会组织和工人生活还具有影响力，广州的近代工会组织已有比较大的发展。

广州的工会比较强势，渗透到了工人日常生活中，"工人必须取得工会会籍，不是工会会员找不到工作。广州的工人们习惯戴芦苇编的斗笠。……原来帽子上的字标志着属于哪个工会。带字的帽子——这是独特的会员证。每个失业的工人，如果遇到本工会有工作的会员在吃饭，就有权在一旁坐下，而那些会员必须把自己的食物分给他吃，这是习惯"[④]。强势工会是工人运动发展的组织基础。

1918年初，留日学生郑苍生在广州创建了共和工党，出版《共和工党》月刊，成员有100多人，大部分是知识分子，也有工人。该党主张工人参加社会活动、掌握政权，是为工人谋利益的政党。到1922年，因经费难以为继，该党自动解散。

1919年，"五四"运动爆发。广州各界也投入到这场席卷全国、声势浩大的反帝爱国运动中。5月20日，广州各界为运动中牺牲的北京大学学生郭钦光举行追悼大会。残酷的现实激发了广州各界民众的爱国主义热情。7月12日，广州各界民众再次举行国民大会和游行示威。从13日起，广九、广三、粤汉铁路工人，电灯局、电力公司工人，广州机器工人，自

---

① 邓中夏：《中国职工运动简史》，《邓中夏文集》，人民出版社1983年版，第432页。

② 张国焘：《我的回忆》（第一册），现代史料编刊社（内部参考）1989年版，第220页。

③ ［苏］C. A. 达林著，梁澄宇、刘敬忠译：《中国回忆录（1921—1927）》，中国社会科学出版社1980年版，第86页。

④ ［苏］C. A. 达林著，梁澄宇、刘敬忠译：《中国回忆录（1921—1927）》，中国社会科学出版社1980年版，第86～87页。

来水厂工人以及人力车夫等，纷纷罢工，使广州陷入停水停电、交通阻绝的瘫痪状态。广州工人的力量得以淋漓尽致地展现，也启发了大批知识分子开始重视工人和民众的力量。

20 世纪 20 年代初广州工人组织和工人运动的相对先进，离不开广州相对宽松的政治气氛以及国民党的支持和组织。当俄国十月革命成功的消息传到中国，孙中山即心向往之，开始重视苏俄革命成功经验。1921 年孙中山在广州就任非常大总统时，曾在工人集会上公开说："我要做工人的大总统，和工人来完成国民革命。"① 在孙中山及其领导的革命政府支持下，广州各行业工会发展很快，工人经常举行罢工等斗争，争取自己的权益。特别是 1922 年 1 月香港海员大罢工时期，罢工工人生活上得到孙中山及其革命政府的支持，"罢工者反对英帝国主义，因而得到了广州资产阶级的支持。它曾给罢工的工人们以物质援助。国民党和孙中山政府也支持工人"②。这是罢工取得胜利的重要原因之一。孙中山的态度赢得了广州工人的好感，所以，"当一九二二年陈炯明背叛革命、围攻总统府的时候，广州五仙门发电厂工人及广东铁路工人，即先后起来罢工，使广州顿失光明，铁路交通停顿，用以支持孙中山先生、反对陈炯明叛变（这次罢工是由孙中山领导的海外同志会发动的，与反动的机器工会无关，后来还受到该会成员的破坏），给孙中山的革命事业以直接支持，使孙中山及国民党内的进步人士进一步认识到工人力量的伟大。孙中山后来把这些工人称为'赴义工人'。"③

中国共产党诞生以后，在广州成立南方分部，由谭平山任分部主任，并把工作重点放在领导工人运动上。在南方分部领导下，广州各行业工会纷纷成立，并开展了一系列主要争取经济利益的斗争。从 1921 年 10 月至 12 月，广州先后发生了"革履、金属、粪埠、土洋木、车衣、广三铁路、

---

① 罗大明、孙律西、梁复然、谭竹山、马少芳：《大革命时期广东工运情况的回忆》，中共广州市委党史资料征集、研究委员会办公室编：《广州大革命时期回忆录选编》（中共广州党史资料丛书），广东人民出版社 1986 年版，第 206 页。

② ［苏］C. A. 达林著，梁澄宇、刘敬忠译：《中国回忆录（1921—1927）》，中国社会科学出版社 1980 年版，第 87 页。

③ 罗大明、孙律西、梁复然、谭竹山、马少芳：《大革命时期广东工运情况的回忆》，中共广州市委党史资料征集、研究委员会办公室编：《广州大革命时期回忆录选编》（中共广州党史资料丛书），广东人民出版社 1986 年版，第 206 页。

纸业、盐业等行业工人罢工，要求增加工资，结果都取得了胜利”[①]。1922年爆发的香港海员大罢工，罢工工人大部分回到广州，罢工总办事处设在广州。由于孙中山领导的革命政府同情工人运动，海员罢工工人在政府和广州各界支持下，住进会馆、祠堂和工棚里，生活得到保障，有和港英当局和英轮资本家长期对抗的实力。中国劳动组合书记部发动各地工人支持海员工人罢工，中共广东支部、广州地区共产党员及共青团员也通过各种形式支持罢工。3月1日，香港各行业工人发动总同盟罢工，香港陷于瘫痪状态。3月4日，港英当局对罢工工人进行袭击，制造了“沙田惨案”。广州和全国其他地方的工人、工会组织以及进步团体纷纷声讨港英当局。3月5日，港英当局和外轮资本家被迫屈服，答应了海员工人的正义要求。3月8日，海员罢工结束，穗、港工人联合举行庆祝活动。香港海员工人为了答谢广州工人及其他进步团体、阶层的支持，义务修筑了由广州吉祥路口到越秀山的马路。香港海员罢工的胜利，离不开国共两党的支持，可说是国共两党合作的一次成功预演。

孙中山及其革命政府对工人组织和工人运动的支持，促使中共中央决定于1922年5月1日在广州召开第一次全国劳动大会。在中共广州地方组织和中国劳动组合书记部南方分部筹划下，大会如期召开，出席代表共173人，代表12个城市和11个工会、34万有组织的工人，代表中有中共党员，有国民党员，也有无政府主义者和无党派人士。[②] 当日，广州各界群众在第一公园举行庆祝“五一”国际劳动节大会，晚上举行提灯大游行。中共广东支部领导人谭平山亲扛大旗先行，游行队伍高举“劳工神圣”、“工作八小时”等标语。5月6日大会结束，通过了《全国总工会组织原则》、《八小时工作制》、《罢工援助案》等10个决议案。

然而，随着1922年6月陈炯明与孙中山的冲突诉诸武力，国民党内部有了分化，“党内相当一部分人支持陈炯明；而另一部分支持孙中山的人则进行活动”[③]；工人也起了分化，有些工人支持孙中山，但也有工人支持

① 中共广州市委党史研究室编：《中共广州地方史（新民主主义革命时期）》，广东人民出版社1995年版，第27页。

② 中共广州市委党史研究室编：《中共广州地方史（新民主主义革命时期）》，广东人民出版社1995年版，第30页。

③ ［苏］C. A. 达林著，梁澄宇、刘敬忠译：《中国回忆录（1921—1927）》，中国社会科学出版社1980年版，第84页。

陈炯明。据共产国际代表达林回忆：“我开始谈陈炯明的问题，同时听到了对陈炯明赞扬备至的评语。人们对我说，工人们爱戴这位将军，陈炯明从广州败逃之后，工人们有孤寂之感。”① 孙中山远遁上海之后，复杂的政治气氛，使得广州工人运动暂时趋于消沉。

但中国共产党并没有停止组织工人的步伐。1922 年 10 月，中国劳动组合书记部南方分部负责人冯菊坡、阮啸仙、刘尔崧、周其鉴等联合多个工人团体组织“爱群通讯社”，作为领导工人运动的公开合法机构。1923 年春，刘尔崧到广州油业工人中做工作，并改组了广东省油业工会总工会，领导体制由旧式的会长制改为委员制。其他中共粤区领导人阮啸仙、冯菊坡、施卜等亦深入广州各行业工人，组织工会。1923 年 2 月，中共领导的广东工会联合会成立，广州的基层工会共 200 多个，占广东省工会总数的三分之一。② 广州中国共产党与工人的结合更加紧密了。

国民党右派、官僚、资本家、工贼、特务也操纵了一些工会，时人称为黄色工会。如掌握三十多个工会的广东总工会，其背后操控者为国民党右派谢英伯，实际主持人陈森、黎端也是极右分子；机器工会为国民党右派吴稚晖、张静江、林直勉等支持。黄色工会为了便于控制工人，主张按行业而不按产业来组织工会，这就导致工会之间帮派林立，“同一饮食业工人，有些参加酒楼茶室工会，有些参加茶居工会；同一铁路工人，更被分解为车务、机务、工务、路工、木匠等不同的工会（或俱乐部、联合会）。组织之间，时时在工贼、把头等挑拨煽动下，形成冲突，甚至大打群架。广东总工会及机器工会都养有大批打手，既作为对外争权打架之用，又作为对内镇压工人之用（机器工会的‘体育队’曾把不愿入会的工人李男活活打死）”③。这样，广州的工人组织和工人运动从 20 世纪 20 年代初就表现出了比较激烈的左、右派斗争。

---

① ［苏］C. A. 达林著，梁澄宇、刘敬忠译：《中国回忆录（1921—1927）》，中国社会科学出版社 1980 年版，第 84 页。

② 中共广州市委党史研究室编：《中共广州地方史（新民主主义革命时期）》，广东人民出版社 1995 年版，第 32 页。

③ 罗大明、孙律西、梁复然、谭竹山、马少芳：《大革命时期广东工运情况的回忆》，中共广州市委党史资料征集、研究委员会办公室编：《广州大革命时期回忆录选编》（中共广州党史资料丛书），广东人民出版社 1986 年版，第 208 页。

（二）中共三大、国民党一大给工人运动确定了新方向

1923年6月，中共三大召开，会议针对工人运动通过了《劳动运动议决案》。针对“二七”罢工之后军阀残酷迫害工人的政治环境，该议决案从战略上确定当前工人运动要采取守势：“中国目下劳动运动方取守势，党的活动须多于工会活动，恢复工会口号须在被封工会各工友中宣传。”但是，对于广东工人运动，该议决案则明确提出要与国民革命运动相结合，事实上是采取一种进攻策略：“广东方面劳动运动，须注意新式产业之工人。至进步的手工业工人组织同时亦须整顿，促进其阶级觉悟。省、港、澳三方面产业及手工业的工人组织，须适用国民运动口号作统一运动。”① 在革命口号方面，该议决案提出：“（1）男女工资平等，（2）废止未满十四岁之童工，（3）推翻包工制，（4）星期日休息；以引起男女工人争取自身利益之觉悟。”② 除了确定广东工人运动方向外，该议决案还确定要兴办培训机关，培养工人运动干部：“为养成劳动运动人才起见，在适当地点设立劳动教育机关，以启发工人宣传及组织之知识。”③ 从1926年到1927年春，广州举办了3期劳动学院，培养工人运动干部1 000余人。④

1924年1月，国民党第一次全国代表大会在广州召开。孙中山在这次会议上对三民主义做了新的解释，新三民主义和中国共产党新民主主义革命策略基本一致。在工人运动方面，国民党宣称要制定劳工法案，改善工人生活，“又有当为工人告者：中国工人之生活绝无保障，国民党之主张，则以为工人之失业者，国家当为之谋救济之道，尤当为之制定劳工法，以改良工人之生活”⑤。

国民党抛弃了以前重点联系军阀的策略，从战略上认识到工、农力量对于国民革命成功的关键作用，故明确革命就须全力支持工农运动，并吸

---

① 《劳动运动议决案》，中央档案馆编：《中国共产党第二次至第六次全国代表大会文件汇编》，人民出版社1981年版，第61页。

② 《劳动运动议决案》，中央档案馆编：《中国共产党第二次至第六次全国代表大会文件汇编》，人民出版社1981年版，第61~62页。

③ 《劳动运动议决案》，中央档案馆编：《中国共产党第二次至第六次全国代表大会文件汇编》，人民出版社1981年版，第62页。

④ 何锦州：《劳动学院》，张腾霄主编：《中国共产党干部教育研究资料丛书》（第三辑），中国人民大学出版社1989年版，第85页。

⑤ 《国民党第一次全国代表大会宣言》，中共广东省委党史研究委员会、中共广东省委党史资料征集委员会编：《第一次国共合作研究资料》（内部刊物），1984年，第62~63页。

收工农积极分子参加国民党：

中国以内，自北至南，自通商都会以至于穷乡僻壤，贫乏之农夫，贫苦之工人，所在皆是。因其所处之地位，所感之痛苦，类皆相同。其要求解放之情，至为迫切，则其反抗帝国主义之意，亦必至为强烈。故国民革命之运动，必恃全国农夫工人之参加，然后可以取胜。一方面当对于农夫工人之运动，以全力助其开展，辅助其经济组织，使日趋于发达，以期增进国民革命运动之实力；一方面又当对于农夫工人要求参加国民党，相与为不断之努力；以促进国民革命运动之进行。①

国民党一大正式确定“联俄、联共、辅助农工”三大政策，会后设立工人部，以廖仲恺为部长，共产党员冯菊坡任秘书，刘尔崧、施卜、梁憬然、梁九等任干事。中共三大和国民党一大为以后的工人运动确立了方向，从此工人运动与国民革命结合。在国共两党共同策划和领导下，工人运动波澜壮阔地发展起来了。

（三）工人运动在与黄色工会斗争中曲折发展

1923 年秋，广州很多工会在共产党组织、领导下，开始按照国民党改组的一些规定，组织一些会员加入国民党。9 月，广三铁路第一个国民党支部在冯菊坡主持下成立，廖仲恺应邀出席了成立大会并发表讲话。是年冬天，随着国民党宣布改组，粤汉、广九、广三铁路及兵工厂成立了国民党特别党部，另外很多行业也成立了国民党区分部。国民党广州市党部改组时，很多国民党右派攻击共产党控制基层党部，包办工人运动。对此，孙中山公开说：

共产党组织工作最严密，领导工运最有办法，他们愿意帮助我们搞好党的组织，领导工人参加革命，有什么不好？你们很多人名义上是国民党员，实际是为了做官才入党的，搞工运的也只是为了做官。没官做的时候

① 《国民党第一次全国代表大会宣言》，中共广东省委党史研究委员会、中共广东省委党史资料征集委员会编：《第一次国共合作研究资料》（内部刊物），1984 年，第 63 页。

就连党也不要了，谁能真正领导工人参加革命……①

在国共合作的旗帜下，广州工人纷纷冲破黄色工会和传统行会的束缚，组成了以共产党员为核心的70多个工会，如铁路工会、海员工会、起落货工会、轮渡工会、酒楼茶室工会等。在这种情况下，成立左派的广州工人代表会时机已经成熟。

1924年5月1日，70多个进步工会的1 000多名代表齐聚大元帅府前，由孙中山接见。孙中山发表“中国工人所受不平等条约之害”演讲，要求工人们必须组织起来，学习苏俄工人，为取消不平等条约、打倒帝国主义、实行革命的三民主义而奋斗。当天下午，广州工人代表会在教育会礼堂正式成立，选出刘尔崧、鲍武、周祯等五人为常务委员，共有17个工会代表被选为执行委员。会址和工人部一起设在惠州会馆，经费由工人部拨给，真正体现了国共合作的精神。广州工人代表会发展最多时有107个工会组织，会员10万多人。②

国民党右派、资本家控制的黄色工会与广州工人代表会始终存在着矛盾与冲突。1924年冬的先施公司事件，是其中的典型事件。当时广州三大公司——大新、先施、真光公司职工，突破了行会组织形式，加入了产业性的工会。黄色工会机器工会则立即反对，认为三公司的机器工人只能加入机器工会。有一天，先施公司职工与参加机器工会的机工发生冲突，机器工会按预谋组织“体育队”（即打手）支援机工，将先施公司职工包围于楼顶，并断水断粮。即使工人部、工代会调解，机器工会也不予理会。迫不得已，工代会乃组织各工会纠察队，对机器工会打手予以反包围。机器工会迫于纠察队的气势才撤围，而此时“长堤交通，已中断两天有余”③。

---

① 罗大明、孙律西、梁复然、谭竹山、马少芳：《大革命时期广东工运情况的回忆》，中共广州市委党史资料征集、研究委员会办公室编：《广州大革命时期回忆录选编》（中共广州党史资料丛书），广东人民出版社1986年版，第210页。

② 罗大明、孙律西、梁复然、谭竹山、马少芳：《大革命时期广东工运情况的回忆》，中共广州市委党史资料征集、研究委员会办公室编：《广州大革命时期回忆录选编》（中共广州党史资料丛书），广东人民出版社1986年版，第212页。

③ 罗大明、孙律西、梁复然、谭竹山、马少芳：《大革命时期广东工运情况的回忆》，中共广州市委党史资料征集、研究委员会办公室编：《广州大革命时期回忆录选编》（中共广州党史资料丛书），广东人民出版社1986年版，第220页。

1924年至1925年间，工代会把原来分裂为海陆丰籍的手车工人俱乐部、粤籍包工头手车工会和客家籍包工头手车工会，组成统一的手车工人工会。黄色工会广东总工会也介入干涉，他们污蔑手车工人工会是变相的包工头工会，搬弄是非，企图另组"真正手车工人"工会，之后又不断挑拨工人与工会之间的矛盾，制造混乱。工代会及时发觉了广东总工会的阴谋，乃派出纠察队，当场捕获煽动分子，才平息了手车工人工会内部的矛盾。

黄色工会与工代会的斗争几乎渗透到各个行业工会中，如工代会组织土木建筑工会，广东总工会则组织建筑工人研究社；工代会组织土洋杂货店员工会，广东总工会则组织土洋杂货华强工会等。机器工会把他们组织章程中的十科（即铸造、制机、修勘、电业、司机、锡造、修补、磨镀、机木、运输等），呈请党部、政府立案，准备一旦获批后，就强迫工代会属下的相关工会加入机器工会。工代会则一面要求政府不要批准，一面组织纠察队与机器工会对抗，最后迫使机器工会知难而退。

工代会与黄色工会的斗争，实际上从一个侧面反映了当时国共合作下隐藏的中国共产党、国民党左派与国民党右派的斗争。在工代会和黄色工会的斗争中，工代会逐渐取得优势，越来越多的工会从以前的行会性质的工会向产业性的工会过渡。工代会所属各工会按不同产业性质，组成了广东运输业联合总工会、广州织造业总联合会、广州粮食业联合总工会、广州店员总工会四个工会系统。从1925年起，广州工代会每3个月举行一次代表大会，后来发展到每月举行一次总代表会（每代表20人，互选总代表1人）。

1925年春，广东省政府下设农工厅，专门处理工农事务，但北伐开始后，农工厅落在右派官僚刘纪文、陈孚木手中，沦为右派镇压工农的工具。

（四）省港大罢工

省港大罢工是第一次国共合作时期广州和香港两地工人联合发动的大罢工，其规模之大、时间之长在世界工运史上也是奇迹。省港大罢工是广州、香港工人运动发展的高潮。

1．罢工爆发

1925年5月，上海发生租界巡捕枪杀爱国群众的"五卅"惨案。惨案激发了全国各阶层人民的愤怒。在广州国民党中央党部、中国共产党号召和组织下，“五卅”运动在全国范围内爆发了。

6月15日，中共广东区委发表《告广东人民书》，动员各界罢工。6月19日，香港工团委员会发表宣言，表示拥护上海工商联的17项条件，同时对港英当局提出政治自由、法律平等、普遍选举、劳动立法、减少房租、居住自由六项要求，宣布罢工。“最先发难的是海员、电车、印务工人，接着就是洋务、起落货、煤炭工人，各种工人相继踵起，机器船坞工人殿后。前后约十五日，完全罢尽，而罢工局势遂以大定。”① 香港几十个工会的25万多人先后加入罢工行列，10多万罢工工人冲破港警封锁，“工人从火车、轮船、前山、江门、三水河口分道返省”②，赶回广州。

2. 罢工领导机构

“省港罢工委员会设在广州东园，办公室是用竹篷搭成的。还设有膳堂和宿舍，规模很大。苏兆征同志任委员长，杨始开、罗醒任正、副秘书长。工作人员在此办公，工人纠察队也常在此集合。周恩来、陈延年、邓中夏等同志常来参加会议。这里是领导省港20万罢工工人与英帝国主义斗争的指挥部。”③

3. 组织纠察队与封锁香港策略

省港罢工委员会组织纠察队封锁了香港，意图使港英当局屈服。纠察队组织严密，成员经受了严格的军事训练，“设总队部，置总队长一人，训育长一人，为全队主脑（后来改为七人的纠察委员会）。设总教练一人，施以军事训练。下分五大队，每大队置大队长一人，大队副一人，训育主任一人。每大队下分三支队，每支队置支队长一人，支队副一人，训育员一人。每支队下分三小队，每小队置小队长一人，每小队下分三班，每班置班长一人，每班十二人（这个编制后来略有变更）”，“纠察队起初为二千余人，后来还有扩充”。④ 纠察队的责任是“维持秩序，逮捕走狗，截留

① 广东哲学社会科学研究所历史研究室编：《省港大罢工资料》，广东人民出版社1980年版，第56页。

② 广东哲学社会科学研究所历史研究室编：《省港大罢工资料》，广东人民出版社1980年版，第56页。

③ 罗明：《回忆大革命时期在广州的革命活动》，中共广州市委党史资料征集、研究委员会办公室编：《广州大革命时期回忆录选编》（中共广州党史资料丛书），广东人民出版社1986年版，第122页。

④ 广东哲学社会科学研究所历史研究室编：《省港大罢工资料》，广东人民出版社1980年版，第30～31页。

粮食，扣缉仇货”①。

纠察队对香港封锁严密，声势浩大，颇有后来“人民战争”之风格，“纠察队布置以后，分派到各海口驻防。因此省港交通完全断绝，继以澳门附和香港，亦宣告断绝。当广东尚未统一时，纠察队封锁线还只限于珠江口一带，东起深州（圳），西抵前山。后来广东政府收复东江南路，纠察队的封锁线也扩张了，东至于汕头，西至于北海。广东沿海港口皆有纠察队驻扎，蜿蜒数千里，旌旗相望，金鼓之声相望。纠察队还有小舰十二艘，电船数只，往来巡查”②。

4. 香港所受打击

香港在这样的封锁之下，市民生活秩序已被打乱，“肉食菜蔬，无从取得，猪肉涨至一元余一斤，鸡蛋涨至五角多一个，牛肉几乎绝迹，街市等于虚设。街上垃圾粪秽，堆积如山，楼居者以纸包粪，抛掷街中，加以暑日炎蒸，臭气熏天，故当时群呼香港为臭港”③。

更严重的是经济打击，香港“罢工以后，航业商务概行停止，平均罢工一月，损失二万万一千万元，罢工一日，损失七百万元。但英国货每年输入广州者不过三四千万元，这样罢工五六日，便抵得排货一年。罢工是如何有力量的武器呀！”④ 另如航运业，“一九二五年与一九二四年比较，船数减少五点五倍，仅得一九二四年百分之十六；吨数减少一点八倍，仅得一九二四年半分之三十六”⑤。再如商店破产，“仅就一九二五年十一、十二月，计破产的商店已达三千余家”⑥。

5. 特许证制度是罢工能长期坚持的中心策略

广东米粮向来仰给海外，很多工业品、燃料也需要进口，且以香港为

① 广东哲学社会科学研究所历史研究室编：《省港大罢工资料》，广东人民出版社 1980 年版，第 31 页。

② 广东哲学社会科学研究所历史研究室编：《省港大罢工资料》，广东人民出版社 1980 年版，第 31 页。

③ 广东哲学社会科学研究所历史研究室编：《省港大罢工资料》，广东人民出版社 1980 年版，第 31 页。

④ 广东哲学社会科学研究所历史研究室编：《省港大罢工资料》，广东人民出版社 1980 年版，第 32 页。

⑤ 广东哲学社会科学研究所历史研究室编：《省港大罢工资料》，广东人民出版社 1980 年版，第 32 页。

⑥ 广东哲学社会科学研究所历史研究室编：《省港大罢工资料》，广东人民出版社 1980 年版，第 32 ~ 33 页。

总转运之门户，如对外贸易一概断绝，则广东自身经济也难以为继。同时，广东也是外国资本主义商品倾销的重要市场，如果对英、美、日等列强一概抵制，则很容易导致列强协同一致对我。再则，如果一直对外封锁，会使很多工商业主失去生计来源，暂时可以，长此以往，就会激起这部分工商业主的反抗。

综合以上考虑，省港罢工委员会乃制定了特许证制度，规定“凡不是英国货英国船及经过香港者，可准其直来广州”①。此特许证由省港罢工委员会、商务厅、公安局、外交部共同签字发出。此政策实行后，美、日等国商人纷纷来穗领证复业，“广州江面每日有四十余只船入口，为广州有史以来所未有的现象”②。

表 3－4 为粤海关 1925 年 7 月罢工以后至 1926 年 1 月各月收入与上一年同月比较情况：

表 3－4　粤海关 1925 年 7 月—1926 年 1 月与上一年同月收入比较

	一九二四年	一九二五年
七月	二二九、五二三	七〇、七一一
八月	二八一、八一六	一五〇、一八〇
九月	二八九、六三二	二三二、四〇七
十月	二四二、〇七八	三〇六、一二五
十一月	三一九、八三五	三三七、五三二
十二月	二八二、五六四	三〇四、八三八
	一九二五年	一九二六年
一月	二五七、五四一	四二二、九七一

（资料来源：广东哲学社会科学研究所历史研究室编：《省港大罢工资料》，广东人民出版社 1980 年版，第 38 页）

从表 3－4 可知，罢工刚开始时，粤海关收入大减。但自 1925 年 10 月后，由于广州与海外直接建立了经济联系，广州外贸商业乃大为兴盛，甚

① 广东哲学社会科学研究所历史研究室编：《省港大罢工资料》，广东人民出版社 1980 年版，第 36 页。

② 广东哲学社会科学研究所历史研究室编：《省港大罢工资料》，广东人民出版社 1980 年版，第 36 页。.

至超过了罢工前，广州工商业主因而支持罢工。1926 年 1 月，广东四商会开大会时决议："此次罢工为人民自动，出于爱国运动，争回国体与人格，各工友如此牺牲热烈，我等商人亦应联合一致热烈援助，务求达到香港完全承认复工条件为目的。"①

此政策有效拆散了帝国主义同盟，广州经济得以继续发展，工商业者经营以及人民生活未受影响，且有利于促进广东经济独立发展。

6. 国民党、国民政府与罢工

20 世纪 20 年代初期以来，国民党及其政府与工人阶级结成了比较好的合作关系。省港大罢工爆发之前，在广州国民党平定刘、杨叛乱的战争中，铁路工人的支持使得刘、杨军阀调军困难，在战场陷于被动。此次省港大罢工，国民党亦十分支持。广州国民政府和各界人士妥善解决返穗工人居住、工作、教育、医疗等各方面问题，"假若当时不取得国民党援助，的确罢工不到一个星期便要倒台。试问十几万人的伙食经费从何取得？"②"政府又开发各种公共事业以安置各界工人"，如"筑中山路，此路长约二十英里，需工人三千余人。若黄埔辟埠为事实，则需工人更多，此皆工人援助政府、政府援助工人的事"。③

罢工也增加了国民政府收入。"一九二四年收入仅七百九十八万六千元，平均每月为六十六万五千元。一九二五年罢工以后，八月收入为一百五十万元，已比前两年每月收入之平均数增加不少。到十月，收入达到三百六十一万六千元。十一月收入为三百八十万元，则较前两年每月收入之平均数多至六七倍了。"④ 其原因固然有广东统一的因素，另一个因素就是凭借罢工之势，广东的金融独立了。之前，广东政府发行的纸币常被香港操纵，价格起落不定。罢工爆发之后，又由于沙基惨案，香港纸币几乎绝迹于市场，广东中央银行乘机扩张业绩，恢复信用，纸币乃成十足信用之

① 广东哲学社会科学研究所历史研究室编：《省港大罢工资料》，广东人民出版社 1980 年版，第 39 页。

② 广东哲学社会科学研究所历史研究室编：《省港大罢工资料》，广东人民出版社 1980 年版，第 39 页。

③ 广东哲学社会科学研究所历史研究室编：《省港大罢工资料》，广东人民出版社 1980 年版，第 108 ~ 109 页。

④ 广东哲学社会科学研究所历史研究室编：《省港大罢工资料》，广东人民出版社 1980 年版，第 40 页。

流通工具。

广州国民政府长期以来受陈炯明、邓本殷等军阀直接军事威胁，同时内部左、右派斗争也非常激烈。在军事和政治斗争的危急时刻，罢工工人始终支持左派政府，支持国民革命，“罢工工人与国民政府差不多相依为命，有存则俱存、亡则俱亡之势”①。

罢工工人还参加了运输队、宣传队、卫生队，随师东征、南征、北伐等，为国民政府取得系列军事行动胜利作出了贡献。“湘粤之交，为五岭山脉，崇山峻岭，道路异常险阻，又兼湿暑炎蒸，罢工工人重担渡岭，其困苦可知。也就因此，罢工工人病者好几百人。北伐军因得罢工工人这种帮助，出师异常迅速……”②

7. 罢工结束

由于国民政府出师北伐，革命中心转向了武汉，加上长期封锁，人民生活受到了影响，经中共中央和省港罢工委员会决议，于1926年10月10日解除对香港封锁，停止罢工。

省港大罢工坚持了16个月之久，打击了英帝国主义在华势力，也促进了广东革命根据地的统一。省港大罢工也是20世纪20年代工人运动的高潮。省港罢工委员会“本身的确有独立的政权性质”，“在南中国的确成了各社会民众团体的总领袖，它在广东的地位的确有举足轻重之势”。③ 在省港大罢工的推动下，广东全省的工人运动、农民运动都得到了发展；国民党、国民政府在巩固政权、扫荡敌对势力的斗争中，也得到了省港大罢工工人的支持，所以“省港罢工的意义，的确是不能以‘罢工’的意义来解释的”④。省港大罢工，也是国共合作成功的一个显著范例。

---

① 广东哲学社会科学研究所历史研究室编：《省港大罢工资料》，广东人民出版社1980年版，第62页。

② 广东哲学社会科学研究所历史研究室编：《省港大罢工资料》，广东人民出版社1980年版，第46页。

③ 广东哲学社会科学研究所历史研究室编：《省港大罢工资料》，广东人民出版社1980年版，第52页。

④ 广东哲学社会科学研究所历史研究室编：《省港大罢工资料》，广东人民出版社1980年版，第53页。

二、农民运动

（一）中共三大和国民党一大重视农民问题

在共产主义运动史上，农民问题是无法回避的。在马克思的经典论述中，也是把农民阶级当作无产阶级的重要同盟者看待：“在革命进程中把站在无产阶级与资产阶级之间的国民大众即农民和小资产者发动起来反对资产阶级制度，反对资本统治以前，在革命进程迫使他们承认无产阶级是自己的先锋队而靠拢它以前，法国的工人是不能前进一步，不能丝毫出动资产阶级制度的。”① 列宁也做过类似的论述，“无产阶级应当把民主革命进行到底，这就要把农民群众联合到自己这方来，以便用强力打破专制制度的反抗，并麻痹资产阶级的不稳定性”②。

作为一个初生的并深受共产国际影响的政党，中国共产党实际上也是从一开始就注意农民问题的。1921 年 4 月，在中国共产党正式诞生以前，上海共产党早期组织出版的《共产党》月刊第 2 号至第 5 号就陆续发表了不少有关农民问题的文章，这些文章已经能用马克思主义观点分析中国农民问题，其中《告全国农民》指出，“中国农民占全人口的大多数，无论在革命的预备阶段和革命实行时期，他们都是占重要位置的。若设他们有了阶级的觉悟，可以起来进行阶级斗争，我们的社会革命、共产主义，就有了十分可能性了”③。中共二大宣言也指出，“中国三万万的农民，乃是革命运动中的最大要素”，“用阶级斗争的手段，建立劳农专政的政治，铲除私有财产制度”。④ 20 世纪 20 年代初期，浙江萧山衙前、广东海丰赤山、湖南衡山岳北等地农民运动开展得如火如荼，并建立了早期的农民协会组织，为我党农民运动实践的先声。

尽管中国共产党有了上述农民运动理论和实践的准备，但直到中共三大，中国共产党才专门通过了一个有关农民问题的正式决议。该决议案是由毛泽东和谭平山起草的，决议案首先分析了农民贫困的原因乃在于帝国

---

① 马克思：《1848 年至 1850 年的法兰西阶级斗争》，《马克思恩格斯选集》（第一卷），人民出版社 1972 年版，第 403 页。

② 列宁：《社会民主党在民主革命中的两种策略》，《列宁选集》（第一卷），人民出版社 1972 年版，第 591 页。

③ 《告中国农民》，《共产党》1921 年第 3 号。

④ 中央档案馆：《中共中央文件选集》（一），中共中央党校出版社 1982 年版，第 76 页。

主义经济侵略以及国内各反动势力压迫："自从各帝国主义者以武力强制输入外货以来，一般日用品的价格增高率，远超过于农产品价格增高率，从前的农民副业（如手工纺织等）也全被摧残。又自辛亥以后，军阀争地盘的战争连年不息，土匪遍于各地，再加以贪官污吏之横征暴敛（如预征钱粮、额外需索等），地痞劣绅之鱼肉把持，以致农民生活愈加困难。"由于这些压迫，农民自然有革命要求，因此，"我党第三次大会决议，认为有结合小农佃户及雇工，以反抗牵制中国的帝国主义者，打倒军阀及贪官污吏，反抗地痞劣绅，以保护农民之利益，而促进国民革命运动之必要"①。

1924年1月20日至30日，在广州举行的中国国民党第一次全国代表大会专门讨论了农民问题，通过了《对于农民运动之宣言及政纲》，该文件描述了在帝国主义经济侵略下农民走向破产的窘况：

> 中国为农业的国家，近代受经济的帝国主义之压迫，及国内军阀官僚之刮削，遂至失业日多，饥寒交迫。或行劫掠，以图苟全；或入行伍，以求幸全。良好之农民，化而为强暴之兵匪，直接则受军阀之虐待及驱使，间接则为列强所利用，使吾国产业之基础，日就崩坏。②

《国民党第一次全国代表大会宣言》也指出，"于此犹有当为农民告者：中国以农立国，而全国各阶层所受之痛苦，以农民为尤甚"③。因为所受压迫深，故农民"要求解放之情，至为迫切，则其反抗帝国主义之意，亦必至为强烈。……盖国民党现正从事为反抗帝国主义与军阀，反抗不利于农夫工人之特殊阶级，以谋农夫工人之解放；质言之，即为农夫工人而奋斗亦即农夫工人为自身而奋斗也"④。这就很明确地把农民、工人利益与国民党的

① 广东革命历史博物馆编：《中共"三大"资料》，广东人民出版社1985年版，第88页。

② 《中国国民党第一次全国代表大会对于农民运动之宣言及政纲（1924年1月）》，《农民运动须知》（农民运动丛书第七种）。

③ 《国民党第一次全国代表大会宣言（1924年1月）》，中共广东省委党史研究委员会、中共广东省委党史资料征集委员会编：《第一次国共合作研究资料》（内部刊物），1984年，第62页。

④ 《国民党第一次全国代表大会宣言（1924年1月）》，中共广东省委党史研究委员会、中共广东省委党史资料征集委员会编：《第一次国共合作研究资料》（内部刊物），1984年，第63页。

政治追求结合在一起了，也即明确地表明国民党要保护工、农利益。

（二）国民党各级农民部、农民运动委员会成立以及国共两党联合领导农民运动

1924年1月31日，即国民党一大闭幕后的第二天，国民党一届一中全会就成立了国民党中央农民部，林祖涵任部长、彭湃任秘书。接着，中央农民部又创办了《中国农民》、《农民运动》等刊物，宣传农民运动理论和报道农民运动动态。国民党中央执行委员会还规定每月拨款1.8万元作为全国农民运动经费。①

为了进一步开展农民运动工作，国民党中央执行委员会第二十六次会议决定组织成立中央农民运动委员会，以林祖涵为委员长，成员有林祖涵、毛泽东、甘乃光、宋子文、谭植棠、肖楚女、陈公博、阮啸仙、罗绮园等，共产党员占有优势，其中毛泽东、谭植棠、阮啸仙、罗绮园更是农民运动的骁将。该会议同时还通过了《农民运动委员会临时简章》，简章指明了农民运动委员会是农民部的辅助机构，“由农民部主理之”，同时“农民运动委员会之委员，由农民部全体加入外，必须经农民部之介绍，中央执行委员会之请任”。

1926年1月，国民党二大又通过了《农民运动决议案》，规定各省均应设立农民部：“各省党部均应设立农民部，并与中央农民部发生密切关系，实行中央党部之统一运动计划”；并计划在全国推广农讲所，培养农民运动干部：“在中央党部领导之下，于本国中北两部选择相当地点，各设农民运动讲习所，以培养农民运动人才。”该决议案宣称：“党之政策，首须着眼于农民本身之利益，政府之行动，亦须根据于农民利益而谋求解放。”② 国民党二大之后，农民运动委员会进行了改组，制定了《农民运动委员会组织大纲》，规定了“委员长主席为中央农民部长”，“委员会所议之事项，统交农民部执行”，同时要求各省农民部成立农民运动委员会。各省农民部和农民运动委员会的设立，在组织上确保了农民运动在全国的开展。

---

① 曾宪林、谭克绳主编：《第一次国内革命战争时期农民运动史》，山东人民出版社1990年版，第31页。

② 《农民运动决议案》（1926年1月19日国民党第二次全国代表大会通过），荣孟源主编：《中国国民党历次代表大会及中央全会资料》（上册），光明日报出版社1985年版，第133～135页。

1924年6月24日，国民党中央农民部向国民党中央执行委员会呈报了《农民协会章程》，对农民协会的组织原则、领导机制、各级农民协会权限与职能、加入协会的手续条件以及建立各级组织的办法等都作了周密的规定。章程还规定了农民协会的五级体制，即乡、区、县、省、全国农民协会，乡农民协会为最基层的组织。《农民协会章程》确定农民协会的宗旨是："农民协会为本三民主义解放劳动阶级之志愿，合全国受压迫之贫苦农民而组织之。其目的在谋农民之自卫，并实行改良农村组织，增进农人生活。"同时指出，所谓"农民"，是指"自耕农、半自耕农、佃农、雇农、农村之手工业者及在农村为体力的劳动者"，这就把虽居于农村但为农村中富裕阶层的地主、富农、土豪之流排除出外，这种定义也有利于革命的发动和组织，可以说和中国共产党革命主张基本一致。《农民协会章程》规定了农民入会必须走一套程序，具体入会程序为，"（1）填写入会志愿书；（2）承认遵守本会章程；（3）承认恪守本会纪律；（4）缴纳入会金与月费"①。"这个章程是中国现代农民运动中第一个全国性的组织纲领……该章程由孙中山签署后，由广东革命政府颁布，成为各地农民组织起来的法律根据。"② 这个章程也可以说是国共合作的重要成果。

农民运动是由国共两党共同组织起来的。国民党方面做了很多工作，"农民亦渐次认识国民党确能为农民群众努力，切实与国民党合作，故全省农民运动，渐入发展时期"③。孙中山在确定"扶助农工"政策后，"多次召集并参加农民的集会，号召农民组织起来，结成团体"。孙中山还指示广东省长公署，命令各县县长，"诱掖当地农民，根据章程及宣言，组织农民协会及农团军，实行自卫。如有中国国民党中央执行委员会或各属地方党部委员，前来照章组织时，应竭力援助进行"④。廖仲恺作为孙中山的重要助手，他对农民运动也非常重视，"国民中最多者莫如农民……如农民不了解与不集中本党旗帜之下，则革命断无成功之可言"⑤，"吾人其

---

① 《农民协会章程》，陆海军大元帅大本营公报1924年第18号，参见中国第二历史档案馆编：《中华民国史档案资料汇编》（第四辑）（上册），江苏古籍出版社1986年版。

② 杨绍练、余炎光：《广东农民运动（1922—1927年）》，广东人民出版社1988年版，第71页。

③ 《广东农民运动概况》，《中国农民问题》1927年1月。

④ 《广州民国日报》，1924年7月24日。

⑤ 廖仲恺：《农民运动所应当注意之要点》，《廖仲恺集》，中华书局1983年版，第190页。

不欲国民革命成功则已，否则必先去干农民运动”①。廖仲恺多次对开展农民运动作出重要指示，还身体力行，参与农民运动。1924年5月，他参加了佛山南浦农团军成立大会；8月，又参加了中山农民代表会议。他还指示农民部办理了大量有关农民的案件，支持农民反抗土豪劣绅的斗争。1924年12月，广州市郊第一农民协会委员长林宝宸被暗杀，他立即指示广东省长缉拿凶手。

中国共产党对农民运动的领导是通过国民党中央农民部来实现的。按1924年2月20日国民党中央第七次会议规定，农民部的职责是："详细调查农民状况和农民之组织；制定农民运动计划；召集农民会议；出版农民状况的小册子等。"② 负责国民党中央农民部具体工作的秘书职务一直由共产党员担任，澎湃、罗绮园相继担任秘书一职，阮啸仙、谭植棠等共产党人担任过农民部的组织干事。"农民部由共党主持"③，农民部先后派出200多名农民运动特派员，"百分之九十以上是共产党员和青年团员"④；农民运动委员会的委员中，"共产党员占了三分之二"⑤，农民部培训农民运动干部的学校农讲所历届主持人彭湃、罗绮园、阮啸仙、谭植棠、毛泽东都是共产党员。1924年10月，国民党广东省党部成立，共产党方面的"农运大王"彭湃任执委委员兼农民部长。同年秋，中共广东区委农民运动委员会成立，由于委员彭湃、罗绮园、阮啸仙长期在国民党中央农民部负重要责任，故又可以说"国民党中央农民部的工作在很大程度上是由中共广东区农委主持的"⑥。

广东农民运动起初由粤区团委承担了相当工作，1924年5月粤区团代表大会确定农民运动为当前工作之重，并且要通过开展农民运动来扩大团组织：

广东农民运动，为本区新近进展之途径，也是目前最重要的问题，此后区委会应注全力于农村活动之实行方法。按照扩大中央执行委员会议

---

① 廖仲恺：《农民运动所应当注意之要点》，《廖仲恺集》，中华书局1983年版，第194页。
② 杨绍练、余炎光：《广东农民运动（1922—1927年）》，广东人民出版社1988年版，第70页。
③ 邹鲁：《中国国民党史稿》（第一册），中华书局1960年版，第356～357页。
④ 杨绍练、余炎光：《广东农民运动（1922—1927年）》，广东人民出版社1988年版，第72页。
⑤ 杨绍练、余炎光：《广东农民运动（1922—1927年）》，广东人民出版社1988年版，第72页。
⑥ 李永芳：《近代中国农会研究》，社会科学文献出版社2008年版，第194页。

“关于国民党工作及态度”方案，以后对于农民运动有同志活动可能的地方，应指挥同志，极力介绍青年工人、农民、学生，加入国民党，切实加以训练。同时关于本团组织之发展，也要相机进行，以求得农会之实力，及确立农会建设之基础。①

这次会议还专门通过了《广东农民运动决议案》，对开展农民运动作了详细的规划。决议案明确农民运动要以国共合作的名义开展：“吾人已与国民党诚恳合作，故对广东各县之农民运动应打起国民党旗帜为对外活动。”“国民党第一次全国代表大会宣言中对民生主义之解释，即对于农民的利益，应作为运动宣传之骨干。”决议案强调要以牺牲精神来开展农民运动，“我们对于农民应牺牲一切享乐，不顾自身利益、誓死替其努力，凡关于农民应争之权利，我们惟有打头阵作冲锋”。②

对于具体如何开展农民运动，该决议案有详细条款近30条。这些措施都是针对农民特点提出的，如在与农民打交道时，要宽严结合：“5. 农民因知识低下，脑筋简单，当其入会时，我们做事宜忠直诚恳，不可有使其发生怀疑，亦不可施行调查户口。……8. 我们对于农民，应原谅农民种种的过错，应承认其发生罪恶时不是农民自身所造成，乃为特殊阶级压迫所造成，但有违犯团体之纪律时，则宜严为制裁。”宣传方面也极其有针对性：“15. 应将农民协会之利益，印成传单，散发各乡，但宜求短篇明确。16. 对于农民之宣传——讲演，宜将农民之苦状（贫困的状况），揭发无余，并将贫穷的原因简单地举出几个实例，使其易记，并说明此后救济之方法。……17. 宣传的方法，除文字上之外，应组织宣传队出发各乡，并由农会通告各乡，遇有迎神赛会打醮演剧等事宜，通知农会宣传队则宜依时前赴该处左近贴出布告，定时演说。”

值得注意的是，该决议案还提出，“宜从速组织农民自卫团”，“农民协会之关防及布告，应比官厅宏伟辉煌，令农民易于注意，而暗中形成一无产阶级未来之新国家——政府”。可见，青年团开展农民运动，也强调

① 广东省档案馆、中共广东省委党史研究委员会办公室编：《广东区党、团研究史料（1921—1926）》，广东人民出版社1983年版，第93页。

② 广东省档案馆、中共广东省委党史研究委员会办公室编：《广东区党、团研究史料（1921—1926）》，广东人民出版社1983年版，第103~107页。

自己的无产阶级本色。农民运动后来蓬勃发展，主要为共产党所控制，这成为国民党右派决意“清党”的一个重要原因。

（三）广州市郊、附近各县农民运动的发展

由于有了国共合作的旗帜，在广州革命政府控制下的地区，农民运动取得合法地位，加上国共两党组织得力，农民运动得以迅速开展。

广州市郊及附近各县，接近广州革命政府，革命气氛浓厚，群众基础较好，“农民部制定了初期农民运动计划，提出建立各类农民团体，并择定广州市郊及附近条件较好的县份，如顺德、广宁、中山、佛山、东莞、鹤山等县市作为实施试点，派遣特派员二十余人前往上述县市开展工作”①。这样，近水楼台的广州市郊及附近各县，“特别是顺德、花县、广宁和广州市郊等地的农民运动，开展得更为轰轰烈烈”②。1924 年 7 月，广州市郊第一区农民协会在芳村谢家祠召开成立大会，林宝宸为农民协会执行委员会委员长。入该协会的乡有芳村、花地、涌口、招村、联合围、龙尾导、新填地、亨滘、南村、茶滘、裕安围、汾水等。月底，广州市郊第二区农民协会又成立，领导珠村、长洲、王树、仑头、北山、深井、东圃、五村、沥滘、新洲、沐陂、车陂等乡农民协会。两个协会属下共有 16 个乡农民协会，会员 1 174 名。③ 1924 年底，彭湃等在芳村开办了广州市郊农民自卫军模范队训练班，以崔师、赵自选为教官。1925 年 7 月，市郊第一区农民协会从该区抽调青年农民近百人成立农民自卫军大队，廖仲恺、阮啸仙、赵自选参加了农民自卫军成立大会。随着农民运动的影响不断扩大，广州市郊第三区、第四区、第五区农民协会相继成立。

1924 年，市郊第一区农民协会开展了反对团局加抽禾更费的斗争。当时市郊农民要缴纳局费、联团费、护沙费、牛头捐、祠堂捐等名目繁多的捐税，负担太重。市郊第一区农民协会在协会执行委员会委员长林宝宸带领下到省政府请愿，要求撤销禾更费。12 月 13 日，崇文两堡联团总局长彭础立派人暗杀了林宝宸，令其“身中九枪，当场毙命”④。彭湃抚尸痛

---

① 杨绍练、余炎光：《广东农民运动（1922—1927 年）》，广东人民出版社 1988 年版，第 70 ~ 71 页。

② 陈登贵、江铁军编：《广东农民运动资料选编》，人民出版社 1986 年版，第 603 页。

③ 广州市地方志编纂委员会编：《广州市志》（第十一卷），广州出版社 2000 年版，第 735 页。

④ 《广州民国日报》，1924 年 7 月 31 日。

哭，说："我失去了一只左手。"[①] 市郊农民继续坚持斗争，广州市公安局逮捕了彭础立，省政府答应取消对市郊农民抽禾更费。这次斗争的胜利，扩大了农民协会的影响力。

花县是广东省农民运动较为突出的县。1923 年初，阮啸仙就在花县调查研究，他支持当地农民建立农工协会、夜校和平民阅报社。这年夏天，他再次来到花县，先后到九湖、联安、推广、元田、宝珠岗、杨村、公益等地，发动群众，建立乡村农民协会。阮啸仙与农民同吃同住。夏季广东农村的蚊虫特别厉害，而阮啸仙默默忍受，坚持工作。贫农卢扇群深为感动，他将自己家仅有的蚊帐拿来，强给阮啸仙挂上。事后卢扇群对群众说："啸仙是我们自己的人，是为我们穷人办事的，怎能让他受蚊子咬呢？我宁愿坐到天亮，也要把蚊帐给他用。"[②] 1924 年 10 月，花县农民协会正式成立，王福三任县农民协会执行委员会副委员长（正职缺）。阮啸仙在会场发表讲话，并为会场题写对联："坚忍卓绝为吾人本色，艰苦奋斗是我辈精神。"[③] 大会通过了"实行二五减租"，"取消送粮"，"取消大斗租"，"取消田信鸡、田信鸭"等决议，选举产生了花县农民协会执行委员会。花县下属区农民协会 3 个，乡农民协会 31 个，会员 3 878 名。[④] 1925 年 1 月 18 日，王福三在与反动民团的斗争中牺牲，"但花县农民运动并没因此而中断"[⑤]。

顺德农民运动，"是阮啸仙等人于 1924 年春发动的。他们深入乡村，组织农民建立了顺德县农民协会"[⑥]。1924 年 10 月，广宁县农民协会和农民自卫军相继成立，这得益于"彭湃、周其鉴以及广东油业工人的帮助"[⑦]，农民协会与农民自卫军在广东革命政府铁甲车队和卫士队支援下，粉碎了地方武装的反击。南海、佛山农民，在广州第一届农讲所学员梁复然、梁桂华，第二届农讲所学员吴勤等人领导下，建立了农民协会和农民

---

① 杨绍练、余炎光：《广东农民运动（1922—1927 年）》，广东人民出版社 1988 年版，第 90 页。

② 广州市民政局调查材料，存广州市民政局。

③ 卢克文：《花县农民运动纪实》，《广东文史资料》第 30 辑。

④ 广州市地方志编纂委员会编：《广州市志》（第十一卷），广州出版社 2000 年版，第 735 页。

⑤ 陈登贵、江铁军编：《广东农民运动资料选编》，人民出版社 1986 年版，第 603 页。

⑥ 陈登贵、江铁军编：《广东农民运动资料选编》，人民出版社 1986 年版，第 603 页。

⑦ 陈登贵、江铁军编：《广东农民运动资料选编》，人民出版社 1986 年版，第 603 页。

自卫军。佛山南浦农团军成立时盛况空前，“赴会者除四十七乡农民外，有邻近镇海四约仁和各乡，及顺德石阁水边十乡下联防团。佛山各工会皆列队到场，商团各界，亦纷纷往贺喜。……继由彭素民、廖仲恺、冯菊坡、施卜、杨匏安、罗绮园、杨殷及外宾法郎克等，相继演说，情形驩欢”①。该农团军在“镇压反动商团叛乱、支援工人运动及防御土匪、维护农民自身利益等方面，都起了很大作用”②。

总的说来，由于农民协会、农民自卫军以及农村中新开展的减租斗争等，打破了农村社会的平静，激化了农村中地主与农民的矛盾，“广宁、花县、东莞、宝安、顺德、番禺等县尤为剧烈”③。很多农民运动积极分子被地主民团势力残杀。也由于农民运动刚刚兴起，革命政府和农民革命经验尚不足，“此时的广东农民还未能注意自身力量的发展，有依赖革命政府与军事势力的思想，全省各级农会组织也未能密切关系，对于小地主、小商人、工人、学生也未能很好联络”④，故而农民运动尚未形成波澜壮阔之势。这种状况在广东省第一次全省农民代表大会之后有了改变。

1925 年 5 月，广东省第一次全省农民代表大会在广州举行。大会发布《广东省农民协会宣言》，宣告了广东省农民协会成立。广东省农民协会为加强对农民运动的宣传，主办了《犁头》杂志，及时报道广东各地农民运动情况，总结经验教训，对推动农民运动在广东乃至全国的发展，都起着重要作用。此后，广东的农民运动有了统一的组织，发展更加迅猛。1926 年 1 月，广东省农民协会将全省划分为六个区域，中路和广州市郊不设办事处，直接归广东省农民协会管辖。到 1926 年 5 月，中路已有十三个县建立了农民协会，会员人数达到 101 000 多人。⑤ 广州市郊及附近各县中共党组织的建立，也推动了当地农民运动的发展：“1925 年至 1926 年，顺德、新会、南海、中山及广州市郊等地的党组织成立后，加强对农民运动的领导，使各县农民运动普遍开展起来，并有组织地开展减租减息、废除苛捐

---

① 《广州民国日报》，1924 年 6 月 2 日。

② 杨绍练、余炎光：《广东农民运动（1922—1927 年）》，广东人民出版社 1988 年版，第 91 页。

③ 陈登贵、江铁军：《广东农民运动资料选编》，人民出版社 1986 年版，第 604 页。

④ 广州农民运动讲习所旧址纪念馆编：《广东农民运动资料选编》，人民出版社 1986 年版，第 604 页。

⑤ 罗绮园：《会务总报告》，《中国农民》1926 年第 6、7 期合刊。

杂税、反对地主豪绅和民团的倒行逆施、兴办农村学校等方面斗争。”①

中共领导的新型农民协会对于传统乡村社会而言，是一项革命性的新事物。传统乡村社会政治特征是代表国家的保甲制度和代表地方的宗族组织与士绅相结合的乡村自治。而中共领导的农民协会，有武装、有法庭、有学校，可以调节税收，“会员如有争执，必禁其投诉官厅”②。1926 年广东省农民协会 1 月到 3 月共计收到 2 526 份文件，其中有 164 个案子，这 164 个案子的类别及百分比如下③：

一、政治方面	八十八种	百分之五十三
二、经济方面	三十七种	百分之二十二
三、教育方面	十二种	百分之七
四、会务方面	十八种	百分之十三
五、其他	九种	百分之五

从上述数据可知，农民协会已经深度介入了地方社会生活的各个方面，且其经手的政治案件过半，这对传统的士绅政治是个巨大的冲击。农民协会俨然成为地方政权，“显示出了以广大农民为主体、以推翻封建地主政权为宗旨的农民政权性质”④。农村这种革命性的变化，引起了保守的国民党右派的深深忧虑。

（四）广州及近郊、附近各县农民运动的重要活动

1. 农民自卫军随孙中山北伐及参加平定商团叛乱

1924 年秋，200 名广州农讲所第二届学员组成了“农民自卫军模范队”，这是“广东（也是全国）第一支农民自卫军。它对我国农民革命武装的建立和发展，不仅起了先导作用，而且提供了宝贵经验”⑤。1924 年 9

---

① 陈登贵、江铁军编：《广东农民运动资料选编》，人民出版社 1986 年版，第 611 页。

② 广东省档案馆、中共广东省委党史研究委员会办公室编：《广东区党、团研究史料（1921—1926）》，广东人民出版社 1983 年版，第 106 页。

③ 广东省档案馆、中共广东省委党史研究委员会办公室编：《广东区党、团研究史料（1921—1926）》，广东人民出版社 1983 年版，第 278 页。

④ 李永芳：《近代中国农会研究》，社会科学文献出版社 2008 年版，第 361 页。

⑤ 林锦文编：《广州农民运动讲习所资料选编》，人民出版社 1987 年版，第 369 页。

月，孙中山决意北伐，下令广东农民自卫军①北上韶关。农民自卫军到达韶关后，担任后方的宣传工作，“全队分为十小队，以附近韶籍之学生作领队，分别往各乡村及城内调查。结果甚得当地农民之欢迎。嗣后每日以四人为一队，共三十六队，出发到韶关附近数十里内一切农村作宣传运动”。另外，也曾经“一天巡行市面散发传单”②。

1924年10月，广州商团发动叛乱。10月15日，农民自卫军奉命和其他革命军队对商团军发动进攻。农民自卫军参与了进攻设于西瓜园的商团总部的战斗，击毙商团军数百人。“广州市郊及南海、佛山、顺德等地农民，配合战斗，监视各地商团军活动。”③ 当商团叛乱形势严峻时，花县地主豪绅企图挖掘粤汉铁路铁轨，以阻止北伐军会师。花县农民协会副委员长王福三获悉此情况，返回县农民协会疾书函告广东革命政府，并在各地张贴告示，揭发地主豪绅阴谋，终使北伐军顺利乘火车赶回广州。④

2. 争取市长选举权和响应国民会议运动

1924年11月，孙中山北上后，广州在极右势力操纵下进行“民选市长”，其中农民被剥夺了选举权。广州市郊农民在市郊农民协会领导人林宝宸领导下，发动了争取“市长选举权”的请愿和示威游行。中共广东区委负责人周恩来也撰文《工人阶级与广州市选》，支持广州市郊农民的正当行为。各县农民协会也纷纷声援。最终，“农民争得了选举权、被选举权的地位和派代表到选举现场监督选举的权利，以及参加广州市政工作的权利”⑤。

孙中山北上后，国民会议活动在全国展开。广东农民也积极响应，以全省农民联合会的名义，代表18万有组织的农民，致电孙中山，表示支持国民会议召开。“在建立了农民协会的地方，几乎都召开了群众大会，成

---

① 关于自卫军人数，一种说法是除去因不能吃苦、恐惧退学及因病不能随军，以及后加入南浦农团20人，共有160多人，见林锦文编：《广州农民运动讲习所资料选编》之《第二届农民运动讲习所》，人民出版社1987年版；另一种说法是自卫军有300人，见陈登贵、江铁军编：《广东农民运动资料选编》，人民出版社1986年版，第618页。

② 林锦文编：《广州农民运动讲习所资料选编》，人民出版社1987年版，第56页。

③ 杨绍练、余炎光：《广东农民运动（1922—1927年）》，广东人民出版社1988年版，第137页。

④ 陈登贵、江铁军编：《广东农民运动资料选编》，人民出版社1986年版，第618～619页。

⑤ 杨绍练、余炎光：《广东农民运动（1922—1927年）》，广东人民出版社1988年版，第137页。

立了各级国民会议促成会，并发表通电、宣言，开展各种宣传活动。”① 甚至还有四五个农民代表北上参加国民会议，当时出席这个会议的农民代表，全国“只有广东各县选派的几个”②。

3. 声援省港大罢工

1925 年 6 月，省港大罢工爆发后，广东省农民协会发表宣言、通电，并组织沿海各地农民自卫军参加封锁香港行动，截留英货、日货。各地农民封锁了各个出海口，市郊农民封锁白鹅潭。他们截留英货、日货不许入口，扣缉私货不准接济香港，各地农会每个会员还捐助一毫钱给罢工工人。③

4. 在“廖案”中支持革命政府反击右派

1925 年 8 月 20 日，国民党左派领袖廖仲恺被暗杀。农民纷纷举行追悼大会，声讨右派。革命政府成立了“廖案”调查委员会，追缉凶手。8 月 25 日，革命政府开始进行肃清反革命的工作，收缴反革命武装枪支。各地农民自卫军立即配合行动。在工农群众支持下，革命政府把右派头子胡汉民、军阀许崇智驱逐出广州。此次革命政府坚决反击右派并取得胜利，得力于广东农民的大力支持，“是农民给予政府以多大勇气和果敢才能够成功”。

5. 支援东征、南征，平定刘、杨叛乱以及北伐等军事斗争

从 1925 年起，广东革命政府在广大群众的支持下，发动了东征、南征，以及平定刘、杨叛乱等军事斗争，以巩固广东革命根据地；又发动北伐，将革命势力从珠江流域推进到长江流域。在这一系列军事行动中，革命军队不管顺境还是逆境，都能取得最后胜利。其原因固然很多，但广大群众的支持无疑是非常重要的。在中国近现代史上，这一系列军事斗争，初步展现了人民战争的威力。广州及近郊、附近各县农民用各种方式参加了这一系列军事斗争，为革命取得胜利作出了自己的贡献。

1925 年 5 月，广东革命政府决定将东征军调回广州，镇压刘、杨叛

① 杨绍练、余炎光：《广东农民运动（1922—1927 年）》，广东人民出版社 1988 年版，第 139 页。

② 广东省档案馆、中共广东省委党史研究委员会办公室编：《广东区党、团研究史料（1921—1926）》，广东人民出版社 1983 年版，第 275 页。

③ 陈登贵、江铁军编：《广东农民运动资料选编》，人民出版社 1986 年版，第 622 页。

乱。刚成立不久的广东省农民协会发表宣言，号召全省农民联合粤汉广三地铁路工人，开展驱逐刘、杨运动。[①] 各地农协以实际行动积极响应，番禺的农民自卫军帮助革命军侦察敌情，并入城参加了实战，还在广九铁路一带袭击敌人后方；南海农民自卫军收缴了广三铁路滇军胡思舜部的枪支。第二次东征时，第三届农讲所东江籍学生10人，组织宣传队随军去作宣传，并组织地方农民协会等。北伐时，后方的各级农民协会组织群众募捐支持北伐军，并配合政府做各种革命宣传等。[②]

（五）毛泽东在广州开始了农民运动和中国革命理论的重要探索

毛泽东是把马克思主义中国化的重要人物，是开启中国共产党独立探索和领导中国革命的重要人物。毛泽东的这一业绩，可以追溯到他在广州的革命经历。

在中共三大上，当时党的领袖陈独秀等人虽注意到农民问题，但没有从战略高度看待农民问题："陈独秀先生和中共广东区委虽曾鼓励彭湃这种活动，但陈独秀在第三次代表大会的报告中，并未提到这项农民运动，而且慨叹农民人数虽多，但太落后了，一时不易发动起来。"[③] 中共三大对农民问题的重视，离不开毛泽东的贡献："只有农民运动，是一个新提出来的问题。在中共的历次讨论中，直到第三次代表大会，代表才注重这个问题"[④]，"毛泽东的发言是强调农民革命的重要性，进而指出中共不应只看见局处广州一隅的国民党，而应重视全国广大的农民。"[⑤] "湖南工人数量很少，国民党员和共产党员更少，可是漫山遍野都是农民，因而他得出结论，任何革命，农民问题都是最重要的。他还证以中国历代的造反和革命，每次都是以农民暴动为主力。中国国民党在广东有基础，无非是有些农民组成的军队，如果中共也注重农民运动，把农民发动起来，也不能形成像广东这类局面。"[⑥] 毛泽东在中共三大上第一次进入中央，是否与他的农民运动发言有关，我们不得而知，但是毛泽东在中共三大上比较活跃，

① 阮啸仙：《广东省农民一年来之奋斗报告大纲》，《中国农民》1926年第6、7期合刊。

② 陈登贵、江铁军编：《广东农民运动资料选编》，人民出版社1986年版，第620～624页。

③ 广东革命历史博物馆编：《中共"三大"资料》，广东人民出版社1985年版，第187页。

④ 广东革命历史博物馆编：《中共"三大"资料》，广东人民出版社1985年版，第187页。

⑤ 广东革命历史博物馆编：《中共"三大"资料》，广东人民出版社1985年版，第187页。

⑥ 广东革命历史博物馆编：《中共"三大"资料》，广东人民出版社1985年版，第187～188页。

会后也深得重用是基本无疑的。

1925 年 2 月，毛泽东在湖南养病，其时“湖南农民运动变得非常富有战斗性”，毛泽东也组织了二十多个农会，湖南军阀赵恒惕派军队追捕毛泽东，毛泽东成功逃脱后返回广州。9 月，毛泽东参加国民党第二次全国代表大会的筹备工作，10 月，出任国民党代理宣传部长。毛泽东曾这样描述：

我到达那里的时候，正逢黄埔学生打败云南军阀杨希闵和广西军阀刘震寰。广州市和国民党内部弥漫着一片乐观气氛。……我在广州担任《政治周报》主编，这是国民党宣传部出版的一个刊物。后来它在抨击和揭露以戴季陶为首的国民党右派时，起了非常积极的作用。我还负责训练农民运动组织人员，为此目的，开办了一个讲习所，参加学习的来自二十一个不同省份的代表，包括从内蒙来的学生。我到广州不久，便任国民党宣传部长和中央候补委员。林祖涵那时是国民党农民部长，另一个共产党员谭平山是工人部长。①

在广州时，毛泽东对中国社会的观察走向深入，并开始阐述农民运动在中国革命的重要性，他提到：

我那时文章写得越来越多，在共产党内，我特别负责农民工作。根据我的研究和我组织湖南农民的经验，我写了两本小册子，一本是《中国社会各阶级的分析》，另一本是《赵恒惕的阶级基础和我们当前的任务》。陈独秀反对第一本小册子里表示的意见，这本小册子主张在共产党领导下实行激进的土地政策和大力组织农民。陈独秀拒绝在党中央机关报刊上发表它。后来它在广州《农民月刊》和在《中国青年》杂志上刊出了。第二篇论文在湖南出了小册子。大致在这个时候，我开始不同意陈独秀的右倾机会主义政策。我们逐渐地分道扬镳，虽然我们之间的斗争直到一九二七年

① 《毛泽东谈国民革命》，中共广州市委党史资料征集、研究委员会办公室编：《广州大革命时期回忆录选编》（中共广州党史资料丛书），广东人民出版社 1986 年版，第 4 页。原件见斯诺《西行漫记》。

才达到高潮。①

毛泽东在广州期间，因为工作需要，他也必须进一步探索农民问题。1926年2月，他到国民革命军第二军军官学校讲授“农民问题”，在中国国民党政治讲习班担任理事及教员，讲授“农民运动”。同年5月至9月，他担任第六届农讲所所长，并讲授“中国农民问题”、“农村教育”、“地理”三门课程。在讲课时，他以马克思主义为指导，科学地分析了“农民问题是中国革命的中心问题”。毛泽东在农讲所主编的《农民问题丛刊》，共出版26种，他还亲自为该丛刊写了序言《国民运动与农民运动》。《农民问题丛刊》为当时农民运动的开展提供了讯息和理论指导，是指导当时全国农民运动的重要文献。

毛泽东自己在湖南、广州农民运动的实践，广东彭湃、阮啸仙等农民运动先驱在农民运动上的实践和理论探索，广东农民运动风起云涌的事实，都给毛泽东以丰富的理论探索养料。由于毛泽东在农民运动理论和实践上成绩斐然，1926年11月，毛泽东到上海担任中共中央农民运动委员会书记。1926年3月和1927年3月，毛泽东先后发表《中国社会各阶级的分析》、《湖南农民运动考察报告》等文章，用历史唯物主义观点分析了中国社会各阶级的经济地位及政治态度，明确提出了坚持无产阶级对中国革命的领导权和依靠农民同盟军进行革命斗争的主张。

三、青年运动

（一）1920年前后的广州青年运动

广州因其独特的地理位置，向来就得风气开放之先。俄国十月革命爆发后，广州报界就欣喜地报道，俄国新政府将“尽废弃”“与诸外国所订现行条约”②，“其主张之共产主义，最得平民劳动者之欢心”③。1919年4月，中国代表在巴黎和会上外交失败，以此为导火线，中国“五四”运动

① 《毛泽东谈国民革命》，中共广州市委党史资料征集、研究委员会办公室编：《广州大革命时期回忆录选编》（中共广州党史资料丛书），广东人民出版社1986年版，第4页。原件见斯诺《西行漫记》。

② 《广东中华新报》，1917年11月23日。

③ 《广东中华新报》，1917年12月28日。

爆发，广州青年积极参加了这次对后世产生深远影响的运动。5月7日，广东省学生联合会发出通电，呼吁各界“主持正论，伸张正气”[①]。广州学生们还发动了声势浩大的抵制日货行动，组成调查队、宣讲团，深入广州各区开展活动。学生们响应“五四”运动的斗争一直持续了7个月，至1919年12月才结束。

“五四”运动后，广州本地报刊大量介绍马克思主义，《新青年》、《每周评论》、《星期评论》、《向导》等刊物以及宣传马克思主义的书籍也大量传入广州。陈独秀在《广东群报》创刊号上发表《敬告广州青年》一文，提出“讲求社会需要的科学，勿空废光阴于无用的浮夸的古典文字”，“做贫苦劳动者底（的）朋友，勿为官僚资本家佣奴”，[②] 等等。

谭平山等人受陈独秀委托，从1920年8月起开始组织广州社会主义青年团。1920年11月下旬，青年团与区声白、赵司侬等人领导无政府主义组织互助团合并，并在广东高等师范学校召开了广州社会主义青年团成立大会。大会通过的章程规定，广州社会主义青年团的宗旨是“研究社会主义，并采用直接行动的方法，以达改造社会的目的”[③]。广州社会主义青年团成立后，开始了一些宣传和发动群众的工作。阮啸仙、刘尔崧、周其鉴、张善铭等人还发动“甲工”学校全体师生，迫使省政府更换了营私舞弊的“甲工”学校校长。但是，1921年3月，青年团上海总团由于团员思想不一致，没有具体工作计划而解散。1921年5月，广州社会主义青年团也停止了活动。

中共广东支部负责人谭平山受党中央委托，受命重组青年团。1922年3月14日，广东社会主义青年团成立暨马克思纪念大会在广州东园举行。会上，谭平山宣布：“本团的组织，纯以马克思主义做中心思想。”[④] 广东社会主义青年团执行委员会，下设劳动运动、学生运动、农民运动、军人运动、政治宣传、社会教育等7个委员会，谭平山为执行委员会书记。“是时，广东全省有团员500余人，是全国团员最多的地方。”[⑤] 由于广州

---

① 《上海民国日报》，1919年5月17日。

② 《广东群报》，1920年10月20日。

③ 《广东群报》，1921年1月27日。

④ 《青年周刊》，1922年3月22日。

⑤ 中共广东省委党史研究室编：《中国共产党广东地方史》（第一卷），广东人民出版社1999年版，第58页。

的政治气氛相对宽松，1922年5月5日至10日，中国社会主义青年团第一次全国代表大会也选在广州举行。大会通过了团纲、团章，选举了中央执行委员会，施存统为书记。青年团与中共的关系得到了明确，青年团正式接受中共领导。

广东社会主义青年团自成立起，就领导广州和广东其他各地青年投入革命活动。其比较显著的工作主要有：创办《青年周刊》，宣传马克思主义，批驳无政府主义等各种错误思潮；发动青年声援和参加香港海员大罢工，深入工人办各种补习班和青年工人俱乐部，发展团员；参加反帝爱国的“非基督教运动”等。

但是，当时广州政坛上，孙中山和陈炯明的斗争越来越公开化，1922年6月，陈炯明在广州炮轰总统府，发动政变。陈炯明镇压革命势力，广东党、团工作被迫转入地下，组织处于半瘫痪状态。广州青年运动遭受重大挫折，“一年内损失去二千余团员，而且几乎全是工人，组织能力可谓薄弱之至”[①]。陈独秀认为广东党、团与陈炯明关系密切，违背中央拥孙反陈的政策，陈公博、谭平山等人因错误支持陈炯明而受到中央处分[②]。随后中央派张太雷到广州主持广东党、团的改组。

在此混乱时刻，阮啸仙受团中央的委托，着手重建广东青年团组织。阮啸仙先整顿了广州地方团。1923年5月，广州团地委成立，阮啸仙为书记。随后，经中央同意，“以广州地委代理区执委会职责”，由阮啸仙“代行粤区委书记职责”，领导全省团的工作。青年本就具有革命的热情，组织得力后，广州团活动乃日益活跃：“至于本团同志活动情形，较前已有可观，如民权运动、学生运动、劳工运动，参加者日见其多。如五月二十七日之京汉路被难工友追悼大会，团员到者占全场之半数，居然站在群众面前，大呼打倒军阀！打倒帝国主义！为京汉工友复仇！散会后，到第一

① 全国团“二大”《关于中央执行委员会报告的决议案》，1923年8月。

② 但据陈公博回忆：“仲甫先生在回沪之前一日，约我在宣讲所谈话，……他说广东恐怕不久必有变故。我们应知有所适从。论道理是应当联孙，论力量是当联陈，问我什么意见。……但我正色对仲甫说，我们暂时不说道理和力量，孙先生到底是中国一个人，陈炯明纵然了不起，也只是广东一个人，何去何从，先生当知所择。”因而，当中央指责陈公博等不支持陈炯明时，引起陈公博的反对。此事成为陈公博脱党的一个重要原因。见中共广州市委党史研究室编：《陈独秀在广州的创党活动》，广州出版社2009年版，第244～247页。

公园演说，及沿途派传单者，皆为 S. Y. 也。于前途颇报（抱）乐观。”①

（二）中共三大和国民党一大关于青年运动的决议

1923 年 6 月 12 日至 20 日，中共三大在广州召开。这次大会的中心议题是研究国共合作、建立革命统一战线。大会作出了一系列决策，提出了 11 个纲领性文件，对于青年运动，大会专门提出了《青年运动决议案》②。

决议案首先指出：“第三次大会认为青年运动为本党重要工作之一，所以对于社会主义青年团应极力加以组织上指导之援助。”这是中国共产党历史上第一次以纲领性文件的形式确认青年运动是党的重要工作，并要求在组织上加以极力帮助和指导。社会主义青年团员是党员的接班生力军，对于党的持续战斗力有非常重要的作用。但当时无论是上海青年团还是广州青年团，显然都与革命要求相差甚远。由此，中国共产党也认为应该极力加强对社会主义青年团组织上的帮助。

接着，决议案要求加强对青年的教育问题，关心青年的实际生活：“社会主义青年团应以组织及教育青年工人为其重要工作，在出版物上应注意于一般青年实际生活状况及其要求。”

在具体工作上，决议案作出了三个方面的指示：

一是要求社会主义青年团加强马克思主义宣传，青年运动应该脱离一般的学生运动，加入到反帝反封建的国民运动行列中去：“社会主义青年团对于青年学生应从普通的文化宣传进而为主义的宣传，应从一般的学生运动引导青年学生到反对军阀反对帝国主义的国民运动。”

二是要求社会主义青年团“开始从事于农民运动的宣传及调查”。这项要求反映了中国共产党开始重视农民运动，并且把党的未来生力军青年团员投入到此项运动中。

三是要求青年“应根据本党第三次大会关于国民运动与国民党之议决案极力参加国民运动”。中共三大所通过的《关于国民运动及国民党问题的议决案》，其核心内容就是全体党员加入国民党，建立革命统一战线，

① 《啸仙致存充信——关于广东团的组织状况及其任务问题（1923 年 6 月 4 日）》，中央档案馆、广东省档案馆编：《广东革命历史文件汇集（1922—1924）》，甲 1，编号：0001571，第 62～63 页。

② 中央档案馆编：《中国共产党第二次至第六次全国代表大会文件汇编》，人民出版社 1981 年版，第 65 页。

共同推动国民革命。这样，《青年运动决议案》也就是号召广大青年加强与国民党合作，发展国民革命。

综上所述，中共三大所通过的《青年运动决议案》从组织上、思想教育上和具体工作上都对青年运动作出了明确指示。特别是决议案明确要求现阶段广大青年应该加入到国民革命中去。决议案也为广州青年运动指明了方向。广州团地委书记阮啸仙参加了中共三大，会后，阮啸仙等人根据会议精神，把广州的青年运动大大向前推进了。

国民党也很注意争取青年加入。1924 年 1 月国民党一大也呼吁青年加入国民党，参加国共合作："我们的宗旨，是要顺应世界的潮流。现在的章程草案，适得其中，最合现在的环境，与共产党之主义差不多，尤希望有多数青年加入。无青年加入，本党是不会发达的，现在国中的社会党，无政府党诸激烈派，皆无首领，惟本党在中国、在世界，为有历史的、有主义的、有首领的革命党，希望他们都来加入才好。"①

（三）中共三大后广州青年运动蓬勃发展

阮啸仙受命重整广东青年运动的任务后，认真总结过去的经验教训，首先筹建了广东新学生社。1923 年 6 月 17 日，广东新学生社成立，阮啸仙任社长。阮啸仙主持制定的《广东新学生社纲领》中明确提出新学生社的政治主张是"对内打倒封建制度，对外打倒资本帝国主义"②，这实际上是贯彻中共三大号召广大青年参加到国民革命中的主张。

广东新学生社刚成立时，只有广东甲工、广东高师等广州 10 所学校学生，之后，在阮啸仙等人的积极推动下，以广州为中心，其组织扩大到广东全省各地，甚至扩大到香港、广西和福建等地。1924 年 11 月广东新学生社改组时，取消了"广东"二字，改称"新学生社"。

广东新学生社成立后，响应中共三大《青年运动决议案》，加强了对青年的宣传和教育工作，创办了《新学生》半月刊。《新学生》创刊号就发表了《乱世能读好书吗?》一文，倡导青年要多关心政治。《新学生》还大造国共合作的舆论，并且组织全体社员加入国民党，帮助国民党改组。广东社会主义青年团通过广东新学生社开展各项斗争，发展团员，制造声

① 《中国国民党第一次全国代表大会会议录（第十二号）》，中共广东省委党史研究委员会、中共广东省委党史资料征集委员会编：《第一次国共合作研究资料》（内部刊物），1984 年，第 73 页。

② 阮啸仙：《关于粤区一年来 S. Y. Z. 工作报告》，1924 年 4 月 4 日。

势，扩大影响，广东青年运动由此发生了根本性转折。1923 年 10 月 14—16 日，团广东区第一次代表大会在广州召开，阮啸仙当选为执行委员会委员长。大会围绕扩大团组织和参加国民革命等议题，通过了《关于区报告的决议案》、《关于地方报告的决议案》。团广东区第一次代表大会为广东全省青年运动提出了纲要性指南，为广大青年参加大革命做了干部和组织上的准备。

在广州团地委和广东新学生社引领下，广州青年积极参加了国民革命。其主要表现有：

1. 大力发展新学生社、青年团等进步组织

国共合作前，团广州地委属下只有 5 个团支部，共 116 名团员。国共合作后，“仅 2 个多月，团支部就发展到 16 个，团员遍布了大中专学校、工厂、商店、铁路等各个部门。一年后统计，广州的团员达到了 1 400 多人”①。

为了加强学生运动的联合，使学生运动走上国民革命的轨道，1924 年 3 月，根据中共广东区委的决定，新学生社发动改组广州学生联合会的活动，青年团员、新学生社社员杨石魂、周文雍、蒋世明等人，组成了学生联合会的核心。此时国民党已经实行了执行委员会制，各界团体也多采用，改组后的广州学生联合会亦实行之，故“代表性较强，出现活跃的新气象”②。新学生社在大革命高潮到来时，社员发展到 3 000 多人，其中在广州有 900 多人。③ 1925 年冬，东征和南征相继取得胜利，广东全省统一，1926 年 3 月，广东全省学生会代表大会召开，广东全省学生联合会宣告成立。4 月 20 日，全体代表到省港罢工委员会慰问罢工工友，显示了该组织在一定程度上的左派倾向。

2. 积极帮助国民党发展组织

还在国民党一大之前，国民党已经在广州开展了改组试点工作，“分全市为十二区分部”，而这些区分部里，有青年团员在其中承担国民党工

---

① 广东青运史研究委员会、共青团广东省委员会编：《广东青年运动史》，广东高等教育出版社 1994 年版，第 75 页。

② 陈志文：《大革命时期广州学生运动》，中共广州市委党史资料征集、研究委员会办公室编：《广州大革命时期回忆录选编》，广东人民出版社 1986 年版，第 296 页。

③ 广东青运史研究委员会、共青团广东省委员会编：《广东青年运动史》，广东高等教育出版社 1994 年版，第 100 页。

作，“第一、三、四、十，四（个）分部都有同学做执行委员”。阮啸仙等广东、广州团领导力主团员大力渗透进第一、三、十区：“决议集中一、三、十区，因一区学生多，三、十两区工人多，同学们全班落力出齐拍演，一齐混进三个区去。……我们的具体计划，就是下面找群众。以广州五千余党员计（不是实数），与我们表同情者至少训练到三千，其中工人至少要一、二千以上，将来必产出同志不少。”①

为了帮助国民党改组，广东团委还特意指出青年团员在工作时务须谨慎，以取得国民党信任：“同志活动务须审慎，又同志乘此机会，尤要尽量表现能力，以取得该党及社会一般之信仰。”同时还要求专人负责广州国民党十二个区分部区域范围内的改组工作：“每区中即行组织亦小组（S. Y. 和 C. P. 同志共同组织），举组长一人，又由组长组织一国民运动委员会（已经成立），以定策划。若某一区仅有同志一人或并无同志在其中者，则另设法联络青年工人，秘密组织其他团体，受国民运动委员会的指挥。”②

1923 年 11 月，东江战事紧张，广州人心浮动，广州革命政府发起组织义勇队，得到全市国民党员支持。广州团地委也积极支持，“国民党经已发起组织义勇队，以党员为基础，再征求表同情国民革命的加入。现在各工会全体加入的很多，学生之加入的也不少，这可见国民党党员对于革命之热忱与勇敢，及国民之同情心。我们努力革命的青年，与已联合的团体，更应全体加入，表示我们对于革命的勇气，与联合战线的真诚。特此通告，希望各支部马上召集会议，速将加入名册交来，至紧！至紧！”③

3. 加强革命宣传，反对奴化教育

青年人有激情，在进步组织的领导下，成为 20 世纪 20 年代广州革命

---

① 《啸仙给仁静的信——团应注重青年工人农民工作，鹤山、东莞成立支部问题（1923 年 11 月 13 日）》，中央档案馆、广东省档案馆编：《广东革命历史文件汇集（1922—1924）》，甲 1，编号：0001571，第 194～195 页。

② 《团粤区委报告（第八号）——关于国民党改组和广州地委组织情况（1923 年 11 月 24 日）》，中央档案馆、广东省档案馆编：《广东革命历史文件汇集（1922—1924）》，甲 1，编号：0001571，第 211 页。

③ 《团广州地委通告（第十号）——号召团员参加国民义勇队（1923 年 11 月 16 日）》，中央档案馆、广东省档案馆编：《广东革命历史文件汇集（1922—1924）》，甲 1，编号：0001571，第 200 页。

宣传的主力军，如“找了一帮二十岁以下的工人及学生同志组织数队演讲队，……并教他们怎样去演讲，擎起 C. Y.粤区的白底红字旗，在大会场中四围演讲及唱少年先锋队歌。散会后又随同大队出发巡行，且高呼‘我们的旗帜——列宁，我们的武器——列宁主义，我们的任务——世界革命’口号，及唱少年先锋队歌，此时一般商家看见好像很害怕……”①

帝国主义在中国长期利用基督教进行奴化教育。国共合作实现后，广州的学生首先起来反对教会教育，得到了全国各地的支持。在广东区委和新学生社努力下，1924 年 12 月 23 日，专门成立了一个反帝国主义文化侵略活动的广东反对基督教大同盟。广州广大青年纷纷走上街头进行演讲、散发传单，举行示威游行。反基督教文化侵略活动很快扩展到其他各个阶层，“最热烈参加的，就是黄埔军校学生，及农民讲习所学生，及沙面青年工人。这次反基督教影响颇大，为广州所未有”②。

4. 参加黄埔军校、农讲所等各种政治、军事培训学校，为革命输送干部

国共两党合作后，一起创办了多所学校或培训机构，以培养革命干部。1924 年 5 月，黄埔军校开学。到 1927 年，黄埔军校共办了 6 期，“到 1927 年春夏之交国民革命失败前，毕业的学生近 5 000 人，其中不少是共产党员和共青团员”③。1925 年 2 月，周恩来在黄埔军校组织了中国青年军人联合会，“4 月间，有会员 2 000 多人，翌年 8 月，会员发展到 2 万多人。该会出版《军人联合会周刊》、《中国军人》等刊物”④，宣传革命理论。国共两党还选送了大批青年到莫斯科中国劳动者中山大学学习。这所学校是共产国际为了纪念孙中山、为中国革命培养革命干部而在 1925 年 10 月创办的。广州报名的青年有 1 000 多名，被录取的有 180 名。⑤ 广州农讲所

① 《共产主义青年团广东区委工作总报告》，广东省档案馆、中共广东省委党史研究委员会办公室编：《广东区党、团研究史料（1921—1926）》，广东人民出版社 1983 年版，第 370 页。

② 陈登贵、林锦文：《广州农民运动讲习所》，张腾霄主编：《中国共产党干部教育研究资料丛书》（第三辑），中国人民大学出版社 1989 年版，第 40 页。

③ 广东青运史研究委员会、共青团广东省委员会编：《广东青年运动史》，广东高等教育出版社 1994 年版，第 77 页。

④ 广东青运史研究委员会、共青团广东省委员会编：《广东青年运动史》，广东高等教育出版社 1994 年版，第 78 页。

⑤ 广东青运史研究委员会、共青团广东省委员会编：《广东青年运动史》，广东高等教育出版社 1994 年版，第 79 页。

是中国共产党为了培养农民运动干部而创办的，“该所的学生，大多数是各县农民的子弟，亦即是青年农民”[①]。第一届农讲所学员有广东新学生社社员6人，第二届有团员20人，后来发展团员40人。[②]

5. 参加农民运动

广东、广州团开展活动比较注重做青年农民和青年工人的工作。阮啸仙指出，“我们的切要工作，在于深入群众，和群众发生密切的关系，宣传与组织，为与群众长时间之接触而结不解之缘也。多年来经验所得，总觉得知识界在团体不见得好，总是变动，靠不住。尤以高等专门学生，因读歪书太多之故，变动更是容易。现在我们变更方针，倒不如专注重青年工人（产业工人）和农民，学生运动在国民革命当中，也是可用”[③]。

第一次国共合作时期，在青年团组织下，广州很多青年都参加到市郊和其他地方的农民运动中去。“广州市郊却已有农民协会底（的）组织，青年农民俱乐部现在亦正在着手倡办，在各县农民协会之下，青年农民运动亦有同样的进行。”[④]“在这次反帝运动中，这一般青年农民和学生，对宣传及援助罢工工人亦做了许多工作。”[⑤]“这虽属一般的农民运动，但……参加这种运动的多数是我们青年同志呢!”[⑥]

团广东区委特意强调要加强青年农民工作，“本团实为青年利益奋斗之团体，我们同志在农民运动中，应随时注意青年农民之训练及组织，且从实际观察一般青年农民富有革命性，反抗压迫，比较成年人勇气加倍。我们应相机在会内设立青年农民俱乐部等”[⑦]。为了加强党对广东农民运动的领导，后来中共广东区委决定将团组织的农民运动收归党区委领导。1924年10月，阮啸仙在给团中央的报告中说：“对于各地及直辖支部同

① 赖先声：《反帝国主义运动中的广州青年》，《中国青年》1925年第99期。

② 广东青运史研究委员会、共青团广东省委员会编：《广东青年运动史》，广东高等教育出版社1994年版，第91页。

③ 《啸仙给仁静的信——团应注重青年工人农民工作，鹤山、东莞成立支部问题（1923年11月13日）》，中央档案馆、广东省档案馆编：《广东革命历史文件汇集（1922—1924）》，甲1，编号：0001571，第193～194页。

④ 赖先声：《反帝国主义运动中的广州青年》，《中国青年》1925年第99期。

⑤ 赖先声：《反帝国主义运动中的广州青年》，《中国青年》1925年第99期。

⑥ 赖先声：《反帝国主义运动中的广州青年》，《中国青年》1925年第99期。

⑦ 《社会主义青年团粤区代表大会决议案》，广东省档案馆、中共广东省委党史研究委员会办公室编：《广东区党、团研究史料（1921—1926）》，广东人民出版社1983年版，第104页。

志，已担任农工运动工作，而可以加入 C. P.者，即介绍加入之，使完成农工运动应归 C. P.主持之原则。”[①]

6. *参加工人运动*

团广东区委把发展工人运动作为头等重要的工作来做，“日日设法怎样在广州做青年工人运动”[②]。刘尔崧、施卜等重要团骨干深入广州各企业，宣传革命理论，开办工人学校，组织工会，发动罢工。1924 年 6 月，沙面罢工爆发。7 月，罢工工人组织了沙面青年工社，团结各业工人开展斗争。在著名的省港大罢工中，共青团广东区委、省港罢工委员会，粤汉、广三铁路团支部和沙面团支部代表发起了省港青年工人大会，大会发表了《告青年工人》、《省港青年工人大会宣言》，宣称：“这个大会，是我们受重重压迫的青年工人得到解放的出发点”[③]，“一致主张青工加入工会，要求保护青工利益，督促国民政府北伐，推翻段祺瑞卖国政府，组织中央国民政府”，“废除一切不平等条约”[④]，表现了青年工人较高的政治追求。

随着工人运动的发展，“各条铁路筹组总工会和工人学校、工人子弟学校，各地农会和劳动童子团的筹办，‘新学生社’也提供了大批骨干力量”[⑤]。1925 年 5 月，“中华全国总工会”在广州成立，省港大罢工后罢工委员会各部门以及派驻各地的纠察队、宣传队等，急需懂理论有文化的干部。新学生社输送了大批社员进入工人运动各领域，如蓝裕业调去编辑《工人之路》；林丛郁、梁祖诒调去“海员总工会”；陈永年、罗伯良、饶君强、罗振醒、袁德韵、陈作恬、黄光明等调到“中华全国总工会”或“罢工委员会”；陈志文先被调往“中央通讯社”，不久，又被调往“广三铁路总工会”；陆杰、严忠孚、陈志深、何怡之等也离开学校调去各处工作。[⑥]

---

① 《阮啸仙致团中央报告》（第五号），1924 年 10 月 27 日。

② 阮啸仙：《一年来之 S. Y.粤区》，1924 年 4 月 4 日。

③ 《广州民国日报》，1926 年 3 月 31 日。

④ 《广州民国日报》，1926 年 4 月 29 日。

⑤ 陈志文：《大革命时期广州学生运动》，中共广州市委党史资料征集、研究委员会办公室编：《广州大革命时期回忆录选编》，广东人民出版社 1986 年版，第 296 页。

⑥ 陈志文：《大革命时期广州学生运动》，中共广州市委党史资料征集、研究委员会办公室编：《广州大革命时期回忆录选编》，广东人民出版社 1986 年版，第 296 页。

7. 参加保卫广东革命政府、统一广东、北伐等一系列军事斗争

沙基惨案发生后，广州学生认识到武装力量的重要性，“广州学生一度掀起了主动组织‘学生军’的热潮”[①]。组织“学生军”首先是广东大学的学生提出来的，他们主张：先组成“广州学生军事讲习所”，由各校学生自愿报名参加军事训练。[②] 广东大学生的革命倡议得到了新学生社和民权社等学生革命团体的支持。革命女生不甘落后，请愿政府支持成立妇女救护养成所，学习战场救护知识。在政府和各界支持下，“广州学生军事讲习所”和“广州学生救护团”成立，经过严格的训练，这些学生为革命政府的军事斗争作出了贡献。

广州商团军是英帝国主义及其代理人陈廉伯组织的武装，时刻准备发动叛乱推翻广东革命政府。团广东区委和团广州地委深入广州各工厂，组织了青年工人300多人组成工团军[③]；团广东区委书记阮啸仙、团区委农工委员彭湃发动广州第二届农讲所学生和青年250人组织了农民自卫军[④]。工团军和农民自卫军与商团军针锋相对，支持广东革命政府。1924年10月，商团军发动叛乱，广东革命政府组织政府革命军、黄埔学生军以及工团军、农民自卫军联合作战，迅速平定了商团叛乱。在随后的东征，平定刘、杨叛乱，南征以及北伐等军事行动中，广州青年都用各种方式积极参与其中。

综上所述，广州青年运动在中共三大之前，由于方向不明确，曾经遭受严重挫折。在中共三大通过《青年运动决议案》之后，在广州团地委和新学生社等组织的引领下，广州青年积极参加了国共合作和国民革命，广州青年运动有了明确的方向，组织更加严密，影响更加广泛。

（四）广州青年运动中的左、右派斗争

1. 新学生社停止活动

新学生社成立后，十分活跃，其活动几乎成为一般学生运动的代名

---

① 广州青年运动史研究委员会编：《广州学生运动史（1919—1949）》，华南理工大学出版社2002年版，第105页。

② 广州青年运动史研究委员会编：《广州学生运动史（1919—1949）》，华南理工大学出版社2002年版，第105页。

③ 广东青运史研究委员会、共青团广东省委员会编：《广东青年运动史》，广东高等教育出版社1994年版，第92页。

④ 广东青运史研究委员会、共青团广东省委员会编：《广东青年运动史》，广东高等教育出版社1994年版，第93页。

词："以前的学生运动可以说不是一般的学生运动，而是新学生社一派的学生运动。无论什么事情都要先从新学生社做起，工作同志也集中在新学生方面。"这导致一部分学生反感新学生社："因新学生社出风头太厉害，使一班想出风头而无可出的学生讨厌新学生社。"① 且随着革命形势的发展，需要统一学生运动，新学生社一枝独秀也不利于组织统一的学生运动。

1925 年底至 1926 年 2 月，中共中央代表张国焘，团中央代表恽代英、夏曦，少共国际代表达林先后来粤指导工作，他们与广东党、团领导人就取消新学生社问题进行多次沟通，意见纷纭。要求取消新学生社的观点认为，新学生社风头太甚，也引起了右派"赤化"、"共产"、"过激"的谩骂和攻击，不利于国共合作的大局面和争取更多学生群众。团广东区委也有此意向："痛改从前专做一派学生运动的错误，改做一般学生运动的工作。换言之，即到学生群众中间去，注意各校学生会的工作。"② 这样，停止新学生社活动，"在联合战线的统一口号下，与右派斗争，争取一般的学生群众"③ 成为一部分党、团员的观点。1926 年 1 月，团广东区委发出《关于反对做一派学生运动的通告》，认为"新学生社成为学联会学生与本校学生运动中间的障碍物……以后新学生社之发展，在广州方面尽可停顿……应万分努力在学生会学联会工作"④。同时，达林坚决主张停止新学生社活动，由于他代表着少共国际，他的观点举足轻重，广东党、团区委只好尊重他的意见。虽然没有公开取消新学生社，但在实际工作中抽调新学生社干部他用，事实上已停止了新学生社在广州的活动，到 1926 年 6 月，"广州的新学生社已无形中消灭了"⑤。

---

① 《共产主义青年团广东区委工作总报告》，广东省档案馆、中共广东省委党史研究委员会办公室编：《广东区党、团研究史料（1921—1926）》，广东人民出版社 1983 年版，第 371 页。

② 《共产主义青年团广东区委工作总报告》，广东省档案馆、中共广东省委党史研究委员会办公室编：《广东区党、团研究史料（1921—1926）》，广东人民出版社 1983 年版，第 371 页。

③ 《新学生社问题（1926 年 2 月）》，广东省档案馆、广东青运史研究委员会办公室编：《新学生社史料》，1983 年，第 194 页。

④ 《通告第二十一号——反对一派的学生运动》，广东省档案馆、广东青运史研究委员会办公室编：《广东青年运动历史资料》（第二卷），1986 年版，第 226 页。

⑤ 《共产主义青年团广东区委工作总报告》，广东省档案馆、中共广东省委党史研究委员会办公室编：《广东区党、团研究史料（1921—1926）》，广东人民出版社 1983 年版，第 372 页。

2. 广州学生组织和运动的分裂

然而，左派学生组织的取消，不仅没有弱化右派的继续进攻，“事实上，这只是很幼稚的一厢情愿”①，反而从侧面加强了右派对学生群众的控制和争取。广州中共党、团组织与右派在学生运动中的较量渐居下风。

广州中共党、团组织一面削弱左派学生组织，一面提出统一学生运动的口号。1926 年 2 月，广州中共党、团组织通过革命青年联合会召集全市学生代表开“统一青年运动大会”，会上“主张积极解散一切小团体，最少应要纠正以前相互间无谓的分裂，群众热烈表同情，这是历年来各团体互相攻击的过程中，突然的一声晴天霹雳”②，表现了消除分歧、统一学生组织和运动的相当诚意。广州中共党、团组织希望通过广州学生联合会组织广东全省学生联合会，以统一全省学生组织和运动。然而，中山舰事件之后，学生中的孙文主义学会等右派对左派的进攻更加猛烈，广州的学生运动呈现出复杂的局面：

> 广大（指广东大学，为学生运动中左、右派争夺激烈的学校之一）三日之内，他们（指学生运动中的右派组织士的党，即孙文主义学会成员）与我们同志及左派分子冲突凡七八次，他们多持士的大棍包围会场，其凶狠无理，于此可见。教会学生及女学生一部分多倾向他们，中私立学校一部分是倾向我们，其余大多数学生因历史上关系，对新学生社不满意，而对孙会亦反对，故多取中立行动。③

在此情形下，左、右两派实际上均没有取得完全优势。按照章程，1926 年 4 月 4 日要召开广州各校学生代表大会，选举产生第四届学联会。孙文主义学会为了控制学生组织，乃四处活动，蛊惑学生，争取代表；而左派则仍坚持统一国共合作的思路，“改选应由国民党出来领导，调和各派之意见”，这直接导致在全数代表 400 人中，右派占 200 席，而左派只占

---

① 广州青年运动史研究委员会编：《广州学生运动史（1919—1949）》，华南理工大学出版社 2002 年版，第 119 页。

② 《粤区半年来学生运动总报告》，广东省档案馆、中共广东省委党史研究委员会办公室编：《广东区党、团研究史料（1921—1926）》，广东人民出版社 1983 年版，第 354 页。

③ 《粤区半年来学生运动总报告》，广东省档案馆、中共广东省委党史研究委员会办公室编：《广东区党、团研究史料（1921—1926）》，广东人民出版社 1983 年版，第 355 页。

150席。4月4日大会召开时，“左派及我们同志过于幼稚，大肆咆哮，冲入会场”，右派则趁机开除了左派14名代表会籍，宣告第三届广州学联会执委会内部职权也停止，并选举出由他们控制的第四届广州学联会执委会。第三届广州学联会执委会内部也针锋相对，4月11日，新的广州学生各界代表大会选举产生第四届广州学联会执委会。[①] 这样，广州市产生了两个市学联，广州的学生组织和运动公开分裂了。

早在1926年3月5日，广州学联会就发出通告：4月15日召开广东省学生联合会第一届全省代表大会。尽管后来广州学联会严重分裂，但是广东省学生联合会第一届全省代表大会还是如期召开。会议从4月15日持续到20日，召开了6天，代表共102人，大会通过了《统一广东全省学生运动决议案》、《关于工农商学兵大联合决议案》、《广东全省学生联合会章程》等。会议期间，孙文主义学会等右派组织极尽破坏之能事，“另外设立‘办事处’，截留了几个县的代表，阻扰各地代表出席大会。还到处造谣惑众……把几百人队伍拉到东校场继续开会，大肆煽动分裂情绪……他们或者自己另行集会，或者冲击革命学生集会，殴打革命学生领袖”[②]。5月26日，右派组织非法组织了另一个省学联会。这样，广州市乃至广东全省的学生组织和学生运动出现了大分裂。

在此情形下，国民党中央、省、市三级青年部介入调节学生运动。广州党、团组织秉承“目前我们党和团在广东的总策略是‘让步’，学生运动亦不应过于强硬继续分裂”[③] 政策，同意两个学联统一。而右派在国民党中央和广州市青年部支持下，则极尽所能扩大势力，“中央及市两青年部完全偏袒右派方面，甚至有些代表有该地县党部、学联会及教育局长之证明，仍被否决其代表资格。反之，被县党部攻击之伪代表，竟准出席，毫不讲理，虽省青年部提出抗争，彼则以两青年部来压服我们，结果，我们及左派代表被否决者三十人，右派代表完全出席。同时他们对于拉拢不

---

① 《粤区半年来学生运动总报告》，广东省档案馆、中共广东省委党史研究委员会办公室编：《广东区党、团研究史料（1921—1926）》，广东人民出版社1983年版，第355～357页。

② 广州青年运动史研究委员会编：《广州学生运动史（1919—1949）》，华南理工大学出版社2002年版，第123页。

③ 《粤区半年来学生运动总报告》，广东省档案馆、中共广东省委党史研究委员会办公室编：《广东区党、团研究史料（1921—1926）》，广东人民出版社1983年版，第358页。

遂之代表，则停止供给膳宿，于是代表都愤不能平”[①]。

6月20日，由右派控制的广州学联代表会再次召开，选出了新的右倾广州学联会。7月16日，新的广东省学联代表大会召开。右派分子再次捣乱，强行抢走真代表证章，使他们无法出席，导致伪代表激增。双方发生冲突，右派分子甚至殴打广东省青年部长黎樾廷。左、右派学生均觉得自己受了委屈，于是均组织了请愿团。蒋介石接见了双方代表，蒋袒护右派，言：“你们自相残杀，使北伐前敌将士因而灰心，你们是北伐的罪人，被人打伤也无价值。总之，你们一方面要承认大会主席团（右派主席团），一方面亦要服从纠纷会的决定。”右派由此气焰更盛：“现奉蒋总司令面谕，由主席团召集大会。”这样，在右派的操纵下，“选举用单记名法，结果：执行委员我们占少人，他们多人，全国代表复交执委选出，我们占一人，他们占二人”[②]。广东全省学联会由此为右派所控制。

鉴于广州党、团组织在广州市和广东省学联的竞争中接连失利，广东和广州党、团组织加强了对全国学联代表大会的准备工作。1926年7月23日至31日，全国学联代表大会在广东大学召开。大会通过了《拥护国民政府出师北伐决议》、《拥护民众利益决议案》、《统一学生运动决议案》，并把“拥护国民革命和拥护全世界被压迫民族及农工阶级利益”作为全国学生运动的共同口号，证明左派仍拥有相当力量。[③]

四、妇女运动

（一）大革命前的广州妇女运动

广州得风气之先，辛亥革命之后妇女运动就曾经兴起过，然而受制于专制气氛依然浓厚，“妇女运动遂不得不随之消沉，藕断丝连”[④]。1919年“五四”运动爆发后，广州“不少女学生、女知识分子同男子并肩战斗，同女工携手前进，积极参加集会，游行示威，抵制和查抄日货，开展各种

① 《粤区半年来学生运动总报告》，广东省档案馆、中共广东省委党史研究委员会办公室编：《广东区党、团研究史料（1921—1926）》，广东人民出版社1983年版，第394～395页。

② 《粤区半年来学生运动总报告》，广东省档案馆、中共广东省委党史研究委员会办公室编：《广东区党、团研究史料（1921—1926）》，广东人民出版社1983年版，第397～398页。

③ 广州青年运动史研究委员会编：《广州学生运动史（1919—1949）》，华南理工大学出版社2002年版，第126页。

④ 邓颖超：《今后的妇女运动和对汕头妇女界的希望》，《妇女之声汇刊》，1925年11月22日。

宣传活动”①。“五四”运动激发了知识界和妇女界自身的觉醒，更多人开始探讨妇女解放运动。

在陈独秀、谭平山等人努力下，广州党、团组织逐步建立，公开出版的《广东群报》、《新青年》和《劳动与妇女》等报纸杂志都提倡女权运动。《广东群报》号召妇女“不缠足，不穿耳孔，谋求自身的解放”②。陈独秀在任广东教育委员会委员长时，也提倡女权运动。1921年1月23日，陈独秀在广东省立女子师范学校发表“如何才是正当的人生”演讲，鼓励妇女反抗压迫，追求自身解放。③ 1月29日，陈独秀在广东女界联合会上发表《女子问题与社会主义》一文，把妇女解放和社会主义、阶级斗争结合起来。④ 1921年，“广东倡制省宪法，广东妇女因要求法律上之待遇平等，亦曾经举行过热烈的大示威”⑤。1922年，发生了“湖北、广州之三万女工对英、日等各种烟厂、纱厂之大罢工”⑥。

1923年6月，中共三大召开，会上通过了向警予起草的《中国共产党第三次全国代表大会妇女运动决议案》。该决议案指出，妇女运动案口号应该是“‘全国妇女运动的大联合’、‘打破奴隶女子的旧礼教’、‘男女教育平等’、‘男女职业平等’、‘女子应有遗产承继权’、‘男女社交自由’、‘结婚离婚自由’、‘男女工资平等’、‘母性保护’、‘赞助劳动女同胞’”⑦。除以上革命口号外，决议还特别提出，妇女运动要和国民革命结合，因此革命口号“还应加入‘打倒军阀’、‘打倒外国帝国主义’两个国民革命运动的口号，以引导占国民半数的女子参加国民革命运动。至我们指导此等运动的态度，亦宜注意：……阶级的主义的色彩不要太骤太浓，至（致）使她们望而生畏”⑧。这就很清楚地表明，在中国共产党的规划中，今后妇女运动不可高举阶级斗争的旗帜，而应该服从于国民革命的

① 广东省档案馆、广东妇女运动历史资料编纂委员会编：《广东妇女运动史料（1924—1927年）》（内部刊物），1983年，第305页。

② 广东省档案馆、广东妇女运动历史资料编纂委员会编：《广东妇女运动史料（1924—1927年）》（内部刊物），1983年，第306页。

③ 《广东群报》，1921年1月24日。

④ 《广东群报》，1921年1月31日至2月1日。

⑤ 邓颖超：《今后的妇女运动和对汕头妇女界的希望》，《妇女之声汇刊》，1925年11月22日。

⑥ 邓颖超：《今后的妇女运动和对汕头妇女界的希望》，《妇女之声汇刊》，1925年11月22日。

⑦ 广东革命历史博物馆编：《中共“三大”资料》，广东人民出版社1985年版，第90页。

⑧ 广东革命历史博物馆编：《中共“三大”资料》，广东人民出版社1985年版，第90~91页。

需要。

在中共三大上，向警予当选为中央委员，担任妇女运动委员会第一任书记，全面负责党的妇女工作。1924 年 1 月国民党一大召开，大会没有对妇女运动作出专门的决议，但制定的对内政纲第十二条规定："在政治上、经济上、教育上，依男女平等的原则，助进女权之发展。"① 国共实现合作后，何香凝担任了国民党中央党部妇女部长，共产党员蔡畅、高恬波任国民党中央党部妇女部干事。向警予也来到广州，参加领导妇女工作。1924 年秋，广州地委成立了妇女支部，夏松云任书记。在这些优秀妇女运动组织者领导下，国民党中央妇女部加强了宣传："a. 每星期派女同志赴贫民医院宣传党义三次。b.（民国）十四年十一月，组织民间剧社作艺术的宣传。c. 派女宣传员往各女塾宣传党义。"② 广州妇女运动渐渐有了起色。

1924 年 3 月 8 日，广州各界妇女举行了全国首届纪念"三八"国际劳动妇女节大会，"参加大会的有妇女团体、女学生及女工两千多人……会后举行了游行示威。还有些妇女乘坐汽车，沿途演讲，散发传单，宣传'三八'节和妇女解放的重要意义，轰动了广州街头"③。1924 年夏，广州电话局的女司机举行要求改善待遇的罢工取得胜利，并于 10 月成立了"广州电话女司机联合会"（简称"女司联"）。女司联于 1925 年加入广州工人代表大会。女司联的成立，标志着"广州女工运动走上了新阶段"④。1924 年 7 月，沙面工人为反对租界颁布的新警律举行罢工，在沙面工作的部分女工，包括女仆、保姆、洗衣工人等也参加了罢工，罢工坚持到 8 月 17 日，迫使帝国主义取消了新警律。孙中山北上后，全国国民革命高涨，1925 年 1 月广东女界国民会议促成会成立，2 月广东和其他各地妇女团体的代表齐聚北京，参加全国的纪念"三八"妇女节大会，并参加游行示威，提出了"同工同酬"、"女子有择业的自由"、"确立一夫一妻制"、"婚姻自由"、"废除娼妓"等一系列女权口号。

---

① 广东省档案馆、广东妇女运动历史资料编纂委员会编：《广东妇女运动史料（1924—1927 年）》（内部刊物），1983 年，第 103 页。

② 《妇女之声》1926 年第 6 期。

③ 广东省档案馆、广东妇女运动历史资料编纂委员会编：《广东妇女运动史料（1924—1927 年）》（内部刊物），1983 年，第 310 页。

④ 广东省档案馆、广东妇女运动历史资料编纂委员会编：《广东妇女运动史料（1924—1927 年）》（内部刊物），1983 年，第 311 页。

但相对于波澜壮阔的工人运动、农民运动和充满激情的学生运动，1925 年以前的广州妇女运动长期没有形成气候。邓颖超撰文指出："广东是革命的策源地，……在这革命高潮澎湃的源泉中的妇女，却有点出乎我们意料之外，她们不可与各阶级的民众并驾前驱，无紧密统一的组织，无切实的计划。"① 妇女运动发展不力，主要是因组织不力，没有吸引工、农妇女参加，以及没有专门的经费支持等。对此邓颖超谈及，"以前的谬误，完全在于没有组织。要知少数人在教育上、经济上、职业上得到优越的地位。然而事实告诉我们，如果不注意最有力的工农阶级、最有力的妇女工农阶级，单靠几个知识界的活动，是没有力量的。况且本身全无组织，则发展零碎，进攻方略不一，既无总枢纽以指挥，阵线不免松懈而缺乏强烈之表现，因此今后妇女运动的基础，自不应建筑在几个人身上，而要包含广阔地加到工农妇女身上"②。1926 年 1 月国民党二大召开，会上何香凝作了《第二次全国代表大会中央妇女部妇女运动概要报告》，报告中何香凝也认为妇女运动有以下四个缺点：

1. 各妇女部无专责任人。

2. 未注意女党员之发展（计全国女党员现仅二千余人）。

3. 中央与各地还未发生密切关系，加以指导，使全国妇女运动成为一种片段的、散漫的发展，故妇女运动进展的力量，多出于自然的。

4. 未规定妇女运动的经费。③

这四点归结起来，主要指向妇女运动没有组织好，所以出现"片段的、散漫的发展"。和邓颖超一样，何香凝也呼吁妇女运动要吸引工、农妇女参加，加强"组织的群众化，进行农工及领导妇女参加国民革命"④。

（二）大革命时期的广州妇女运动

1. "五卅"运动和国民党二大促进了广州妇女运动的发展

随着孙中山北上和"五卅"运动的开展，国民革命日益深入人心。广

① 邓颖超：《民国十四年的广东妇女运动》，《妇女之声》1926 年第 4 期。

② 邓颖超：《今后的妇女运动和对汕头妇女界的希望》，《妇女之声汇刊》，1925 年 11 月 22 日。

③ 何香凝：《第二次全国代表大会中央妇女部妇女运动概要报告》，《妇女之声》1926 年第 6 期。

④ 何香凝：《第二次全国代表大会中央妇女部妇女运动概要报告》，《妇女之声》1926 年第 6 期。

州各界群众都投身到如火如荼的大革命活动中。在国共合作的旗帜下，广州各界妇女运动组织性、目标性和规模有了根本改变，“目标趋势，已大改变，感到妇女解放，必须要参加国民革命，而要在革命成功后始能达到妇女解放”[①]。

在1926年1月国民党二大上，通过了《第二次全国代表大会妇女运动决议案》，该决议案指出，“五卅惨案发生以后，中国的妇女运动渐渐有倾向革命的可能”。决议案规定，“各级党部均应设立妇女部，并设专人负责以图妇女运动之发展”，“各地各级党部应根据各该地妇女运动发展情形所需要的经费列入预算案”，“设党立妇女运动讲习所，以造就从事妇女运动的专门人才”，“本党应急于规定专向妇女群众宣传的出版物”等，[②] 从组织、经费、培训和宣传等方面对妇女运动做了制度性的支持。广州的妇女运动，乃借助于“五卅”运动以后国民革命迅速发展，各界群众革命热情高涨的整体气势，复借助于国民党二大通过《第二次全国代表大会妇女运动决议案》后有了组织、经费等制度性支持，得以迅速发展。

1925年5月，在席卷全国的“五卅”狂潮中，中共广东区委领导的妇女群众组织——广东妇女解放协会成立。这是20世纪20年代中国共产党领导广东妇女运动的重要组织。1925年7、8月间，邓颖超、蔡畅到广州工作，她们先后担任中共广东区委妇委书记。1925年夏秋间，妇女运动委员会设立，该会先后由邓颖超、蔡畅负责，委员有张婉华、陈慕贞、高恬波、夏松云、谭竹山、区梦觉等。这些优秀的共产党员在发起和组织妇女运动方面功不可没，但总的来说，广州的妇女运动仍是“利用国共合作的组织形式和名义，以国民党中央、省党部妇女部作为公开的领导机构”。邓颖超也撰文说，“领导中国国民革命的，是本党，领导妇女参加国民革命，代表妇女利益奋斗的，是本党的妇女部。在妇女部成立后的一年中，全国妇女运动之发展影响，与倾向革命，不能不谓系受了本党各级妇女运动之发展影响，妇女部的同志，时时想方法唤起广东的妇女群众，参加反帝国主义运动”。这说明，广州的妇女运动也是在国共合作的形式下开展起来的，“邓颖超、蔡畅、高恬波、谭竹山、冯明光等共产党员以国民党

① 何香凝：《第二次全国代表大会中央妇女部妇女运动概要报告》，《妇女之声》1926年第6期。
② 《第二次全国代表大会妇女运动决议案》，《妇女之声》1926年第6期。

员的身份，并以国民党广东特派员的身份到各地活动，推动和帮助各县成立妇协分会，开展妇女工作，在斗争中壮大自己的队伍，培养干部，发挥妇女的作用”①。

在大革命时期，广东全省有几十个县建立了妇女解放协会，“成员达三千多人”②。1926 年 5 月 14 日，在国民党中央党部礼堂召开了关东妇女解放协会代表大会，各县均派代表参加，广州妇协全体会员 1 000 多人参加了大会，一时盛况空前，“各界派代表到会祝贺”③。大革命期间，广东妇女解放协会的主要工作是：“支援省港大罢工、东征、南征和北伐战争，开展农妇运动，谋求妇女运动的统一，援助被婚姻迫害的妇女，并同国民党右派做坚决斗争。同时对每个时期发生的重大政治事件，发表宣言、告同胞书，领导妇女运动蓬勃地开展起来。”受国民革命高涨的影响，广州妇女运动也摆脱了前期稍显消极的态势，出现了整体参与革命的态势，“各学校女教师、医院的女医护人员等几十个单位，都分别以本单位的名称，作为一个妇女团体参加各项政治活动”④。

除了左派的广东妇女解放协会外，广州还有为右派所把持的广东女界联合会和女权运动大同盟。广东女界联合会成立于 1919 年秋，国共合作期间该会负责人是伍智梅、唐允恭、杨道仪、邓惠芳等，她们“平时多和太太及家庭妇女往来，以联络感情，争取她们参加一般群众集会，表示支持国民革命，以出出风头”⑤。当然作为女权组织，该会也办过女子职业学校，在女子教育方面也作了贡献。女权运动大同盟则成立于 1924 年国共合作初期，该会由李励庄（陈公博之妻）、向警予、沈芷芳（政界名流何觉甫之妻、广东高师法科学生）、钟婉如、陈逸云等发起组织。在向警予调离广州后，该会基本为右派所控制，钟婉如、陈逸云等人“热衷于女子参

① 广东省档案馆、广东妇女运动历史资料编纂委员会编：《广东妇女运动史料（1924—1927 年）》（内部刊物），1983 年，第 315 页。

② 广东省档案馆、广东妇女运动历史资料编纂委员会编：《广东妇女运动史料（1924—1927 年）》（内部刊物），1983 年，第 316 页。

③ 广东省档案馆、广东妇女运动历史资料编纂委员会编：《广东妇女运动史料（1924—1927 年）》（内部刊物），1983 年，第 316 页。

④ 广东省档案馆、广东妇女运动历史资料编纂委员会编：《广东妇女运动史料（1924—1927 年）》（内部刊物），1983 年，第 316 页。

⑤ 广东省档案馆、广东妇女运动历史资料编纂委员会编：《广东妇女运动史料（1924—1927 年）》（内部刊物），1983 年，第 318 页。

政运动，为自己争一官位，出风头。但在国民革命运动的高潮中，她们表面上不得不参加一些政治活动，装装门面，在群众中捞点政治资本。由于立场观点不同，在妇女运动中，她们常与国民党中央、省妇女部、广东妇协唱对台戏，并公开与新学生社、广东妇协作对，暗地里讽刺打击积极分子。特别是一九二六年初，在国民党新老右派分子积极进行阴谋活动时，女权运动大同盟便堕落为国民党右派组织，成为'孙文主义学会'（因成员手拿手杖，人们称其为'士的党'）的应声虫"①。从其成员手拿手杖这一点看，该组织确实与工、农妇女有一定距离。

2. 省港大罢工中的广州妇女运动

1925年"五卅"运动的风潮席卷了全国，广州亦不例外。为声援"五卅"运动，广州、香港工人联合举行了震惊中外、长达16个月的省港大罢工。广州妇女运动与省港大罢工紧密结合在一起，在大罢工中锻炼了革命妇女，发展了妇女运动。这主要表现在：

（1）参加游行示威，发表声明，反对帝国主义。

1925年6月23日，罢工工人、广州四郊农民、士兵、学生10万人在广州举行大游行。广州的女子车衣工会、女司联、草鞋工会、洋务工会的女工和机关职工、家庭妇女，包括立场偏右的广东女界联合会、女权运动大同盟成员都参加了这次大游行。当游行队伍经过沙面租界对面沙基时，遭到英法帝国主义枪击和炮击，当场死亡52人，重伤170多人，轻伤无数，这就是沙基惨案。沙基惨案发生后，广东妇女解放协会发表《广东妇女解放协会为沙基惨案敬告同胞》一文，宣称：

姐妹们！同胞们！这一回的惨案，我们是预料得到的，不是偶然的。我们要知道：帝国主义制度存在一天，则不平等条约一天不能废除，则领事裁判权、关税权，一天不能收回，帝国主义有形的无形的屠杀一天不能免掉。……我们不要害怕，不要畏怯，继续努力，继续前进，联合世界一切被压迫者，根本打倒一切帝国主义！

被压迫的姐妹们同胞们联合起来！

---

① 广东省档案馆、广东妇女运动历史资料编纂委员会编：《广东妇女运动史料（1924—1927年）》（内部刊物），1983年，第318～319页。

世界一切被压迫者联合起来！

中国民族解放成功万岁！

世界一切被压迫者解放成功万岁！①

（2）协助解决罢工工人生活困难。

省港大罢工爆发后，留在香港的香港罢工工人共13万人，其中女工和家属近1万人。由于港英当局蛮横禁止粮食、金钱出口，罢工工人仅穿一件单衣，限带六元出境。尽管当时得到广州革命政府拨款以及各界捐款支援，但是罢工工人生活仍然十分艰苦，“许多工人连买草纸的钱也没有”②。

广东妇女解放协会张婉华任广东各界对外协会常委、募捐部主任，捐款时，“该会募捐部发出捐册，向海外华侨募集捐款，向国内机关行政人员募集捐款。又发动学校女学生向商店、街上行人售花、售旗募集捐款。同时各戏院每星期进行义演一次，门票收入作为捐款等等。”③ 1925年10月，国民党中央党部妇女部长何香凝在广州开办了罢工女子传习所，分洗衣、草鞋、缝纫三个部，工人白天工作，晚上上课学文化。草鞋部由高恬波负责，所做草鞋做工细致，供给罢工纠察队队员，还由何香凝联系供给各军队，“销路很好”。广东妇女解放协会还发动会员深入女工和罢工工人家属中去做宣传工作，给予关心和解决他们的困难。广东妇女解放协会还与妇孺医院联系，取得医院支持，“只要怀孕的女工及家属到工人医院挂号，可到妇孺医院分娩就医，医药费由工人医院报销，只收产妇膳费四毫”④。

（3）组织女工、工人家属学习，提高他们的文化素质和思想觉悟。

针对罢工工人文化程度普遍偏低的情况，广东妇女解放协会把平民学校改为劳工妇女补习学校，校主任为广东妇女解放协会执委何怡之，学校

① 广东省档案馆、广东妇女运动历史资料编纂委员会编：《广东妇女运动史料（1924—1927年）》（内部刊物），1983年，第197～198页。

② 广东省档案馆、广东妇女运动历史资料编纂委员会编：《广东妇女运动史料（1924—1927年）》（内部刊物），1983年，第321页。

③ 广东省档案馆、广东妇女运动历史资料编纂委员会编：《广东妇女运动史料（1924—1927年）》（内部刊物），1983年，第321页。

④ 广东省档案馆、广东妇女运动历史资料编纂委员会编：《广东妇女运动史料（1924—1927年）》（内部刊物），1983年，第322页。

招收了40多名学生，课程有文科和实科。1926年又增办劳动妇女学校，陈铁军担任主任教员。另外，国民党中央平民教育委员会也办了学校，当时称教场，在广州开了三个。教场的负责人和教师不少是广东妇女解放协会的会员，她们都是义务教学。1926年3月，国民党中央妇女部筹办了一所劳动学校，专门培训女工。1926年5月，省港劳动童子团成立，童子团扩大到农村，在广州“参加者主要是罢工工人子女”，“他们一起学习文化，学革命理论，学军事常识，学歌咏和舞蹈。……当时海员工会的劳动童子团骨干中，有四个女青年团员，名叫周秀珠、陈淑英、罗大妹、邓金娣。她们工作积极、热情主动，和海员工人一起参加各种宣传工作，在斗争中成长得很快，被誉为‘四大天王女将’”。①

（4）召开省港女工代表大会。

为了保护女工权益，借省港大罢工的声势推动妇女运动，中共广东区委决定召开省港女工代表大会。1926年3月18日，省港女工代表大会筹备会成立，筹备委员有蔡畅、区梦觉、何怡之等12人，分文书、庶务、宣传、会计、布置、游艺6个部具体处理事情。筹委会下编7个演讲队，向各工会及工厂女工宣传大会意义及调查女工需求。3月30日，省港女工代表大会在国民党中央党部礼堂召开，到会女工约800多人，会议通过了《制定新工厂法提案》、《女工保护法案》和《拥护省港罢工提案》，集中表达了女工们的政治、经济各项主张。

省港大罢工促进广州女工们追求自己的正当权益，1926年上半年，广州女子车衣工会清薪、火柴女工加薪、顺德大良十多间丝厂女工加薪的罢工斗争都取得了胜利。

3. 统一广州妇女运动及广州妇女运动中左、右两派斗争

广东妇女解放协会主张妇女运动要吸引工、农妇女参加，要与国民革命相结合，比较激进，为妇女运动中的左派代表。广东女界联合会和女权运动大同盟的主张则代表资产阶级上层妇女的利益，强调两性斗争，主张妇女参政等，为妇女运动中的右派代表。广州各妇女团体深受上述两派妇女团体代表影响，彼此之间既有女权运动合作，也有政治上的斗争。

---

① 广东省档案馆、广东妇女运动历史资料编纂委员会编：《广东妇女运动史料（1924—1927年）》（内部刊物），1983年，第324页。

1925年11月15日，国民党中央妇女部在省教育会所在地召开广东妇女联欢会，到会的各妇女团体代表有1 000多人。会上何香凝发表了演说，呼吁妇女运动如要发展，要有统一的妇女团体。1926年在广州“三八”国际劳动妇女节纪念大会上，《统一广东妇女运动决议案》获得通过，该决议案称：

一般妇女运动者，其目的均在谋妇女之解放，此应联合起来，共同奋斗，以期达到共同解放之目的。我们广东虽有很多的妇女团体，但不能没有密切的联合。广东是革命势力最伸张的地方，妇女运动，应随着革命空气有很快的发展，而至今妇女界还是很沉寂，这就是妇女运动不统一不联合的缘故。……应使广东妇女运动统一起来，以开统一全国妇女运动之先声。我们要求统一广东妇女运动，应该成立广东各界妇女联合会……不仅我们要统一广东妇女运动，并且要号召全国妇女运动的统一，召集全国妇女代表大会，使全国妇女运动统一起来，并且统一在革命的国民党指导之下，使妇女成为国民革命运动的一个重大的势力，使妇女有谋自身解放的力量。①

经过几个月的宣传，1926年8月6日，广东各界妇女联合会召开成立大会，到会团体有50多个，“大会通过了会章，并选举了国民党中央、省、市三级妇女部、广东妇女解放协会、女权运动大同盟、女师学生会、女青年会、广大文科学生会、侨港织造工会、执信学校、军人家属妇女救护员传习所等13个团体为执行委员。女师同学会、土布工会、市立职业学校、海外同志家属联爱会、车衣女工会当选为候补委员”②。这样，广东妇女运动组织在形式上实现了统一，然而，左、右两派的斗争从来没有停止过。

1926年下半年，广东地区左、右派斗争日趋激烈，“他们（指右派）勾结一些反动的资本家、工贼和豪绅地主，在城市和农村肆意破坏工、农、学生运动。广东大学多次发生右派学生的捣乱。有一次，广东大学学生会改选，……在选举大会时，孙文主义学会、女权运动大同盟的右派分子倾巢而出，连已毕业离校的成员何觉甫（‘士的党’分子、沈芷芳丈夫）

① 《光明》1926年第7期。

② 广东省档案馆、广东妇女运动历史资料编纂委员会编：《广东妇女运动史料（1924—1927年）》（内部刊物），1983年，第335～336页。

之流也来声援。'士的党'成员人人手拿'士的'手杖，准备打架。他们还勾引几个侦缉在场内巡逻监视，但开会前被学生发现轰了出去。选举结果，新学生社社员票数最多，他们知道自己陷于失败，就冲向主席台，喊拉喊打，要求宣布选举无效。当时主席是脱离民权社转入新学生社的文科学生毕磊。为了保护他的安全，新学生社社员也向主席台涌去，秩序大乱。沈芷芳混水摸鱼，趁机窃取钟铃，摇铃宣布散会，妄想使大会无结果而散。妇协会员、新学生社社员罗毓文眼明脚快，箭步上前抢夺钟铃，二人扭作一团，场内的'士的友'挥棍乱打，场外何觉甫摇旗呐喊，整个会场顿时变成战场"①。可见，左、右派之间的斗争不仅公开化，而且非常激烈。

4. 提倡女权，援助弱势妇女

1926年1月国民党二大召开，这次会议针对妇女问题专门通过了《第二次全国代表大会妇女运动决议案》②，该决议案对妇女运动和女权保护作出了系统规定。在女权方面，法案宣称：

甲、法律方面

一、制定男女平等的法律。

二、规定女子有财产承继权。

三、从严禁止买卖人口。

四、根据结婚、离婚绝对自由的原则制定婚姻法。

五、保护被压迫而逃婚的妇女。

六、根据同工同酬保护母性及童工的原则制定妇女劳动法。

乙、行政方面

一、切实提高女子教育。

二、注意农工妇女教育。

三、开放各行政机关容纳女子职务。

四、各职业机关开放。

五、筹设儿童寄托所。

---

① 广东省档案馆、广东妇女运动历史资料编纂委员会编：《广东妇女运动史料（1924—1927年）》（内部刊物），1983年，第335~336页。

② 《第二次全国代表大会妇女运动决议案》，《妇女之声》1926年第6期。

关于妇女运动口号方面，该决议案也洋溢着女权主义的精神：

一、男女教育平等！
二、男女职业平等！
三、男女在法律上绝对平等！
四、男女工资平等！
五、保护母性！
六、保护童工！
七、赞助劳工妇女的组织！
八、打破奴隶女性的礼教！
九、反对多妻制！
十、反对童养媳！
十一、离婚结婚绝对自由！
十二、反对司法机关对于男女不平等的判决！
十三、提倡社会对于再婚妇不得蔑视，须一律待遇！
十四、女子应有财产权与承继权！
十五、妇女应急起参加国民革命！

在维护女权方面，特别值得一提的是1926年上半年广州妇女反对选举“花国总统”（在妓女中选美女，简称“花选”）的活动。其时正为国民党二大通过妇女运动决议案、女权主义抬头之时，广州筹建越秀公园游艺会的组织者罔顾伤风败俗，决意要在3月7日选举“花国总统”内阁成员。3月7日下午，组织者选出了“花国总统”，被选中者坐花车，环游全市，沿途鞭炮齐鸣，礼乐大作。此举无异于公开提倡卖娼、藐视妇女尊严，国民党中央和省妇女部函请国民党中央、中央监察委员会、国民政府、广东省政府禁止“花选”。然而游艺会组织者在报纸上复函，辩称“花选”乃鼓励妓女向上，与解放妇女的宗旨并不矛盾。组织者此举引起广大妇女的强烈抗议。“广东妇协、省女师、执信学校、培道女子中学、广东统一工人运动筹备会、罢工妇女工读传习所、女司联、广大医科学生等三十多个团体联名请求政府禁止‘花选’。”[1] 在各女权组织和政府的强大压力下，游艺会组织者被迫停止了“花选”。

对于当时弱势的妇女，国民党中央、省、市妇女部均能尽力出手援助，如 1926 年 1 月至 5 月间，国民党中央妇女部做了以下几件比较大的援助妇女的事情：

(1) 广东省立女子师范学校积欠经费数月，无法维持，请求援助。当以该校为全省女校最高学府，苟不能维持，女子教育前途，殊受影响，遂请财政厅代为设法，已得切实答覆。

(2) 国民革命第四军赴乡剿匪，起获被掳妇女五十三名，本部特函公安局济良所，暂为收容，候其家属保领。

(3) 冯秀娟被诬不贞案，李五请求援助出狱案，黄慕玉被夫殴伤请援助案，交广州市党部妇女部办理；佛山沙煲工会女工被厂主殴伤案，交广东省党部妇女部办理。

(4) 据暹罗党部执行委员萧佛成来函，谓有拐妇简琼拐诱妇女往暹当娼，请函公安局缉捕，本部即函请公安局严密侦捕，截回被拐妇女，以维人道，现该拐妇已捉获，妇女十余名亦截回。[2]

以上援助，有针对女子团体的，也有针对女子个人的；弱势妇女有遭受家庭暴力的，也有被资本家迫害的，还有被拐骗、被诬告的等等，涉及社会生活各方面，这表明当时国民党中央妇女部在援助妇女方面确实做了一定工作。而这只是国民党中央妇女部的援助行为，其他省、市妇女部以及妇女组织的尚未计算。

5. 支援讨伐刘、杨，东征，南征以及北伐等一系列军事斗争

国民党中央妇女部及各级妇女部、女权组织，在广州革命政府的一系列军事行动中，均保持大力支持态度，或组织救护队，或组织慰问队，或帮助军人家属等。如 1924 年 10 月商团叛乱时，“何香凝、陈璧君、洪寿

---

① 广东省档案馆、广东妇女运动历史资料编纂委员会编：《广东妇女运动史料（1924—1927 年）》（内部刊物），1983 年，第 340 页。

② 《中国国民党中央执行委员会党务月报》1926 年第 2 期。

英、刘嘉彤、沈慧莲等女同志组人民救护队赴西关救伤”[①]；刘、杨叛乱时，国民党中央妇女部“请贫民医院医生看护出发市内救伤”[②]；1925 年 10 月，国民党中央妇女部成立了军人家属妇女救护员传习所，12 月成立了国民党红十字会，“以备战时出发救伤”[③]。1925 年广州革命政府发动了东征，平定刘、杨叛乱，南征等一系列军事行动，国民党中央妇女部组织妇女参加随军慰问：

b.（民国）十四年六月杨、刘之叛，何香凝、杨道仪同志募捐食用品慰问受伤军士。……d.（民国）十四年十月，唐允恭、高恬波、马景云同志赴医院慰问受伤军士。e.（民国）十四年十月，何香凝、陈洁如同志赴惠州慰劳国民革命军。黎沛华、高恬波同志赴虎门慰劳第四团军士。f.（民国）十四年十二月，高恬波、伍夏理同志出发东江慰劳。高恬波同志赴韶关慰劳。[④]

北伐时期，国民党中央妇女部组织北伐女子救护队和北伐女子宣传队，高恬波任队长，“她们转战于湖南、湖北、江西等地，大大鼓舞了官兵们的士气”[⑤]。广东妇女解放协会还组织车衣女工和罢工家属加工慰问袋，“组织会员到各大商店沿门劝捐毛巾、袜子、药品，以资助北伐军”[⑥]。北伐军从黄沙乘火车出发时，“各界妇女向北伐军献旗，勉励他们英勇杀敌”[⑦]。

---

① 《第二次全国代表大会妇女运动决议案》，《妇女之声》1926 年第 6 期。

② 《第二次全国代表大会妇女运动决议案》，《妇女之声》1926 年第 6 期。

③ 《第二次全国代表大会妇女运动决议案》，《妇女之声》1926 年第 6 期。

④ 《第二次全国代表大会妇女运动决议案》，《妇女之声》1926 年第 6 期。

⑤ 广东省档案馆、广东妇女运动历史资料编纂委员会编：《广东妇女运动史料（1924—1927 年）》（内部刊物），1983 年，第 344 页。

⑥ 广东省档案馆、广东妇女运动历史资料编纂委员会编：《广东妇女运动史料（1924—1927 年）》（内部刊物），1983 年，第 344 页。

⑦ 广东省档案馆、广东妇女运动历史资料编纂委员会编：《广东妇女运动史料（1924—1927 年）》（内部刊物），1983 年，第 344 页。

第四节　平叛和广东国民政府成立

一、广州的政治、军事形势（1923—1924）

1923年2月，孙中山重返广州，建立大元帅大本营，广东革命形势趋于好转。陈炯明虽然用武力把孙中山驱逐出广州，但是在政治道义上，已经失去了号召力。于是一些地方小军阀——滇、桂、湘、豫各军乘机组成联军，讨伐陈炯明，“滇桂联军东下，与南下的湘豫各军，和粤军陈炯明所部各军会战于广州近郊”①。陈炯明被击败，退守东江，各地方小军阀进入广州，各自盘踞一方，形成错综复杂的割据态势。当时的形势是：

所部（指陈炯明部）叶举、林虎、洪兆麟、谢文柄、陈修爵等尚有二三万人，他们割据在东江富庶之区，进可以战，退可以守。他们的最前线布置到石龙，对广州威胁很大。入驻广州的部队如杨希闵、范石生、廖行超、赵成梁等，原仅有破烂不全的六个团。进驻广州后，加以补充整顿，也不过一万多兵员。桂军刘震寰部不过三四千人，豫军樊钟秀不过二千多人，湘军谭延闿、陈嘉佑部驻粤北不及万人，还是客军的地位。以军事实力论，陈炯明还是占优势。更以广东人有排外的天性，潜伏在广州市郊的民团与介于兵匪之间的李福林、魏邦平、朱卓文、袁虾九等，以乡土关系与陈炯明也暗通声气，这对滇桂湘豫各军是很大的威胁。因此，他们不得不打起孙中山的旗号，以勤王之师的姿态，派代表打电报请孙中山回粤，主持革命大计；在骨子里面，他们无非借孙中山之名，行割据之实而已。②

从上述可知，广州及周边的军事实力派有：盘踞东江的军阀陈炯明部，兵力仍占优势，时刻窥视广州；广州市郊的民团，介于兵匪之间的李

① 包惠僧：《第一次国共合作与国民党改组》，中共广州市委党史资料征集、研究委员会办公室编：《广州大革命时期回忆录选编》（中共广州党史资料丛书），广东人民出版社1986年版，第143～144页。

② 包惠僧：《第一次国共合作与国民党改组》，中共广州市委党史资料征集、研究委员会办公室编：《广州大革命时期回忆录选编》（中共广州党史资料丛书），广东人民出版社1986年版，第144页。

福林、魏邦平、朱卓文、袁虾九等地方杂牌部队，以乡土关系倾向于拥护陈炯明；进入广州的客军，有滇、桂、湘、豫等地方小军阀，兵力稍逊，还需要孙中山这一政治旗号作庇护。

孙中山尽管受“拥戴”回到广州，但依然处于无实权无军队的状态，他的大元帅府非常窘迫：

> 孙中山准备回广州之前，电令邹鲁筹款二十万元，作为大元帅犒赏各军之用。因邹鲁历任广州财政厅长、盐运使，差不多跟着孙中山革命的那些人物只有他最有钱。但是，邹鲁装病逃到香港，避不见面。孙中山到了香港，却回不了广州。在进退两难的关头，才由孙科出面找吴铁城。吴铁城曾做过中山县县长，刮了不少地皮，像以广东人为主体的这样一些人物，钱到了腰包里再拿出来是很不容易的，很难得吴铁城慷慨地拿出八万元。孙科又找了他的部下凑了两万元，共凑成十万，才装潢孙中山回广州的场面，重整旗鼓，组织大元帅府于河南士敏土厂。
>
> ……
>
> 广州市内精华之区，都被滇桂军占驻。他们占驻广州以后，和陈炯明占驻广州时一样，赌场、鸦片烟馆、娼寮星罗棋布，军人横行，盗匪充斥，杀人越货时有所闻，孙中山亦莫可如何也。
>
> 滇桂军占驻广州以后，无钱不要，无恶不作，骄奢淫逸，肆无忌惮。孙中山的大元帅府既无可管之兵，也无可管之政。广州市的赌税、鸦片烟税、花捐收入甚大，均入了杨希闵、范石生、廖行超及桂军刘震寰的私囊。北江为赵成梁所割据，还有就食广东的湘军谭延闿、陈嘉佑及杂牌军队何成浚的鄂军、李明扬的赣军、朱培德的建国滇军各部。西江为粤军许崇智所部占据。河南为李福林所占据。各私其土，各有其民。大本营的开支是十分艰窘……①

离开上述所言政治立场不说，其揭示孙中山大元帅府大本营处于复杂的政治、军事状况，是可信的。“大元帅府的势力只能及于广（州）、肇

---

① 包惠僧：《第一次国共合作与国民党改组》，中共广州市委党史资料征集、研究委员会办公室编：《广州大革命时期回忆录选编》（中共广州党史资料丛书），广东人民出版社1986年版，第144～145页。

(庆)、韶(关)三属。广州名为革命基地，但外受军阀包围，内受‘客军’(在驱逐陈炯明时涌入广东的滇桂军)和商团的掣肘，经常为战乱和变故所困扰。”[①] 1922 年，孙中山经历了陈炯明叛变，为“人生最黑暗的时期”，然而 1923 年同样是他一生的艰难时期。1923 年对孙中山大元帅府大本营发动叛乱的有沈鸿英部，吕春荣、邓本殷部，洪兆麟部，“一年之内，广州几无日不在叛逆势力围困之下。下半年陈炯明多次进攻广州，危机四伏，广州政权随时有被颠覆可能，而滇桂军竟要索百般，动辄抗命，说‘有一分钱打一分仗’，财政、军事困难达到极点”[②]。

除这些军阀威胁外，广州地方商团外托英帝庇护，与革命政府明争暗斗。广东商团创立于辛亥革命时期，起初是商人自卫团体。1919 年，英国汇丰银行广州分行买办陈廉伯和佛山巨商陈恭绶分别窃取了商团正、副团长之位，商团遂与英帝国主义发展出千丝万缕的关系。港英政府对孙中山革命势力发展极为恐惧和仇视，遂暗中武装商团，商团乃发展为一支对抗革命政府的武装力量。商团操纵市场、联络大地主商人，曾以罢市威胁政府。商团后来发展到与地主武装乡团组织联防，势力日益猖獗。

面临各色敌对势力包围，孙中山及其革命战友，需要军事斗争扫除敌对势力，巩固政权，获取发展空间。

二、粉碎商团叛乱

1924 年 8 月，商团首领陈廉伯通过粤军总司令许崇智之兄许崇灏向军政府军政部领到购枪执照。原本这批枪支要 40 天后才到广州，但是仅 5 天后就运到，且数目、型号、来源等与枪证有较大出入。孙中山责令严查此事，让蒋介石将运械船只押往黄埔军校停泊。陈廉伯逃往香港，8 月 12 日，商团举行会议，“商定请愿、罢市，建立联防总部”[③] 等措施来要挟政府。孙中山接见了请愿团，但表示要继续调查。商团则继续对抗政府，到 8 月下旬，全省罢市商埠已达 100 多处。

8 月 19 日，孙中山发表《告广州商团书》，揭发陈廉伯暗通北方军阀，

---

① 中共广东省委党史研究室编：《中国共产党广东地方史》(第一卷)，广东人民出版社 1999 年版，第 110 页。

② 陈廉：《第一次国共合作史》，北京图书馆出版社 1998 年版，第 86 页。

③ 陈廉：《第一次国共合作史》，北京图书馆出版社 1998 年版，第 233 页。

对抗革命政府的阴谋："近日由商团本体及各方面发现出陈廉伯有极大阴谋，欲借商团之力，以倾覆政府……定期八月十四日推翻政府，取而代之，以陈廉伯为广东督军，取消独立，投降北方。近日陈廉伯派代表往洛阳勾结吴佩孚，……此事关乎民国存亡、革命成败，而本大元帅必当彻底查究者。"同时，孙中山为了避免矛盾扩大，还指出，"陈廉伯所私运之军火，其一部为诸君集资而购者，政府已可承认，行当令省长按照民团条例，交给诸君"[①]。当时政府规定，商团领枪每支作价160元，已付款者仍须补缴60元。但商团坚持要无条件发还枪支。8月21日，商团联防总部撤往佛山，并宣布在全省范围内罢市。

面对商团咄咄逼人的攻势，革命阵营内部许崇智、伍朝枢，滇军军长范石生、师长廖行超等人主张和平解决。孙中山也一度取消了对陈廉伯的通缉。当蒋介石向在韶关督师北伐的孙中山报告广州危急时，孙中山在10月9日回电时甚至想放弃广州，专意北伐。电文内容为："以我推测，或不至如此危急。然我来韶关之始，便有宁弃广州为破釜沉舟之北伐。今兄已觉得广州有如此危险，望即舍去黄埔一孤岛，将所有枪弹并学生一齐送来韶关，为北伐之孤注。此事电到即行，切勿留恋。盖我必不回救广州也。当机立断，切勿迟疑。"[②] 为防不测，孙中山指定许崇智、廖仲恺、蒋介石、汪精卫、陈友仁、谭平山组成革命委员会，孙中山自任会长，聘请鲍罗廷为革命委员会顾问，遇"本会长缺席时得有表决权"[③]。

中国共产党则主张对叛乱商团进行坚决镇压。10月10日是辛亥革命纪念日，中共广州地委组织了民族解放协会、反帝国主义大同盟、广州工人代表会、广州工团军、广州农团军等30个团体5 000多人，在广州第一公园举行警告商团大会。周恩来、冯菊坡、杨石魂、罗绮园等中共党员登台演说。会后列队游行，当游行队伍途经西濠口时，遭到商团武装的袭击，群众死伤数十人，被捕多人，情形十分残酷，"开胸割腹者有之，斩

① 中国社会科学院近代史研究所、中山大学历史系孙中山研究室编：《孙中山全集》（第10卷），中华书局1981年版，第523～524页。

② 中国社会科学院近代史研究所、中山大学历史系孙中山研究室编：《孙中山全集》（第10卷），中华书局1981年版，第240页。

③ 中国社会科学院近代史研究所、中山大学历史系孙中山研究室编：《孙中山全集》（第10卷），中华书局1981年版，第172页。

首毒打者有之"[1]，是为"双十"惨案。军阀李福林的部队也加入屠杀抢劫行列，"屠杀后四日中的广州状况完全是一商团和军阀横行的反动局势"[2]。

"双十"惨案后，中共广州地委领导人陈延年、苏联顾问鲍罗廷当晚召开了党的主要干部会议，决定对商团开展坚决斗争，组织各界群众请愿，派出党、团员赴各地做宣传工作。10月11日，中共广州地委和社会主义青年团广东区委联名发出《为双十节屠杀事告广州市民》宣言书，这份宣言书指出："我们曾屡次指明革命政府妥协政策之非计。而且在严格意义上说，我们更以为不经过一番彻底的革命奋斗，革命政府直无存在之可能。"[3] 宣言书还指出，广州是国民党活动的中心，必须以此为据点，实行国民革命，建立工农兵学革命大同盟：

广州市是中国国民党的策源地。国民党而不能压服广州市的一切反革命派，则国民党便休言北伐。敬爱的国民党革命领袖和革命党员啊！愿你们复活辛亥革命的精神，扫除向日妥协的空气，领导此可爱的工农兵学革命群众，从广州奋斗起来，解除商团武装，实行国民革命，建立工农兵学革命大同盟。

同日，蒋介石致电孙中山，称："中正料不久敌必来攻，韶关各军非先准备南下击灭逆敌，断难北伐。……为今之计，惟有集中驻韶关兵力南下平乱之一途也。"[4] 廖仲恺亦赶到韶关，向孙中山面陈广州危急形势。孙中山逐渐坚定了平叛决心。10月14日，孙中山致电蒋介石："兹为应付广州临时事变，在未平靖期内，所有黄埔陆军军官学校、飞机队、甲车队、工团军、农民自卫军、陆军讲武学校、滇军干部学校、兵工厂卫队、警卫

---

① 广东省档案馆、中共广东省委党史研究委员会办公室编：《广东区党、团研究史料(1921—1926)》，广东人民出版社1983年版，第119页。

② 周恩来：《最近二月广州政象之概观》，中共广东省委党史研究委员会、中共广东省委党史资料征集委员会编：《第一次国共合作研究资料》（内部刊物），1984年，第105页。

③ 广东省档案馆、中共广东省委党史研究委员会办公室编：《为双十节屠杀事告广州市民》，《广东区党、团研究史料（1921—1926）》，广东人民出版社1983年版，第119~121页。

④ 罗家伦主编：《革命文献》（第10辑），《中国国民党十三年改组史料》，（台湾）"中央文物供应社"1955年版，总第1472页。

军统归蒋中正指挥，以廖仲恺为监察，谭平山副职。”① 蒋介石乃督率各军，对商团发动进攻。10 月 15 日，各地商团陆续缴械，西关各商店开市，平叛取得胜利。

然而，广州险恶的政治、军事形势，并没有因为商团的崩溃而改善，“纵然商团一时溃散了，但四乡与商团同性质的民团仍在；纵然二陈及商团代表一时逃走了，但买办阶级依然存在；纵然陈炯明一时逃走了，但买办阶级依然存在；纵然陈炯明一时未能打入广州，但帝国主义可利用的军阀，原不止陈炯明一派”②。在平叛过程中，滇军和李福林军趁火打劫；平叛后各军阀依然在广州各区割据，有产者依然处于优越社会地位，“事后任军阀自缴商团枪械之不足，犹复以每支枪外再缴百元军饷的敲捐号令开军阀敛钱之路，以广州新旧城归范军驻防，西关归廖军驻防，河南归福军驻防的分配，授滇军军阀以广州的实权，……不仅如此，便是国民党中央执行委员会亦由某要人起草了一篇宣言，省长公署复发起了一个市民善后委员会，都百二十分地企图与市民中上层人物妥协而忘掉市民中下层的工农阶级与小商人的真正痛苦和正在受着反革命派压迫的情状”③。

广州革命根据地依然处于敌对势力的包围中，敌我难分。

三、粉碎刘、杨叛乱

1923 年 1 月，陈炯明被逐出广州后，其军盘踞在惠州、潮州及梅县一带，兵力依然雄厚，对广州革命政府威胁极大。1925 年 1 月，陈军以 62 000人的兵力，分三路进攻广州。2 月 1 日，大元帅府大本营发布总动员令，组织各军举行东征。东征军以滇军首领杨希闵为总司令，滇军为左翼、粤军为右翼、桂军为中路。当时黄埔军校学生、粤军第二师及第七旅组成校军，由粤军参谋长、黄埔军校校长蒋介石统一指挥，周恩来为政治部主任。

然而，混入革命阵营内部的滇桂军本质上就仇视革命。随着革命阵营

① 罗家伦主编：《革命文献》（第 10 辑），《中国国民党十三年改组史料》，（台湾）“中央文物供应社”1955 年版，总第 1472～1473 页。

② 周恩来：《最近二月广州政象之概观》，中共广东省委党史研究委员会、中共广东省委党史资料征集委员会编：《第一次国共合作研究资料》（内部刊物），1984 年，第 107 页。

③ 周恩来：《最近二月广州政象之概观》，中共广东省委党史研究委员会、中共广东省委党史资料征集委员会编：《第一次国共合作研究资料》（内部刊物），1984 年，第 106～107 页。

的扩大、工农运动的发展，滇桂军也加快了与广州革命政府决裂的步伐。东征打响后，左路滇军和中路桂军实际上按兵不动，只有右路军积极作战，并连续取得胜利，占领潮、梅一带。1925 年 4 月，国民党中央执行委员会议议决以军校教导团成立党军，蒋介石为党军司令。其时，桂军首领刘震寰外联云南军阀唐继尧，准备引唐军进攻广东，共取广州。滇军首领杨希闵则与陈炯明、北方段祺瑞勾结。这样，“出现了滇桂军与唐继尧以及北京段祺瑞政府联合共谋颠覆广州革命政权的局面”[①]。6 月，滇军占领广东公署和财政部，桂军也直逼广州。广州形势危急。

6 月 5 日，大元帅府代帅胡汉民下令免除刘震寰、杨希闵职务，令东征之党军、粤军，北伐之湘军、建国军各军回师广州，剿灭叛军。中共领导粤汉铁路各路工人罢工，滇军只能将主力集中在广州东郊，无法机动。6 月 13—14 日，各军与滇桂军主力在广州郊外会战，滇桂军战败，刘震寰逃遁沪上，杨希闵则避走香港。此战意义甚大，因滇桂军势强，且在广州划界统治，直接挑战大元帅府的财源和威信，此战后“广州乃完全成为革命根据地”[②]。

接着，企图进犯广州的云南唐继尧军亦被范石生部、李宗仁部击败，失去了东进的能力。1925 年 9 月，革命力量组织了第二次东征，东征军以第一、四军为主力，以蒋介石为总指挥，至 11 月，剿灭了东江一带的陈炯明残部。南路方面，先后以第四军、李宗仁广西军以及第三军等组成南征军，至 1926 年 2 月，南路军阀邓本殷部及散兵告肃清。广东全省遂统一。

四、广东国民政府的建立

随着平叛和东征等军事斗争取得胜利，广东革命政府威信大幅提高。政府管辖范围扩大的同时，管辖强度和复杂度亦提高，原有的大元帅府已经无法承担有效管理职能了。于是，中国共产党建议国民党改组大元帅府，成立国民政府，实现广东革命根据地政治、军事、财政等方面的统一。1925 年 6 月，国民党中央执行委员会政治委员会通过“改组大元帅府为国民政府”，“建国军、党军改称国民革命军”等议决案。7 月 1 日，国

① 陈廉：《第一次国共合作史》，北京图书馆出版社 1998 年版，第 247 页。
② 陈廉：《第一次国共合作史》，北京图书馆出版社 1998 年版，第 248 页。

民政府在广州正式成立。国民政府下设军事委员会、检察院、惩吏院、省政府和市政委员会。国民政府采取委员会议制，汪精卫、谭延闿、许崇智、林森为常务委员。汪精卫任国民政府主席，许崇智任军事部长，廖仲恺任财政部长，胡汉民任外交部长。中国共产党以“在野党”地位监督国民政府。

7 月 3 日，广东国民政府改组，许崇智任省长，下设 7 个厅长：民政厅，古应芬任厅长；财政厅，廖仲恺任厅长；军事厅，许崇智兼厅长；建设厅，孙科任厅长；商务厅，宋子文任厅长；教育厅，许崇清任厅长；农工厅，陈公博任厅长。广州市设市政厅，伍朝枢任市长。

军事委员会是国民政府最高军事机关，下设海军局、航空局、军需局、参谋局、参谋团和政治训练部等机构。8 月 26 日，军事委员会决定将所辖军队改编为国民革命军，至北伐前夕，共设 8 个军。“到 1925 年底，国民革命军有 85 000 人，加上各军校学生 6 000 人，成为一支具有相当规模的军队。”① 由于聘用苏联顾问，训练科学，军队内部实行党代表制度，加强思想政治工作，国民革命军战斗意志和军事素质在当时军队中处于一流地位。

11 月，国民政府司法调查委员会成立，对各地行政司法机构和官员进行考核和整治。国民政府还把广东全省划分为 6 个行政区，各区行政委员会组成广东省行政委员会，受省政府指导，主持全省民政。从 1925 年底至 1926 年初，对所属各县行政、财政、司法、交通、教育等各项工作进行整治，并且建立由县长、党代表、财政厅代表 3 人组成的县行政委员会，承担各县治理之责。广东全省民政遂逐步统一。

财政方面，国民政府建立了预算制度，各项收入集中到财政部，国家及军费统由国库开支；统一税收；设立国家银行，改革币制；统一关税。国民政府财政经济状况较之大元帅府时期，有了根本改善。

① 杨世兰、史久远、余茂笈主编：《国共合作史稿》，河南人民出版社 1988 年版，第 127 页。

第四章　国共两党在广州的矛盾与冲突

第一节　国共合作初期矛盾和春园谈话

孙中山实行国共合作、改组国民党的政策，国民党内部从一开始就不乏质疑之声，“国民党一大后，广州几位国民党老党员甚至组织秘密小团体以抵制共产党，各地部分老国民党人也纷纷拒绝与跨党人员合作，或拒不到任，或分庭抗礼。北京、上海、广州、汉口等地的国共两党人员之间，都存在着严重的对立，并导致受他们影响的工人和学生组织形成相互对立的不同派别”①。围绕孙中山这一政策，国民党内部分成数个派别，对此，亲历第一次国共合作的包惠僧回忆道：

在国民党内，一开始就遭到很多人的反对，经过了孙中山对他们的说服教育，国民党的重要干部分化形成三类：第一类是国民党的顽固派，代表人物是居正、田桐、谢持、冯自由等。在国共两党联合战线的开始，他们就离开广州，表示反抗。他们宁可投降到北洋军阀的门下，奔走于卢永祥、孙传芳、齐燮元、段祺瑞、张作霖、曹锟、吴佩孚那里，也不参加国共合作的局面。这一类的人物后来发展形成了最反动的集团——西山会议派。第二类是国民党的中间派，他们同意改组国民党，同意“联俄”，反对“联共”。他们以为联俄可以得到国际上的声援，可以得到物质上的帮助，所以同意“联俄”。其次他们革命的目的是为了争权夺利，在国民党的势力范围之内，久已感到粥少僧多，他们把共产党理解得同他们一样，他们怕船多碍港不便私图，所以不主张“联共”。这一类的代表人物是张

---

① 杨奎松：《国民党的“联共”与“反共”》，社会科学文献出版社2008年版，第33页。

继、邹鲁、戴季陶、徐苏中、邵元冲等。他们在表面上是服从孙中山，而暗中是与第一类的人物通声气，并在广州、上海以及全国各地散布反共的空气，鼓动反共的风潮。后来他们与西山会议派合流，至一九二七年蒋介石背叛革命，他们起了很大的翻云覆雨的作用。第三类是当时孙中山最亲信的干部，他们完全跟着孙中山走，参与国共两党联合战线的谋议，他们相互之间也有很大的矛盾，后来发展的方向各有不同，但在当时他们对国民党的改组和孙中山的三大政策，是一致表示拥护的。这一类的人物主要是：胡汉民、廖仲恺、汪精卫、许崇智、陈友仁、蒋介石等。此外，还有同情孙中山改组国民党，但并不参加实际活动，保持缄默态度的，如张静江、吴稚晖、李石曾、顾孟余等。还有不问孙中山搞甚么，只要有搞头，总跟着孙中山走，如李福林、邓泽如、陈树人、古应芬、伍朝枢等。①

由此可以看出，在国共合作初期，国民党内部主要分化成了顽固派、中间派、拥护派三个派别。顽固派，坚决反对国共合作，他们离开广州，奔走于各派政治势力之间，此派后来发展成了西山会议派；中间派，同意“联俄”以取得外援，但是反对“联共”，并与顽固派互通声气，后来发展到与顽固派合流，形成西山会议派；拥护派，此派是孙中山的亲信，支持孙中山三大政策，但是后来随着形势的发展，走向并不一致，蒋介石、汪精卫等后来走上了反共道路。

国民党内部人员意见纷纭，甚至恶语相加：

张继来到广州（根据包惠僧回忆的前后文时间估计，时间约为1924年5月），在邹鲁家里会着戴季陶，谈到共产党的问题。戴季陶无意中说了几句公道话，张继就骂戴季陶是共产党的走狗，戴季陶也骂张继是北洋军阀的走卒。彼此一句一句地争论起来。②

① 包惠僧：《第一次国共合作与国民党改组》，中共广州市委党史资料征集、研究委员会办公室编：《广州大革命时期回忆录选编》（中共广州党史资料丛书），广东人民出版社1986年版，第146～147页。

② 包惠僧：《第一次国共合作与国民党改组》，中共广州市委党史资料征集、研究委员会办公室编：《广州大革命时期回忆录选编》（中共广州党史资料丛书），广东人民出版社1986年版，第154页。

戴季陶虽为国民党理论家，但他早年也对马克思主义有浓厚兴趣，并参加了上海马克思主义研究会，也曾发表了宣传马克思主义的文章，并在组织上短暂加入共产党，由于受到孙中山的训斥才退出。在国共合作初期，其政治倾向是不反对国共合作，但骨子里主张“纯正的三民主义”。即使这样并不坚定的同情共产党的国民党员，也招致顽固派敌视，可见国民党内部顽固派对共产党仇视之深。

1924 年 6 月 18 日，国民党监察委员会邓泽如、张继、谢持等提出《中央监察委员会弹劾共产党案》，称共产党“不忠不德，险诈不信”，“欺蒙本党总理及全国代表”，在国民党内部秘密发展组织等等。弹劾案消息传出后，“不满共产党人跨党的国民党人因此纷纷集会，一时间联名提交检控信和弹劾案的国民党人就有 2 000 人之多”①。国共合作初期的矛盾，集中体现在 1924 年 6 月 25 日国民党中央监察委员谢持、张继与苏联政治顾问鲍罗廷的一段质问对答中。鲍罗廷担任国民党组织教练员，全权负责国民党改组工作。这段谈话的起因是谢持等人得到《中国社会主义青年团第二次大会决议案及宣言》，他们研究后认为其内容足以证明共产党人确实以党团方式在国民党内存在，于是谢持、张继乃前往鲍罗廷东山住所（春园 24 号），就此与鲍罗廷进行面对面谈话，孙科为翻译。且看相关记载：

> 中华民国十三年六月二十五日。（下午三时至五时半在广州东山鲍寓）
> 中国国民党中央监察委员谢持、张继与俄人鲍罗廷谈话。孙科翻译。
> 监察委员曰：今日吾二人以中央监察委员资格与君说话。
> 鲍罗廷曰：余以中国国民党训练员资格与君说话。②

可见，谢、张两人是有备而来的，并且以“国民党中央监察委员”资格来找鲍罗廷谈话，很明显带有一丝敌意和攻击性；而鲍罗廷则称以“国民党训练员”身份来谈话，其维护国共合作大局的出发点也清晰显露。再看下面记载：

---

① 杨奎松：《国民党的“联共”与“反共”》，社会科学文献出版社 2008 年版，第 46 页。

② 《谢张两监察委员与鲍罗廷问答纪要（1924 年 6 月 25 日）》，中国人民解放军政治学院党史教研室编：《中共党史参考资料》（第三册），人民出版社 1979 年版，第 327 页。

监曰：……组织上最重要问题，是否承认党中有党，即指共产党及社会主义青年团在国民党内组织党团而言。

鲍曰：党中分派，是不能免，党之中央执行委员会，实际上不能作党之中心。当然党内发生小团体，有左派右派之分。如方瑞麟等对中俄协定之宣言，可认为右派。共产党则为左派。

监曰：君以共产党加入国民党，而在党内作党团活动，认为合理乎？

鲍曰：国民党已死。国民党已不成党。只可说有国民党员，不可说有国民党。加入新分子，如共产党者，组织党团，可引起旧党员之竞争心，则党可复活。[①]

可见，谢、张对共产党不满，主要是反对共产党、共青团在国民党内发展组织。而鲍罗廷则认为国民党作为一个政党来说，已经“死去”。加入共产党员和共青团员则加入了新鲜血液，反而可使国民党“复活”。接着，鲍罗廷继续阐明他的观点：

鲍又曰：小册子[②]何时发刊？

监曰：一为去年八月，一为今年四月。

鲍曰：不错。共产党加入国民党三个月之后，见国民党不振作，中央执行委员会提不起来，并有许多右派分子加杂其中，乃不得不组织党团。

监曰：依吾辈见解，君所用方法，欲令国民党复活者，实足以使国民党死亡耳。使多数小团体在同一范围内相倾轧、相竞争，乃致死之道也。

鲍曰：诚然，诚或可致国民党死命，惟不希望如是结果。希望右派左派相争，发生一中央派，作党之中心。

监张曰：余个人素来赞成共产党加入国民党，共同从事革命。此次问题发生，仍主张友谊解决。今闻君之言论，则不能不变更主义。国民党是一腐败革命党，余亦不能全否认。假如君所说共产党是新生革命团体，如

---

① 《谢张两监察委员与鲍罗廷问答纪要（1924 年 6 月 25 日）》，中国人民解放军政治学院党史教研室编：《中共党史参考资料》（第三册），人民出版社 1979 年版，第 328 页。

② 指《中国社会主义青年团第二次大会决议案及宣言》，其中有“非必要时不宜采取敌视态度”之类有关国共关系的敏感词句，成为此次张、谢兴师问罪的导火索。

斯则两种性质不相容，不如分道扬镳。腐败者团结起来，加以改良，新生者一往直前，两无阻碍。分作两起，岂不更佳？

鲍曰：第三国际认定中国革命，只能用国民党党纲，不能用他种主义，故使中国共产党及社会主义青年团全部加入国民党。如有不奉命令者，则认为违反命令。

……

今日两者本互相利用，国民党利用共产党，惟两相利用之结果，国民党更多得利益。①

鲍罗廷指出，共产党在国民党内发展党团，是因为共产党员加入国民党之后，国民党在宣传和组织上仍不见起色，乃不得不组织党团；而谢、张则指出，党中有党、团，互相倾轧可致国民党死亡。不过，此时双方远未走到决裂地步，张继主张友谊解决，但他也对鲍罗廷认为“国民党已死”的说法非常不满，认为“不如分道扬镳”。而鲍罗廷则表示，共产国际认为中国革命只能适用国民党的党纲，还不适宜由共产党来领导，并且认为合作是双方得利的。

双方的谈话后来又回到《中国社会主义青年团第二次大会决议案及宣言》上：

监曰：社会主义青年团决议案及团刊第七号所登载关于国民党者，君是否认为正当？

鲍曰：此两种印刷，未经莫斯科本部审查认可，尚不能承认。

监曰：如君所说，国民党已成待毙之人，中国共产党及社会主义青年团为一复活剂，将打注射针而救济乎。

鲍曰：事相类而话不能如此说。我们合作。我们合作。

监曰：国民党腐败分子，仅退步的而已，并未表明反对（国）民党宗旨，亦未组织团体与本党相抗衡。即使有一时的组织，亦不过一时之作用而已，并未将国民党作一对相（象）的研究物。照此两种印刷物观之，共

① 《谢张两监察委员与鲍罗廷问答纪要（1924年6月25日）》，中国人民解放军政治学院党史教研室编：《中共党史参考资料》（第三册），人民出版社1979年版，第328页。

产党持永久之计划，将国民党作一对相（象），日日以如何对付国民党为切要目的。国民党不能不认共产党团为本党本体上之大问题。

鲍曰：无妨，凡党皆有左、右派之分。

监曰：国民党与共产党只能说是两党，不能说是两派。君如认之合理，吾不料所谓组织者，竟如斯。直欺人之谭（谈）耳。

鲍曰：中国国民党宗旨最适用，中国尚可应用一百年。假使国民党改为共产党，吾亦不赞成，只有提皮包离广州。

监曰：诚如君所言，反面说，在中国行共产主义，尚须待至一百年之后。共产党全体既加入国民党，实行国民党革命主义，又何必另挂中国共产党招牌，保留共产党组织耶。

鲍曰：国民党中央干部，尚未能组织完好，不能指挥全体党员，又未能对全国最有关系之问题，时时有所主张。共产党不能取销（消）自己的组织。

鲍又曰：国民党依多数决议，可自由的（地）驱逐共产党员出党，但不希望如此作（做）。

监曰：今日谈话只如是，改日再接续讨论。①

从以上谈话可看出，鲍罗廷作了以下表态，才使本次“庭审”式的谈话结束：

第一，社会主义青年团决议案及团刊第七号所登载关于国民党的内容，未经莫斯科审查。

第二，国民党的党纲主义，尚可在中国适用百年。

第三，中国共产党之所以在国民党内保持党团组织，是因为国民党组织尚不完善，宣传尚不得力，因而共产党还需要保持自己的组织。

第四，国民党可依多数派之优势，驱逐共产党员出党。

在这次谈话中，尽管鲍罗廷是苏联政治顾问，被孙中山委以国民党组织教练员的重任，但谢持、张继毫不买账，以严厉口气质问鲍罗廷。其质问的要点集中在：中共何以在国民党内发展党团组织，此种做法是要将国

① 《谢张两监察委员与鲍罗廷问答纪要（1924年6月25日）》，中国人民解放军政治学院党史教研室编：《中共党史参考资料》（第三册），人民出版社1979年版，第329页。

民党分裂，引上绝路。谢持、张继的质问，反映了国民党内部相当一部分人对共产党组织和宣传扩张的深深忧虑。

然而，国民党的主要敌人仍然是北方军阀，仍然需要苏联支持，需要共产党、工农群众支持，上述春园谈话，只代表一部分国民党员正面挑战苏联顾问和共产党，国民党主流仍然想维持国共合作的大局。1924 年 7 月 7 日，国民党中央执行委员会发表《中国国民党关于党务宣言》，针对一些破坏国共合作的言论进行驳斥：

惟数月以来，党内党外，间多误会，以为已加入本党之共产党人，其言论行动尚有分道而驰之倾向，于反对派得肆其挑拨，同志间遂于怀疑而发生隔阂。社会群众之莫名真相者，更觉无所适从，减少其对革命运动之同情及赞助。此种情状，若不亟事矫正及补救，恐直接影响于党务之进行者，间接亦影响全民革命之发展，关系实至深且巨。中央执行委员会，负有指导党务及解释党义之责任，兹为解免党内外之误会及隔阂起见，不能不再为郑重之声明：即本党既负有中国革命之使命，即有集中全国革命分子之必要。故对于规范党员，不问其平日属何派别，惟以其言论行动能否一依本党之主义政纲及党章为断。如有违背者，本党必予以严重制裁，以整肃纪律。①

该宣言的发表，表明了以孙中山为首的国民党中央决策层仍然决心维护国共合作的局面，国共合作得以继续发展。但是，随着 1925 年 3 月孙中山病逝，权威倒塌，国共之间的矛盾趋向激烈。

第二节　廖案

廖仲恺，广东归善人，少年在美国长大，接受了西方教育。1902 年赴日留学，在日期间接受了孙中山的革命理论，参加了同盟会，长期追随孙

① 《中国国民党关于党务宣言（1924 年 7 月 7 日）》，中共广东省委党史研究委员会、中共广东省委党史资料征集委员会编：《第一次国共合作研究资料》（内部刊物），1984 年，第 95 ~ 96 页。

中山革命。1914年任中华革命党财政部副部长，1920年任临时大总统府军政府财政部次长兼广东省财政厅长。在长期的革命过程中，廖仲恺在财政工作上给予孙中山重要支持。孙中山与苏俄洽谈合作时，廖仲恺常代表孙中山进行会谈，是孙中山“联俄、联共、扶助农工”三大政策、国民党改组政策的主要制定者和执行者。就是这样一个国民党元老，在国民党党内有着较高地位和威望的革命者，竟然在1925年8月20日上午，于国民党中央党部所在地惠州会馆前遭凶徒袭击，中弹身亡。廖仲恺被刺案是当时震惊全国的命案，案件的发生，有其复杂的政治背景。

1925年3月，孙中山逝世，国民党失去了多年的灵魂人物。汪精卫虽任国民政府主席、军事委员会主席，但没有突出功勋，威望不足。胡汉民也是国民党元老，并在1924年5月代理大本营事务，9月代行大元帅职权，但在商团叛乱中同情商团，消极镇压，失去了孙中山的信任。许崇智任军事部长兼粤军司令，握有军权。廖仲恺是中央常务委员兼广东省长、广东省财政厅长，长期负责广州革命政府财政工作。国民党表面上形成以汪、胡、许、廖为核心的权力中心，但实际上各人均无绝对权威，国民党处于群龙无首的状态，各方势力都在角逐权力最高峰。

孙中山在世时，国民党右派分子虽反对国共合作，但慑于孙中山威严，尚不敢兴风作浪。孙中山逝世后，右派分子活动趋于激烈，他们开始挑战孙中山的新三民主义和三大政策。特别是戴季陶连续发表《孙文主义之哲学基础》、《国民革命与中国国民党》等文章，宣传反共反苏的理论。反共组织纷纷建立，反共言论也四处流行。胡汉民一贯反共，孙中山逝世后，胡汉民家经常聚集右派分子，一起讨论时局和反共策略，其中就有孙科、邹鲁、邓泽如、林直勉（美洲归国华侨，右派官僚，曾任孙中山秘书，但反对国共合作，管理粤汉铁路事务）、胡毅生（胡汉民堂弟，因胡汉民被免职而失去做官机会，故仇恨廖仲恺等左派）、吴铁城等铁杆右派。1925年6、7月间，胡毅生纠集朱卓文（原香山县县长，因办事不力被廖仲恺免职，由此结下仇恨）等人组成“文华堂”组织，成员共同特点就是反共。

在平定刘、杨叛乱后，汪精卫、廖仲恺领导广东国民政府推行统一军政、整顿财政、统办税收、收归地方人事权、禁烟禁赌等措施。一大批旧官僚被免职，一些旧军阀失去了财赋来源，纷纷反对廖仲恺等左派。这样，右派分子、旧官僚和旧军队都有人反对廖仲恺，形成一股逆流。实际上，在8月20日之前，社会上就流传着有人要谋害廖仲恺的消息。何香凝劝廖仲恺增加防备，廖仲恺不为所动，他说："我是天天到工会、农会、学生会等团体去开会或演说的，而且一天到晚要跑几个地方，他们要想谋杀我，可以装扮着工人、农民或学生模样，混入群众中间下手的。我平生为人作事，凭良心，自问没有对不起党、对不起国家、对不起民众的地方。"①

廖仲恺被刺后，据革命者罗明回忆："革命干部和群众闻讯后十分悲愤，我亲眼看到很多同志为这个不幸事件而痛哭。当时广东区党委号召省港罢工工人、各业工会工人、市郊农民、黄埔军校学生和各校学生组织起来，为廖先生开追悼会。送葬那天，人们沿途高呼'肃清内奸反革命'、'拥护三大政策'、'保卫省港罢工斗争胜利'、'保护工农利益，巩固广东革命的基础'等口号，要求政府采取严厉措施进行肃奸运动。"② 当时的广州革命政府也行动迅速，廖被刺的当天下午，国民党中央执行委员会、国民政府委员会、军事委员会就举行联席会议，决定派许崇智、汪精卫、蒋介石组成特别委员会，全权查办此案。

事发当日，有一凶手陈顺被打伤而当场被捕。陈顺供述，"香港有二百万元打共产党"，"有几十万元打猛人（猛人是广东方言，指有权势的人）"。当问他："猛人是谁？汪精卫够猛吗？"他回答说："不。猛人是廖仲恺、谭平山。"③ 陈顺还供述，行刺是朱卓文一手策划的。朱卓文是"文华堂"成员，这样，胡毅生、胡汉民被卷入。依据各方材料调查结果，特别委员会认为胡毅生、朱卓文、林直勉三人嫌疑最大。但是由于广州公安局长吴铁城的庇护，胡毅生、朱卓文逃离，只有林直勉被捕。林直勉否认参与刺廖，由于胡毅生、朱卓文逃脱，无从判断主谋。但事后的调查证明，是港英当局指使广州商人周展邦以金钱收买胡毅生、林直勉等人，串通粤军将领杨锦龙（旅长）、梁鸿楷（军长）、梁士锋（第一警备司令）

---

① 何香凝：《回忆廖仲恺被刺前后》，中共广州市委党史资料征集、研究委员会办公室编：《广州大革命时期回忆录选编》（中共广州党史资料丛书），广东人民出版社1986年版，第500页。

② 罗明：《风雷激荡闽粤间》，《广东党史资料》（第二辑），广东人民出版社1984年版。

③ 何香凝：《回忆廖仲恺被刺前后》，中共广州市委党史资料征集、研究委员会办公室编：《广州大革命时期回忆录选编》（中共广州党史资料丛书），广东人民出版社1986年版，第502页。

等，阴谋推翻广州革命政府。

8 月 24 日，蒋介石任广州卫戍司令。蒋介石位列特别委员会三巨头之一，以广州卫戍司令的身份负责廖案。他看到了廖案后面的政治机会。蒋派兵以逮捕胡毅生为名，搜查了胡汉民寓所，同时逮捕了涉案的胡汉民哥哥胡清瑞、粤军第一军军长梁鸿楷以及粤军将领张国祯、杨锦龙、梅光培等。9 月 25 日，胡汉民迫于压力，赴苏“养病”。因粤军多名将领牵涉廖案，9 月 20 日，许崇智辞职，搭轮赴沪，所部为蒋介石控制。

廖案后，国民党以汪、胡、许、廖为核心的权力结构被打破，蒋介石与汪精卫成为国民党新核心，但是汪精卫并没有可掌控的实权，这为蒋介石日后弄权提供了条件。9 月 2 日，中央政治委员会议决，蒋介石、谭平山、孙科为新委员。同时，由于廖案打击了右派和旧军队，广州地区反共、反对国共合作的逆流有所收敛，局势继续向有利于国民革命的方向发展。

第二节　国民党限共

一、西山会议派

1925 年 9 月 15 日，国民党中央执行委员会政治委员会决定派遣林森、邹鲁率外交代表团赴北京，与北京临时执政联合，与外国政府代表就“五卅”惨案善后问题谈判。林、邹早就不满广州政府联俄、联共政策，是坚定的反共右派，此次离开广州，沿途联合反共分子，散布反共言论。11 月 23 日，林森等人非法组织的所谓国民党“一届四中全会”在北京西山碧云寺孙中山先生灵前举行，参加成员有第一届中央执行委员林森、邹鲁、居正、覃振、沈定一、叶楚伧、石青阳、石瑛、邵元冲 9 人，另外戴季陶虽未出席，但其发表声明同意西山会议决议。另外，候补委员茅祖权、傅汝霖，监察委员谢持、张继也出席了西山会议，这些人统称为“西山会议派”。

反共的西山会议派的形成并不是偶然的。1925 年 12 月，国民党中央执行委员会发表的《中国国民党中央执行委员会严驳北京党员之违法会议》中言道：

中国国民党自去年一月改组后，党内革命空气陡见紧张。两年以来，在党务上、在民众运动上均有确实之发展。然因工作之进行，党员之间不免勤惰各别；对于革命政策，亦意见亘殊。于是显分两派。惟右派人数极少，且皆属腐败懒惰分子，日惟升官发财为念，慑于积极革命之不利于升官发财，乃大反对。廖案起后，一班革命意志强固之党员，看明白此乃革命反革命之分水线，乃奋其不妥协手段削平一切反革命分子，因以巩固了广州的革命政权。然因此懒惰右倾分子依靠国民党升官发财之路愈绝，其怨愤情状亦愈加甚。尤其无状者，竟不惜勾结熊克武企图颠覆国民政府，进而与南方之陈炯明、北方之段祺瑞相联接，完全抛弃革命地位而站入反革命的地位。不料国民政府东征北讨，熊陈势力根本铲除。此辈计穷，乃怂恿少数在京沪之中央执行委员，谋托于北方军阀势力保护之下，通电主张在北京开会，要求在粤委员赴会。①

这段话清晰表明了西山会议派的形成过程：①国民党自改组后，就分为两派，党内争议激烈；②廖案后，反共的右派受到沉重打击，竟至勾结熊克武、陈炯明等人对抗广东国民政府；③广东国民政府东征等军事行动，再次沉重打击了右派。右派在广东已经无所作为，乃北上北京，在北方军阀庇护下继续对抗广东国民政府。

西山会议派在1925年11月23日举行第一次会议，当天就通过决议：一是取消中央政治委员会，一切党务之职权归于中央执行委员会，林森、覃振、石青阳、邹鲁、叶楚伧为中央执行委员会常务委员，广州中央执行委员会即日停止职权。二是取消共产党员在国民党中的党籍，解除鲍罗廷在国民党内的职务。三是中央执行委员会暂移上海，设京、沪、粤执行部。此后，又连续举行会议19次，通过了一系列反共反广东国民政府的议案，1926年1月4日会议结束后发表了《为取消共产派在本党的党籍告同志书》。会议期间，叶楚伧主编的原国民党中央机关报《上海民国日报》为西山会议派喉舌，不断发表西山会议派的决议、宣言、通电，制造反共

① 《政治周报》1925年第1期。

舆论，对抗广州的国民党中央、国民政府和共产党。1925年12月初，西山会议派在上海国民党执行部成立中央党部，1926年1月初，邹鲁、谢持、居正抵沪，开始主持上海中央工作。从此，国民党反共的右派分子有了公开的大本营，国民党也出现了两个中央，一个是上海国民党中央，一个是广州国民党中央。

对于西山会议派的挑衅，广州国民党中央进行了还击，电告西山会议派，严正指出"全国代表大会，及中央执行委员会，或全体会议，只能在广州开会，已经决议在前，并已定期开会，何得违反决议？"① 又致电全国各级党部，从法理和事理方面，批驳了北京西山会议派的非法性，指出国民党全国代表大会和中央执行委员会全体会议只能在广州召开：

盖就法理而言，既经第三次中央执行委员会全体会议议决，全国代表大会及中央执行委员会全体会议，须在广州开会，无论何人不得违反决议。……第二次全国大会原定八月十五日在广州开会，嗣因省港罢工，交通梗塞，广州扫除反革命派，战事频仍，以致屡次展期。兹者广东全省统一，广州安如磐石，纵使交通颇感不便，亦无碍于开会。故已由中央执行委员会全体会议决定于十二月十一日在广州开第四次中央执行委员会全体会议，于十五年元旦开第二次全国代表大会。已电嘱林森诸同志尊重决议，顾念事势，迅速来广州开会，勿持异端。②

该电文还指出，从人数上说，西山会议派也是非法的：

中央党部执行委员原有二十四人，候补委员十七人。……查北京署名召集开会者虽有十五人，惟执行委员仅得其九，余则为监察委员或候补委员，而监察委员则向无表决提议之权，既无冒签情弊，亦仅为全体委员之最少数。③

1926年1月，国民党第二次全国代表大会在广州召开。大会召开的背

① 《政治周报》1925年第1期。
② 《政治周报》1925年第1期。
③ 《政治周报》1925年第1期。

景是国民党改组两年来，国民党组织虽得到很大发展，但党内反对孙中山三大政策的分裂势力也逐渐抬头。西山会议派正是这种分裂势力的代表。大会通过了《弹劾西山会议决议案》，该决议案对西山会议派各主要成员进行分化打击。谢持、邹鲁，“纯为主动之人，其违反党纪，以此二人为最。谢持、邹鲁应永远开除党籍”；居正、石青阳、石瑛、覃振、傅汝霖、沈定一、茅祖权、叶楚伧、邵元冲、林森、张继、张知本 12 人，“并非西山会议之主谋，略述原情，应予以自新之路”；戴季陶“始终未与会……综核其个人言论，虽或出于爱护本党之热情，然因此致为反动分子利用成为破坏本党之工具，……予以恳切之训令，促其猛省，不可再误”。[①] 大会还通过了《处分违犯本党纪律党员决议案》，该决议案宣布，居正、石青阳予以“除名处分”；石瑛、覃振、茅祖权予以“警告”，“限二个月内向中央党部声明脱离”；邵元冲主持上海伪中央，予以“警告，令其立时停止进行”；叶楚伧主持《上海民国日报》，应令“停止职务，并将该报交出改组”；沈定一在伪浙江省党部，应予以“警告，令其立时停止进行”。除以上西山会议派头目外，该决议案还宣布，“凡列名北京同志俱乐部分子，限二个月内向中央党部声明脱离，否则开除党籍”；上海伪中央执行委员会所有人员“限二个月内向中央党部声明脱离，否则开除除名”。[②]

西山会议派派出大批成员赴各地捣乱，有些地区出现两个国民党党部。广东国民政府发布通令，凡上海伪代表来粤，即予逮捕。西山会议派党羽闻讯不敢来粤行分裂之事。1927 年 4 月，蒋介石在上海“清党”后，西山会议派伪中央党部被查封。西山会议派终其历史，虽未给国共合作大局造成根本破坏，但它破坏了国民党统一，为统一战线分裂之先声，稍后国民党新右派登上了历史舞台。

二、戴季陶主义、蒋介石崛起和新右派

国共由合作走向破裂，这个转变过程不得不提及两个重要人物——蒋介石、戴季陶。此二人一武一文，为国共破裂推波助澜，戴提供了反共理论，蒋则训练、掌控了反共军队。

---

① 《政治周报》1926 年第 6、7 期。

② 《政治周报》1926 年第 6、7 期。

1. 戴季陶

戴季陶（1891—1949），生于四川广汉。14 岁即留学日本，并结识了蒋介石等人。戴自幼喜爱旧学，年长后又接受了西方资产阶级思想，“五四”时期及以后还研究了马克思主义，甚至还参与了中共建党活动，但最终因忠于孙中山而作罢。戴的思想极为复杂，由于世界观的根本对立，他最终抛弃了马克思主义，并认为蒋介石可堪大任，因而成为蒋介石的御用文人。在孙中山逝世后，统一战线内部国共两党矛盾趋于尖锐。1925 年 6 月到 7 月，戴季陶写成《孙文主义之哲学基础》和《国民革命与中国国民党》，把中国传统思想和孙中山的三民主义嫁接起来，鼓吹所谓纯正的三民主义，攻击马克思主义和共产党，标志着戴季陶主义的形成。

戴季陶认为，中国传统的伦理哲学和政治哲学是孙中山三民主义的思想基础，“用几句简单的话来完全表明它，就是天下之达道三：民族也，民权也，民生也；所以行之者三：智也，仁也，勇也。智仁勇三者，天下之达德也”①。由此，孙中山三民主义思想的革命内容被封建道德取代了。戴季陶还认为，“凡是一个主义，必定具有独占性和排他性，同时也一定具有统一性和支配性。假如这几种性质不具备，这一个主义，一定生不出信仰，生不出力量”，“一定要充分发挥三民主义的中国国民党之生存欲望所必须具备的独占性、排他性、统一性、支配性”②，这就等于否定了国共两党在统一战线内部平等共处的可能性。戴季陶还进一步认为，国民党“在组织上，凡是高级的干部，不可跨党”，在国民党内部做工作的共产党员，“应该停止他为 C. P.或 C. Y.吸收党员的工作，不得秘密的（地）对中国国民党员，与（予）以怀疑三民主义的暗示”。③ 戴季陶反对阶级斗争，鼓吹阶级调和，他认为“仁爱是人类的生性”，“各阶级的人要抛弃了他的阶级性，恢复他的国民性，抛弃了他的兽性，恢复他的人性”④，“为农民工人而奋斗，绝不须用唯物史观做最高原则，争得一个唯物史观，打破了一个国民革命，绝不是革命所应采取的途径”⑤。戴季陶的文章，当时被印

① 戴季陶：《孙文主义之哲学基础》，1925 年 6 月。
② 戴季陶：《国民革命与中国国民党》，1925 年 7 月。
③ 戴季陶：《国民革命与中国国民党》，1925 年 7 月。
④ 戴季陶：《孙文主义之哲学基础》，1925 年 6 月。
⑤ 戴季陶：《国民革命与中国国民党》，1925 年 7 月。

成各种小册子，流传甚广，荼毒甚大。很多人读了之后，对国共合作的形式——党内合作都持怀疑态度，右派分子读了之后常将该理论用于攻击共产党。在共产党人和左派的强烈要求下，国民党中央政治委员会发出通告，批评戴季陶，并下令销毁《国民革命与中国国民党》。[①] 然而，各地右派分子纷纷出笼与戴季陶主义相似的其他小册子，国民党内部“清党”声音日强。戴季陶主义被西山会议派、新右派等国民党右派分子利用为反共反苏的思想武器。以蒋介石为首的新右派正是以戴季陶主义为理论指导，进一步与共产党争夺统一战线主导权。

2. *蒋介石*

蒋介石（1887—1975），浙江奉化人，其父早逝，由母亲抚养成人。其人虽有性格暴躁易怒一面，但自视甚高，律己甚严，早年曾入保定军校、日本东京振武学校等学习军事。辛亥革命爆发后，蒋介石参加了光复浙江的军事斗争，之后又参加了孙中山领导的反袁、护法等革命活动。1918—1923 年，蒋介石受孙中山委派，参加了上海证券物品交易所的经营活动。蒋的经营虽然最终失败，但是他目睹了金融投机的巨大危害，“对于中国社会厌鄙已极，誓必有以改造之”[②]，产生了强烈的改造社会的信念，并与上海帮会组织、江浙财团建立了千丝万缕的关系。1922 年 6 月，陈炯明发动兵变，孙中山蒙难永丰舰。蒋介石由上海赶到广东，在永丰舰随侍孙中山，并指挥舰队与叛军作战，此后取得孙中山信任。

在当时的革命阵营内，蒋介石是被多数人认可的人格和能力出众的革命者，马林致信给达夫谦和越飞的信中就说，“廖（指廖仲恺）说，蒋已厌倦广东这里徒劳无益的争斗，由于诸将领间的争执，他的计划无法实现。人们把蒋介石看作最优秀的将领之一（他曾留学日本），最优秀的国民党员。他从不争地位，也从未参与权柄之争”[③]。孙中山也认为，蒋介石“受新式之军事教育”，“雄略沉毅”，“将蔚为军官中之大器”。[④] 对这样一个有“名望”的将领，又兼有“患难救驾”之功，孙中山自然予以重用。

---

① 《广州民国日报》，1925 年 10 月 19 日。

② 《蒋介石日记类抄·杂俎》，1920 年 12 月 31 日。

③ 《致达夫谦和越飞的信（1923 年 7 月 20 日，广州）》，中国社会科学院马列所、近代史研究所编：《马林与第一次国共合作》，光明日报出版社 1989 年版，第 298 页。

④ 《与日人某君的谈话（1924 年 2 月）》，中国社会科学院近代史研究所、中山大学历史系孙中山研究室编：《孙中山全集》（第 9 卷），中华书局 1986 年版，第 534 页。

蒋介石早年也曾经读过马列主义的一些典籍，对马列主义有一定的了解，如1923年10月18日其日记云："看马克思学说。下午，复看之。久久领略真味，不忍掩卷。"[①] 苏联革命的成功，激发了孙中山、蒋介石等人探讨、学习苏联革命经验的信念。1923年1月《孙文越飞宣言》发表后，孙中山与苏联的合作正式启动。1923年8月底，蒋介石受孙中山委派，组成孙逸仙博士代表团赴苏俄考察，并与苏俄高层洽谈具体合作事宜。

蒋介石从8月25日入苏境，至12月8日回国，在苏联停留时间达三个多月，拜会了一些苏联主要领导人，参观学习了工厂、军队、学校以及基层苏维埃组织，对苏联政治、经济及社会生活进行了广泛考察。蒋介石对苏联建党建军经验、基层组织管理以及机器工业成就十分赞赏，但他也察觉到苏联对中国抱有领土野心，从而怀疑苏联与国民党合作的诚意。同时，他也认为苏联并非尽善尽美，其日记有述："游历彼得格列，目睹市况萧条，民气颓丧"[②]，"俄国缺少中级人才，政府往往为下级所蔽，而一般自满、专制、轻信、迟疑。尤其最显著弊病，遇大事不能潜机观察，好逞客气，个人无定识，尚不能自立，况于国家事"[③]。故此，蒋回国后，对苏态度相当复杂，既有学习利用之心，兼有警惕防备之意。

1923年12月，蒋介石撰成《游俄报告书》，表达了自己对苏联合作诚意的担忧，遭到廖仲恺等人反对，对此蒋介石写信回答："对俄党问题，应有'事实'与'主义'之别，吾人不能因其'主义'之信仰，而乃置'事实'于不顾。以弟观察，俄党殊无诚信可言。即弟对兄言'俄人之言只有三分可信'者，亦以兄过信俄人而不能尽扫兄之兴趣也。至其对孙中山个人致崇仰之意者，非俄国共产党，而乃国际共产党中之党员也。而我国党员之在俄国者，对于孙中山唯有诋毁与怀疑而已。"[④] 然此时蒋毕竟羽翼未丰，在遭到孙中山、廖仲恺等人反对后，他掩藏其反苏政治观点，以左派面目出现在国共合作的大环境下，继续捞取政治资本。

1924年6月黄埔军校创建后，蒋介石利用其校长地位，控制了当时中国训练最好、最有生气的部队，从而增强了他的影响力。在随后的东征，

① 杨天石：《蒋氏秘档与蒋介石真相》，社会科学文献出版社2002年版，第13页。
② 张秀章：《蒋介石日记揭秘（上）》，团结出版社2007年版，第85页。
③ 张秀章：《蒋介石日记揭秘（上）》，团结出版社2007年版，第93页。
④ 张秀章：《蒋介石日记揭秘（上）》，团结出版社2007年版，第101页。

平定刘、杨叛乱，南征等统一广东的诸战役中，蒋及其黄埔将士屡立战功。伴随着战功建立，蒋介石在国民党内部地位日高，身边也逐渐积聚起一批人为其马首是瞻。

随着蒋介石崛起，他开始培植自己的个人势力。在黄埔军校内部，他和教官王柏龄、何应钦支持右派学生头目贺衷寒等建立孙文主义学会，宣传反共反苏理论，控制了部分军官。蒋系右派还逐渐掌握了广东地方军政实权，蒋介石的“把兄弟”陈肇英任虎门要塞司令，吴铁城任国民革命军第六军十七师师长兼广州卫戍司令，何应钦任国民革命军第一军军长，国民党广州党部为吴铁城等右派把持，成为反共大本营。和老右派流于“清流”不同，新右派掌握了实权，同时又善于伪装自己的真实政治倾向，他们有理论、有实力、有步骤、有策略。尤其危险的是新右派核心人物蒋介石行反共之实而以左派面目出现，具有相当大的迷惑性。统一战线面临严峻挑战，中国共产党面临严峻威胁，但中共的主要领导人对此缺乏足够的警惕和策略。1925 年 12 月 3 日和 20 日，陈独秀在《向导》上先后发表《什么是国民党左右派》和《国民党新右派之反动倾向》，居然都把蒋介石列为国民党左派领袖。① 新右派政治策略之可怕由此可见。

三、中山舰事件

随着新右派崛起，国共是否还能如以前那样共处统一战线旗帜下？1926 年 3 月的中山舰事件，是新右派夺取统一战线领导权的一次冒险行动，中国共产党和苏联代表在新右派咄咄逼人的攻势前缺乏有效手段应对，事件后蒋介石完全控制了国民革命军第一军，新右派取得全胜。以此事件为契机，新右派步步紧逼，终于发动了“清党”运动，与中国共产党彻底决裂。

在军事第一的时代，军事首领很容易获取政治声望。蒋介石在 1926 年 1 月国民党二大作军事报告，“全场欢呼”。国民党二大后，蒋介石担任国民党中央执行委员会常委、军事委员会委员、第一军军长、广州卫戍司令、中央军事政治学校校长。又兼廖案后，许崇智、胡汉民等国民党元老被逼远走，此时的蒋介石在国民党地位已经仅次于汪精卫。汪精卫随伺孙

---

① 陈廉：《第一次国共合作史》，北京图书馆出版社 1998 年版，第 298 页。

中山多年，且是总理遗嘱的执笔人，其时任国民党中央主席、军事委员会主席。汪是蒋走向独裁的最主要障碍。与此同时，蒋介石与苏联顾问的矛盾处于日趋激烈的状态。蒋介石在完成统一广东的军事行动后，就急欲统军北伐，以攫取更大的权力。但此前与蒋合作融洽的苏方军事顾问加伦和政治顾问鲍罗廷相继回国，接替鲍罗廷、加伦工作的季山嘉反对并阻止蒋北伐计划。在蒋与季山嘉的矛盾中，汪精卫逐渐站在季山嘉一边，以压制蒋介石上升势头。

北伐是蒋梦寐以求的大计，蒋为此悲愤不已，这段时间蒋的日记详尽记载了蒋与季山嘉、汪精卫等人的矛盾纠结，并终致中山舰事件这一极端解决方式。

1926 年 1 月 19 日蒋日记云："我以诚往，彼以诈来，非可与共事之同志也。"① 是时，广州亦有各种对蒋介石不利的流言，该日记也详录了蒋心情极为恶劣："凡事至欲避退不能之时，是何可怜，群疑众谤。"②

1 月 26 日，蒋登白云山，"骋怀四眺，总不能稍解郁衷"③。

2 月 7 日，蒋介石与季山嘉谈论政局与军事问题，蒋觉得季山嘉"语多讽刺，又若甚疑惧吾者"④。

2 月 11 日，蒋日记云："深念处境屯厄，非积极进行，冲破难关，不能再谈革命，否则消极下去，减轻责任，以为下野地步。然卫党救国，固应忍辱负重，不即不离，且前且却，夫岂革命者之行动耶。思索半日，仍主固执道义，贯彻初衷耳。苏俄同事疑忌我、侮弄我，或非其本怀，然亦何为而然，唯有以诚格之。"⑤ 蒋介石一贯以革命者自居，这里已经有"积极进行，冲破难关"的心志，似乎是日后中山舰事件的预兆。

2 月 12 日，蒋登长洲第一峰升旗山，"海天寥廓，眼界一空，然郁志终未舒也。……阴历岁除，在要塞部寓楼祭祖毕，凝思良久，似有会悟"⑥。蒋"会悟"什么，日记没有明说。然而蒋介石日记中多处有政治神秘主义情绪流露。被神秘主义控制的人，处事常不拘常套，贯以自我为中

---

① 张秀章：《蒋介石日记揭秘（上）》，团结出版社 2007 年版，第 326 页。
② 张秀章：《蒋介石日记揭秘（上）》，团结出版社 2007 年版，第 326 页。
③ 张秀章：《蒋介石日记揭秘（上）》，团结出版社 2007 年版，第 327 页。
④ 张秀章：《蒋介石日记揭秘（上）》，团结出版社 2007 年版，第 332 页。
⑤ 张秀章：《蒋介石日记揭秘（上）》，团结出版社 2007 年版，第 333 页。
⑥ 张秀章：《蒋介石日记揭秘（上）》，团结出版社 2007 年版，第 333 页。

心，认为他人皆为愚顽之人。这个以“天命”自居的军事强人，有着用强硬手段解决问题的动机和决心。然而，对照同时期的苏联顾问和中国共产党人，却对此缺乏应有的警惕和认识。

蒋对现状的不满情绪继续发酵，其2月18日日记云：“闷坐愁城，不如意事连续而至，所谓屋倒适逢连夜雨也。公私两败，内外夹攻，欲愤而自杀，既而悟徇外为人之心太重，岂自强不息者哉。”革命中的广州在蒋介石眼里，已是“愁城”，蒋甚至欲“自杀”。蒋的情绪进一步发展下去，会是什么？蒋宣称要“自强不息”，如何自强？日记一直没有明言，让人怀疑蒋的日记是否真诚。

作为一个上升势头强劲的军事强人，蒋何以如此忧愁？可能的原因是：一方面，蒋与苏联顾问、汪精卫等人在北伐上有严重分歧；另一方面，当时国民革命军共有6个军，除第一军之外，其他各军军长并不受蒋节制。汪精卫又是军事委员会主席，蒋只是委员之一。所以，蒋在军政界尚不具备振臂一呼群雄响应的实力。蒋是个对自己抱有很高期望的人，对此现状极为不满。

2月19日，蒋介石以退为进，提出再度赴俄：“近以怨尤丛集，环境险危，部下思想未能一致，而安乐非可与共，决定再度游俄，自以为新生命存亡之一大关键。”①

然而，不管蒋的情绪如何，季山嘉等人反对北伐的决心是不变的。2月22日，蒋日记继续记载：“赴俄顾问宴，席终坐谈多主北伐从缓。”②

此刻的广州，各种谣言四起，其中不乏“倒蒋”、“国民政府准备宣布共产”等言论。2月23日，蒋日记云：“茂如言有人杀我，昨夜又见人厌我之状，余心滋怫。”③ 在这种情况下，蒋决心先发制人，以巩固自己的地位。

当时，广西统一后，给桂军留下了两个军番号，但实际上桂军整编后只编为一个军。2月7日军委分配军费，黄埔军校军费由30万压缩为27万，而王懋功第二师军费由12万增至15万。为何做这个安排，蒋认为这是军委想把王懋功第二师扩编为军。而王懋功平时与汪精卫来往甚多，这

---

① 张秀章：《蒋介石日记揭秘（上）》，团结出版社2007年版，第335页。
② 张秀章：《蒋介石日记揭秘（上）》，团结出版社2007年版，第336页。
③ 张秀章：《蒋介石日记揭秘（上）》，团结出版社2007年版，第336页。

让多疑的蒋介石忧心忡忡，认为“其（指汪精卫）利用王懋功图谋不轨”[①]。26日，蒋邀王懋功到其官邸议事，将其扣留，并送其去苏联留学，还立即任命自己的亲信刘峙为第二师师长。27日，蒋介石拜访汪精卫，报告王懋功处理问题，并要求免除季山嘉顾问之职。季山嘉闻听蒋此举，“知过，并愿辞退”，不过，蒋“甚疑之”。[②] 汪、季等人的软弱，使蒋对自己的行为自鸣得意，“凡事皆有要着，要着一破，则一切纠纷不解自决。一月以来，心坎憧忧时自提防，至此略定（然亦险矣哉!）”。王懋功事件的冒险成功，刺激了蒋用更激进、更冒险的手段与汪精卫、苏联顾问等对抗。

3月3日，蒋看《革命心理》一书，得出结论：“今而知革命心理，皆由神秘势力与感情作用以成者，而理智实极微弱条件。”[③] 3月5日，蒋看完《革命心理》，又记日记：“恐怖与憎恶二者乃为暴动之动力。感情与神秘之势力在革命心理学中占重要地位，而宗教式的信仰亦为革命心理唯一之要素耳。顺应时势，迎合众心，为革命领袖唯一之要件。吾何能之?”[④] 同时，蒋认为自己所处的形势依然险恶，其日记云：“单枪匹马，前虎后狼，孤孽颠危，此至今日之环境也。总理与诸先烈在天有灵，其必怜而呵护之，不使我陷于绝境乎。”[⑤] 值得注意的是，蒋在这里已经提到“恐怖”、“憎恶”为“暴动之动力”，而“恐怖”、“憎恶”正是蒋这段时间的真实心理，蒋要发动“暴动”已经有了心理解释。同时，蒋在日记里以“革命领袖”和孙中山及诸先烈继承人自居，无视汪精卫等人，蒋的忤逆心态昭然若揭。

3月8日，蒋见汪精卫，再次表明自己的政治态度：“一切实权非可落外人之手，虽即与共产国际联络，亦应定一限度，要当不失自主地位。”[⑥] 然而，汪精卫对蒋有戒备之心，反将蒋态度转告季山嘉。

3月10日，蒋日记又云：“近日反蒋传单不一，疑我、谤我、忌我、

---

① 张秀章：《蒋介石日记揭秘（上）》，团结出版社2007年版，第336～337页。

② 张秀章：《蒋介石日记揭秘（上）》，团结出版社2007年版，第337页。

③ 张秀章：《蒋介石日记揭秘（上）》，团结出版社2007年版，第337页。

④ 张秀章：《蒋介石日记揭秘（上）》，团结出版社2007年版，第337～338页。

⑤ 张秀章：《蒋介石日记揭秘（上）》，团结出版社2007年版，第338页。

⑥ 蒋中正：《苏俄在中国：中国与俄共三十年经历纪要》，（台湾）“中央文物供应社”1957年版，第40页。

诬我、排我、害我者，渐次显明。遇此拂逆之来，精神虽受打劫（击）而心志益加坚强。"① 这里，蒋介石已经由以前的彷徨转为坚定，他心中的敌人也"渐次显明"。在当时扑朔迷离的政局中，蒋已经确定了谁是他的敌人。

3 月 12 日，蒋介石与季山嘉就谈，公开决裂。"季山嘉就谈，极陈北伐之不利，力辟其谬妄"。汪精卫也逐渐表明自己的态度。3 月 14 日，汪明确表态希望蒋暂时离开广东赴俄。蒋日记云："顷聆季新言，有讽余离粤意。其受谗已深，无法自解。"② 显然，之前蒋逼走王懋功，而此刻汪精卫、季山嘉也希望逼走蒋。蒋在其所撰《苏俄在中国》中也言，如果自己不离开广州，将有"不测的事件"。汪的表态，把蒋介石逼上了非退即进的地步。

3 月 17 日晚，蒋介石在黄埔军校发表演讲：

今天把我的人生观要点特别提出来，和大家讲一讲。……总理说革命党人做事是极端的，不是站在中间的；是积极的，不是消极的。可知做事不在极端，就在中间，不能积极，就是消极，便不配做革命党员了。所以富于革命性的人，不管他做什么事，必定是极端的、积极的。……要知我们革命，既以国家和人类为前提，便没有感情可言，也就没有余地可留了，这样才能希望革命成功。所以若有哪一个同志官长或党代表，要做破坏革命和违反革命的事，不论下级对上级，上级对下级，都要严厉监督。③

从这一演讲内容可知，蒋介石不是中间派，相反，他在革命的幌子下，认为做事极端是天经地义的。言为心声，第二天，蒋就发动了中山舰事件，一举改变了广东军政格局。

3 月 18 日，一艘上海商轮被劫后停在黄埔上游，请求保护。黄埔军校校长办公厅令管理科科长赵锦雯派舰保护，赵则命交通股股员黎时雍执行。黎乃电请军校驻省办事处备船，电话为股员王学臣所接，王报告交通股股长兼驻省办事处主任欧阳钟，报告中王语焉不详，说可能是军校教育

① 张秀章：《蒋介石日记揭秘（上）》，团结出版社 2007 年版，第 340 页。
② 张秀章：《蒋介石日记揭秘（上）》，团结出版社 2007 年版，第 341 页。
③ 张秀章：《蒋介石日记揭秘（上）》，团结出版社 2007 年版，第 342 页。

长邓演达命令，要派两艘军舰，由欧阳钟与海军局交涉。欧阳钟与海军局交涉时，又说是蒋介石命令派军舰。时海军局代理局长、共产党员李之龙因公外出，由作战科科长邹毅着人把命令送到李之龙家。李返办公室阅信后，乃命宝璧舰和中山舰往黄埔。19日，两舰抵达黄埔军校，但实际上邓演达并没有下达调舰命令，邓也感到莫名其妙，估计是为商船的问题，于是命令两舰待命。当天，作战科科长邹毅对李之龙说，苏联顾问想参观中山舰。李之龙遂电话请示蒋介石是否可以派中山舰回广州。此前，蒋接汪精卫电话问是否回黄埔，蒋答复不去；现蒋又接李之龙电话问是否调舰回广州，蒋答复可以。从整个过程看，中山舰去黄埔又调回，是因为命令多人转达，以致走样，是一次有据可查的事故。然而，多疑的蒋介石则认为该舰是汪精卫调来黄埔，准备强押自己赴俄。于是，蒋决心借此机会发动反击。

3月17日，即中山舰事件前夕，蒋将其住所迁至有坚固工事的广州造币厂，显然已经有所准备。18、19日，蒋召集一帮亲信终夜议事。19日晚11时，蒋在广州卫戍司令部召开会议，与会者有刘峙、蒋鼎文、惠东升、陈肇英、欧阳格等反共反苏分子。蒋介石令欧阳格、王柏龄等人逮捕李之龙，刘峙扣押第二师各级党代表，该师第五团占领海军局，并解除海军局武装；陈策、欧阳格控制中山舰并解除中山舰武装；吴铁城部监视汪精卫、苏联代表、主要共产党员住宅、共产党机关。当夜12时开始戒严，凌晨3时各部展开行动。

虽事出突然，但蒋不经国民党中央和政府授权，擅自调兵戒严，对国共要人和苏联顾问动武，从法理说是叛乱。从实力看，蒋只是在广州军事实力占优，但如果各军能步调一致，则从全局看蒋是绝对劣势。从当时的革命气氛看，国共合作是主流，省港大罢工还在进行，基层群众是拥护国民党左派和共产党的。在这种情况下，汪精卫也进行了反击布置，他召集李济深和朱培德等各军军长，表示“希望大家把军队撤出广州，以表示不同意蒋介石的搞法”①。蒋去探望汪精卫，汪对蒋进行指责。蒋此时处于被动局面，他在日记里哀叹：“实无改造一切能力，孤苦伶仃，谁与为助，殊堪痛心”，“今日方知孤臣孽子操心之危，处境之苦，若非亲历其境者，

---

① 《李济深的略历》，《广东文史资料》（第26辑）（内部发行），第36页。

决非想象所能及其万一也”。[1] 关键时刻，刚到广州不久的苏联高级代表团布勃诺夫等人插手事变处理，形势逆转，蒋的冒险行为乃得逞。

布勃诺夫是苏共中央委员、苏联红军总政治部主任，于1926年2月初率苏联高级军政使团来华考察。3月13日，该使团抵达广州。3月20日，蒋系军队包围使团驻地时，布勃诺夫等人惊慌失措。3月22日，苏方代表与蒋介石会谈，蒋表示，“对人不对俄”，并表示“希望鲍罗廷速回”。[2] 以布勃诺夫为首的苏联使团表示将与蒋介石继续合作，下令季山嘉等人迅速回国。汪精卫大失所望，称病不起。朱培德、谭延闿等原本想反蒋的军事实力派也态度转变，支持蒋。蒋对此极为得意：“事前反对此举者，事后奉余言为金科玉律，人心之变化，奈如此其速耶。”[3]

3月22日，国民党中央政治委员会举行会议，汪精卫、蒋介石、谭延闿、朱培德、伍朝枢、宋子文、陈公博、甘乃光、林祖涵等人出席，苏联顾问也列席。会议议决，汪精卫休病假，由谭延闿暂时代替其职位；继续与苏联合作；第二师各级党代表撤回，查办李之龙和不轨军官。蒋介石于23日递交了自请处分的报告，参与事件的王伯龄、吴铁城、陈肇英、伍朝枢等人纷纷离职。蒋派邵力子作为国民党和蒋介石私人代表，赴苏联表示接受苏联和共产国际领导，并表示愿意加入共产国际。蒋的如此行为，既打击了共产党和苏联顾问，同时又维护了自己左的面貌，继续迷惑中国共产党和苏联。事变后共产党员和有共产党嫌疑的军官退出了第一军，第一军成为蒋介石的私人部队，蒋由此扩张了自己的影响力和实力。而汪精卫由于在事变中的无能，也让人们看到了他的软弱，在国民党党内的地位、影响力一落千丈，此后尽管反复复出，但已无法堪当领袖。

受共产国际和苏联顾问影响，上海的中共中央也采取了妥协政策。事变之初，党内群情激愤，陈独秀要退出国民党，实行党外合作。同时，中共中央认为，事变的发生是广东区委的同志工作过于激进，引起国民党的反击。以陈延年为首的广东区委则认为党应该采取进攻的政策，因为没有采取进攻，才使得右派发动事变。最后中央决议：“中共中央应采取让步的妥协态度，来稳定广州的局势。具体的说，我们要维持汪蒋合作的局

① 张秀章：《蒋介石日记揭秘（上）》，团结出版社2007年版，第345页。
② 李云汉：《从容共到清党》，及人书局1987年版，第492页。
③ 张秀章：《蒋介石日记揭秘（上）》，团结出版社2007年版，第346页。

面，继续对蒋采取友好的态度，并纠正广州同志们的一些拖延未解决的左倾错误。我们一致觉得现在蒋介石已先发制人；我们舍妥协政策而外，实无他途可循。”① 张国焘受中共中央委派，到广州协调与蒋介石的关系，并批评了广东区委的过激政策。

蒋介石此时还需要苏联和中国共产党帮助，在强迫李之龙写了悔过书、宣布退出共产党后，释放了李之龙。这样，国共合作的局面得以暂时继续维持。但是，蒋介石通过这次事变，尝到了用强力和实力来解决问题的甜头，刺激了他的更大欲望。事变也给中国共产党的政治形象蒙上了阴影，在社会上造成了共产党企望利用政变来取代国民党的印象。而蒋介石，则在事实上成为国民党新右派和西山会议派公认可堪大任的领袖。

四、整理党务案

中山舰事件之后，蒋介石巩固了自己在国民党内政治军事上的地位，第一军已经成为其私人军队。1926 年 4 月 16 日，蒋介石当选为军事委员会主席，成为国民政府最高军事首脑。接着，蒋介石着手从党务、组织上排斥共产党，攫取权力。

1926 年 5 月 15 日，国民党召开二届二中全会。蒋介石提出了 4 个整理党务案，其主要内容有：

（1）共产党应将加入国民党的党员名单造册交国民党。“凡他党党员之加入本党者，各该党应将其加入本党党员之名册，交本党中央执行委员会主席保存。”②

（2）共产党担任国民党高级职务应受限制。“在高级党部（中央党部、省党部、特别市党部）任执行委员时，其额数不得超过各该党部执行委员总数三分之一；不得充任党中央机关之部长。”③

（3）国民党员不许参加非党部许可的组织活动。“凡属于国民党籍者，不许在党部许可外，有任何以国民党名义召集之党务集会，非得有最高级党部之许可，不得别有政治关系之组织及行动。”④

① 张国焘：《我的回忆》（第二册），现代史料编刊社（内部参考）1989 年版，第 99 页。
② 《政治周报》1926 年第 14 期，第 4 ~ 5 页。
③ 《政治周报》1926 年第 14 期，第 4 ~ 5 页。
④ 《政治周报》1926 年第 14 期，第 4 ~ 5 页。

（4）共产党发布训令应先由联席会议通过。“对于加入本党之他党党员，各该党所发之一切训令，应先交联席会议通过。如有特别紧急事故，不及提出通过时，应将此项训令，请求联席会议追认。”①

为了维护国共合作的大局，在共产国际、苏联领导人的压力下，中国共产党被迫实行妥协退让的政策。5月20日，国民党二中全会通过《国民党员全部重新登记案》，要共产党员填明身份。5月28日，国民党常务委员会决定，由蒋介石接替谭平山任国民党中央组织部长，顾孟余接替毛泽东任宣传部长，甘乃光接替林祖涵任农民部长，胡汉民任工人部长，王法勤任商人部长，邵元冲任青年部长，何香凝任妇女部长。中国共产党拱手让出了国民党高层职位，并且在国民党内的活动大受限制。

中共中央1926年6月4日发表《中国共产党为时局及与国民党联合战线问题致中国国民党书》，其中对蒋介石之流抛出整理党务案作了如下说明：

……今贵党于本年五月十五日开中央委员会全体会议亦尝报告及此，然因党内纠纷，不无特别侧重于“党务整理”问题之处。帝国主义者见之或且疑为贵党已中其奸计而自破革命战线，表现右倾，因而私心欣幸，俟机欲动。然贵党之出此，或者认为与本党合作方式，历年以来，迭次引起党内一部分人之疑虑猜忌，致使为反动派所乘，散乱革命之阵线，故必须先在合作方式上有几种之改变，祛除一般无谓之疑忌，然后决然肃清内部，打击反动派，方能整齐革命之战线，以全力对待帝国主义军阀之统治与压迫乎？果若此，则与本党合作政策并无所谓根本冲突。此原则为何？即团结革命势力以抗帝国主义，不问其团结及合作之方式为何也。果若此，则吾两党联盟之根本精神，不因反动派之分裂政策而稍减，帝国主义之欣幸，适足以自暴其奸而愚矣。

贵党“党务整理案”原本关及贵党内部问题，无论如何决定，他党均无权赞否，凡为贵党党员者，当然有遵守之义务，而于贵党党外之团体，则殊无所关涉。至于“党务整理案”中，关于以后两党合作方式之问题，则吾两党本为革命联盟中之友军，可各自根据其党之协议决以相协商，文

① 《政治周报》1926年第14期，第4～5页。

函会议皆可。总之，当此帝国主义及反动势力征服中国压迫民众之际，革命势力遇此，正在酝酿磅礴之时，吾人双方俱负有历史上重大艰巨之使命与责任，愿贵党于“整理党务”之后，更加努力奋斗，肃清反动，巩固内部，与吾人及一般民众结合伟大广泛之革命的联合战线，有明确之政策，积极之行动，勿为帝国主义者所乘，则中国革命之幸也。①

很显然，中国共产党认为当前主要任务是打倒北洋军阀和反抗帝国主义压迫，这是“历史上重大艰巨之使命与责任”，两党理应“团结革命势力以抗帝国主义，不问其团结及合作之方式为何也”。这样，在涉及党权这样重大的问题上，中共中央为了继续留在国民党内，顾全国共合作大局，接受了国民党右派的所谓“整理党务”。

6月7日，蒋介石在黄埔军校纪念周会上发表讲话，提出“中国国民党里的共产党同志，应该退出共产党，完全做一个纯粹的国民党员”。接着，他在黄埔军校强令军校学员不准跨党。在中山舰事件中受到“打击”的蒋系骨干王柏龄、陈肇英、吴铁城等纷纷复出，供蒋驱使。国民政府还任命蒋介石为国民革命军总司令，负责北伐事宜。7月5日，蒋介石就任国民党中央党部军人部长。6日，他又任中央常务委员会主席。7日，国民政府通过了《国民革命军总司令部组织大纲》，规定“凡国民政府所属军民财政各部机关，均须受总司令之指挥，秉承其意旨办理各事”②。这样，蒋介石利用廖案、中山舰事件、整理党务案以及北伐，掌握了国民党的党、政、军最高权力。

第四节　中共的两难

按列宁关于殖民地、半殖民地革命工作的设想，共产党应该在统一战线中坚持自己的独立性。问题是，如何坚持独立性？独立到什么程度？坚

① 《中国共产党为时局及与国民党联合战线问题致中国国民党书》，中共广东省委党史研究委员会、中共广东省委党史资料征集委员会编：《第一次国共合作研究资料》（内部刊物），1984年，第306~307页。

② 郭廷一编著：《中华民国史事日志》（第二册），大东图书公司印行，1978年，第54页。

持独立性会有什么后果？与共产党合作的资产阶级政党会容许共产党保持独立性吗？如果资产阶级政党叛变革命，甚至屠杀共产党人，共产党应如何保护自己？对于这些问题，列宁并没有明确给出答案，这需要各国共产党在实践中探索。

事实上，在整个第一次国共合作期间，中共一直处于尴尬的两难状态。这表现在三个方面：第一，中共是否应该保持自己在政治上的优越性？如何体现自己的政治优越性？也就是说，如何批评和引导国民党？第二，中共如何保持自己的独立性？这包括组织、思想和政策。第三，当国民党右派进攻左派和共产党时，共产党应如何反击，又保持统一战线不破裂？

在合作之前，张国焘是反对国共合作的。张国焘认为，问题在于“我们在多大程度上能保持我们的独立自主？为国民党的发展，我们合作到何种程度？应在哪些问题上批评国民党？等等”①。中共在国共两党合作“度”的把握上，从一开始就面临现实的挑战。毕竟两党在政治上对终极目标的追求不一致，两党对很多政治问题的现实理解、宣传手段都表现出不一致，更何况中共希望通过“批评”帮助国民党发展成一个政治联盟。然而作为一个老牌政党，国民党内高层人士是否接受“批评”，现实并不容共产国际和中共乐观。为此，1923 年 7 月 19 日晚，中共中央委员曾经专门讨论了在国民党内如何与国民党相处的问题，起因就是国民党方面无法忍受中共的犀利批评，并且严重警告中共不可如此。且看马林的记载：

中国共产党中央委员会昨晚（在广州的最后一次②）会议上，讨论了我们的同志在国民党中的处境问题。讨论这个问题出于三个原因：1. 上海的国民党员抱怨我们《向导周报》上的批评太苛刻。该报本来只是进行国民党的宣传，现在却又试图推动国民党进行改组并采取另外的工作方法。2. 广州国民党地方小组负责人曾声明（在邀请该小组参与抵制日本的运动后），陈独秀只想利用国民党。他的宣传工作只考虑共产党的组织，干的

① 《致共产国际执行委员会东方部拉狄克和萨法罗的信（1923 年 5 月 30 日，广州）》，中国社会科学院马列所、近代史研究所编：《马林与第一次国共合作》，光明日报出版社 1989 年版，第 180 页。

② 应该理解为是马林在华期间中共中央委员会最后一次会议，中共中央应该是 9 月才离开广州的。

是同国民党决裂的事。3. 孙中山告诉我（我已向你们报告过），这个周报上的批评是无法接受的，如果陈独秀不放弃批评，孙一定要把他开除出党。①

可见，无论是国民党高层还是基层，都不满中共的宣传和批评，甚至孙中山已经下了通牒式警告，要求中共放弃批评。

7 月 19 日晚的中共高层会议作出决议："一则强调不希望跟国民党决裂，二则强调为了发展国民运动，必须批评国民党在政治上的无所作为和它的错误行动。"② 但同时会议也指出，"按照 1922 年 8 月以来遵循的路线工作下去，在批评上避免激烈词句。必须加强国民党的宣传，在华北、华中建立国民俱乐部……那些俱乐部半年后就可以请求国民党举行一次党的代表大会"③。也就是说，中共认为为了实现国民革命的目标，对国民党坚持批评是必要的，但是要避免激烈言辞，同时要加强国民党的正面宣传和建立基层组织，为国民党一大做好准备。

在第一次国共合作实现后，中共积极帮助国民党发展，同时小心翼翼处理与国民党的关系。1923 年 11 月，团粤区委在工作中强调，"本区以（国）民党正在改组，同志活动务须审慎，又同志趁此机会，尤要尽量表现能力，以取得该党及社会一般之信仰"，但同时又指出，"在国民党实际运动问题，区执行委员会决定以第一区为基础，进行方法如下：A. 联合勇敢向上、富于革命性之青年工人学生等，成为（国）民党中之左派。B. 对于糊涂之投机式党员，取猛烈攻击的态度。C. 对于游离分子，以感化政策，缓缓使之趋向左派"④。可见，广东党团组织帮助国民党发展的态度是真诚的。阮啸仙在党团内部强调，统一战线中"不要和国民党争无谓

① 《致达夫谦和越飞的信（1923 年 7 月 20 日，广州）》，中国社会科学院马列所、近代史研究所编：《马林与第一次国共合作》，光明日报出版社 1989 年版，第 296 页。

② 《致达夫谦和越飞的信（1923 年 7 月 20 日，广州）》，中国社会科学院马列所、近代史研究所编：《马林与第一次国共合作》，光明日报出版社 1989 年版，第 298 页。

③ 《致达夫谦和越飞的信（1923 年 7 月 20 日，广州）》，中国社会科学院马列所、近代史研究所编：《马林与第一次国共合作》，光明日报出版社 1989 年版，第 297 页。

④ 《团粤区委报告（第八号）——关于国民党改组和广州地委组织情况（1923 年 11 月 24 日）》，中央档案馆、广东省档案馆编：《广东革命历史文件汇集（1922—1924）》，甲 1，编号：0001571，第 211 页。

的风头和用不着的权力，吃苦的工作我们自己拿来做，占小便宜的事让给他们。至于政策，我们决不稍让，以保存我们的固有精神"①。由于策略正确，大大推动了广州地区国民党改组工作。中共方面负责改组国民党工作的粤区国民运动委员会亦发出通告，提醒同志们要贴近群众，以取得国民党和群众的支持："同志在国民党中万不可以领袖自居，仍然向群众运动，务要得群众的同情，才是我们真的成功。不然，我们在国民党中历史已浅，稍有骄悍，很易惹起无谓的反动，这是我们的失败！"②

在国共合作旗帜下，共产党的自身组织、工农运动也得到了较大发展。国民党恐惧中共势力的发展，认为如果任由共产党发展，则国民党终将被共产党替代。

中共对于"度"把握的模糊，使得其政策经常摇摆不定。比如在当时至关重要的军事问题上，中共也没有形成一贯的连续性政策。据包惠僧回忆："当时共产党的政策，……也很矛盾，一面派了很多的同志同蒋介石一起发展军事力量，而在《向导（周报）》上又写了很多论文主张放弃军事行动、到民间去的号召；因此把我们的军事工作陷于被动，形成了帮助蒋介石的军事工作，没有作积极发展与独立活动的打算，甚至只着重军事政治工作，不重视军事工作，这样就纵容了右派，给孙文主义学会发展的机会，铸成了一九二七年大革命失败的大错。"③ 甚至到国民党举起屠刀时，共产党内高层思想仍一片混乱，无法有效反击国民党，终于导致大革命的失败。国民党右派打击共产党，是通过逐步的政策来实现的。

周恩来在重庆中共中央南方局干部学习会上做报告时曾提到，1926 年 1 月国民党二大召开前后，"我们本来确定的政策是打击右派，孤立中派，扩大左派。我们计划在大会上公开开除戴季陶、孙科等人的党籍，在中央执委中我们党员占三分之一，少选中派，多选左派，使左派占绝对优势。……另外与汪精卫成立国共两党合作的军队"④。但是，"中央来电不

---

① 《阮啸仙在团中央扩大会上关于团粤区工作报告》，1924 年 4 月，存广东省档案馆。

② 《粤区国民运动委员会通告（第二号）——加入国民党应注意的问题（1924 年 2 月 23 日）》，中央档案馆、广东省档案馆编：《广东革命历史文件汇集（1922—1924）》，甲 1，编号：0001571，第 336 页。

③ 中国人民政治协商会议全国委员会文史资料研究委员会编：《第一次国共合作时期的黄埔军校》，文史资料出版社 1984 年版，第 140 页。

④ 周恩来：《关于一九二四至二六年党对国民党的关系（一九四三年春）》，中国人民政治协商会议全国委员会文史资料研究委员会编：《第一次国共合作时期的黄埔军校》，文史资料出版社 1984 年版，第 19 ~ 20 页。

同意。更可惜的是中央居然在上海与戴季陶大开谈判，请戴季陶等回粤；为了争取右派回粤，还特地拍电报到广州把大会延期一个月，等候他们，对右派采取完全让步的政策。……在选举上，向右派作了极大的让步。结果，三十六个执委中，共产党只有七个，比我们原来计划的少了将近一半。国民党左派连朱培德、谭延闿等算在内一共才十四人；右派、中派却有十五人。右派孙科、戴季陶、胡汉民、伍朝枢、萧佛成等当选了。在监委中，右派更是占了绝对优势。国民党的中央执委、监委是常常合在一起开会的，所以结果成了右派势力大，中派壮胆，左派孤立的形势。……这是政治上的大让步”①。

当蒋介石发动中山舰事件时，中共是有希望反击蒋介石并取得胜利的。因为，当时蒋介石掌握的力量尚小，只有第一军。“这时谭延闿、陈潜、李济深都对蒋介石不满，朱培德、李福林有些动摇，但各军都想同蒋介石干一下。如果这时党中央的政策是给蒋介石以有力的回击，毫无问题，事情是有办法的。但当时却采取了继续退让的政策，不了解蒋介石这时还没有足够的力量，他是不敢分裂的，却以为蒋介石是要分裂，就向蒋介石说这是误会。蒋介石于是乘机立刻放了人，表示这是误会。……为了解释‘误会’，在汪精卫床前开了一个一点钟的政治委员会。汪精卫、谭延闿、苏联顾问都客气地表示了歉意，而蒋介石倒反而一句话都没说，精神上占了优势，政治上得到极大成功。从此以后汪精卫‘失踪’了，国民党左派束手无策。蒋介石向革命进攻，我们没有给他有力的回击，蒋介石的地位更加巩固了。”②

当国民党右派抛出整理党务案时，“只要我们有正确的政策，蒋介石的这个进攻仍然是不难打垮的。当时他的兵力仍占少数，所有民众运动完全在我们和国民党左派的领导下，他在这个时候是不敢决然分裂的，但党中央仍采取机会主义的政策，并且派了彭述之、张国焘来指导二中全会的中共党团。在党团会上，讨论了接不接受整理党务案。彭述之引经据典地

---

① 周恩来：《关于一九二四至二六年党对国民党的关系（一九四三年春）》，中国人民政治协商会议全国委员会文史资料研究委员会编：《第一次国共合作时期的黄埔军校》，文史资料出版社 1984 年版，第 19 ~ 20 页。

② 周恩来：《关于一九二四至二六年党对国民党的关系（一九四三年春）》，中国人民政治协商会议全国委员会文史资料研究委员会编：《第一次国共合作时期的黄埔军校》，文史资料出版社 1984 年版，第 21 ~ 22 页。

证明不能接受。问他接受又怎么办？他一点办法也没有，只说大家讨论好了。但当有人提出意见时，他又引经据典地说这个不行、那个错误。如此谈论了七天，毫无结果。后来张国焘用了非常不正派的办法要大家签字接受。这样，又作了第三次大让步。这是党务上的大让步”①。彭述之的矛盾十分有意思，实际上这不仅是他个人的问题，也反映了中共当时在指导思想和政策上的矛盾纠结。

即使蒋介石在政治上、军事上、党务上接连得到三次大胜利，但共产党的形势还不是不可挽回的。“只要我们善于反击，蒋介石右派的力量还是可以压下去的。因为到这时为止，蒋介石的直系还只有六个师。总共八个军中，他只占一个军。第二军的党代表是李富春同志，第三军的党代表是朱克靖同志，第四军的党代表是罗汉（那时还是共产党员），第六军的党代表是林伯渠同志。”周恩来在重庆中共中央南方局干部学习会上做报告时还提到：北伐出师以前，加伦“曾请我转问中央，在北伐中是帮助蒋介石呢，还是削弱蒋介石？这一政治问题如何解决？我到上海请示中央。陈独秀说你们开个会商量商量好了（他这时之所以这样谦虚，是因为在北伐前，他在医院里毫无调查研究，不管政治形势有了什么样的变化，竟写了一篇反对北伐的文章，因此受到同志们的批评，也受到国民党的攻击）。开会时，又是张国焘代理主席，也没有真正讨论，只由他说了两句话，说北伐中我们的方针就是：是反对蒋介石，也是不反对蒋介石。所以在北伐战争中，一直到国民党三中全会前，对蒋介石的方针是不明确的，结果就是客观上帮助了蒋介石，而助成了蒋介石地位的提高。”②

指导思想和政策的矛盾，对蒋态度不明确，和中共总书记陈独秀的领导方式有密切关系，“党内情况处于混乱状态。几乎人人反对陈独秀的领

---

① 周恩来：《关于一九二四至二六年党对国民党的关系（一九四三年春）》，中国人民政治协商会议全国委员会文史资料研究委员会编：《第一次国共合作时期的黄埔军校》，文史资料出版社 1984 年版，第 23 页。

② 周恩来：《关于一九二四至二六年党对国民党的关系（一九四三年春）》，中国人民政治协商会议全国委员会文史资料研究委员会编：《第一次国共合作时期的黄埔军校》，文史资料出版社 1984 年版，第 24 页。

导和他的机会主义路线。”[①] 陈独秀在工农运动面前束手无策：“陈独秀实在害怕工人，特别害怕武装起来的农民。武装起义的现实终于摆在他的面前时，他完全失掉了他的理智。他不能再看清当时的形势。他的小资产阶级的本性使他陷于惊惶和失败。”[②] 陈独秀看不到底层群众的力量，就必然会认为只有依靠国民党军事力量才能打败北洋军阀，完成国民革命。尽管他也在遭遇危机时屡次提出要退出国民党，但由于提不出系统的革命路线，看不到革命可资依靠的力量，在遭到苏联代表反对后，他也就维持现状。总书记甚至整个党内的混乱状态，都预示着一场中共成长历程中的劫难，要不可避免地发生了。

① 《毛泽东谈国民革命》，中共广州市委党史资料征集、研究委员会办公室编：《广州大革命时期回忆录选编》（中共广州党史资料丛书），广东人民出版社 1986 年版，第 6 页。原件见斯诺《西行漫记》。

② 《毛泽东谈国民革命》，中共广州市委党史资料征集、研究委员会办公室编：《广州大革命时期回忆录选编》（中共广州党史资料丛书），广东人民出版社 1986 年版，第 7 页。原件见斯诺《西行漫记》。

第五章　刀兵相见：广州起义

随着北伐的胜利进军，蒋介石势力更显膨胀。蒋介石借北伐胜利之势控制了苏、浙、沪、闽等富裕地区。在西方列强和国民党新老右派的支持下，蒋介石集团发动了“四一二”政变。各地随即相继发生“清党”运动，广州新军阀发动了“四一五”政变，屠杀共产党人和左派工农群众。“四一五”政变，标志着广州国共合作的局面彻底破裂。共产党在危急时刻，利用国民党新军阀之间的矛盾和自身良好的工农基础，发动了广州起义。广州起义和南昌起义、秋收起义齐名，被誉为我党独立领导武装斗争和创建人民军队的开始。国共双方博弈进入新的阶段，中国革命进入土地革命战争时期。

第一节　国民党“四一五”政变

一、国民党新军阀和政客“清党”的法理准备

北伐开始后，蒋介石一离开广州大本营，就迫不及待在北伐途中武力对付共产党人和左派工农群众。1927 年 1 月，蒋介石指使其军官和地方势力捣毁了赣州总工会，杀害了赣州总工会委员长、共产党员陈赞贤；接着，蒋介石党羽又在南昌、九江、安庆等地相继制造惨案，逮捕、杀害共产党人和左派工农群众。蒋介石反共的决心和意图已经昭然若揭，从而得到了国民党右派、江浙财阀和西方列强的赞许和支持。

1927 年 3 月，北伐军第六军、第二军攻占南京，上海工人发动起义占领上海。3 月 26 日，蒋介石抵达上海，立即得到西方列强、大买办、大地主以及青红帮的支持，各路恐惧国民革命、仇视工农运动的政客云集于蒋氏门下。4 月 2 日，蒋介石、何应钦、李宗仁、黄绍竑、白崇禧、吴稚晖、李石曾、陈果夫、陈立夫、李济深等在上海北伐军东路军前敌总指挥部举

行秘密会议，密谋“分共”。蒋介石首先发言：

> (民国)十三年国共合作、共产党加入国民党的时候，他们(指共产党)就不怀好意，他们的组织仍然保存，并且在我们党内发展组织。自(民国)十五年三月二十日中山舰事变之后，这种阴谋日益暴露。北伐军到了武汉，中央某些机关和某些人受了分化或者受了劫持，把武汉同南昌对立起来。因此，现在如果不清党，不把中央移到南京、建都南京，国民党就要被共产党所“篡夺”，国民革命军就不能继续北伐，国民革命就不能完成。①

李济深则讲述了广东彭湃领导的海陆丰农民运动情况，他说：“如果不早日清党，早日镇压，其他各县的农民都将起来效尤，广东的局面就无法维持了。”② 白崇禧则说：“上海自我军占领之后，工人就组织纠察队封锁租界。他们有自己的武器，有自己的指挥系统，不服从军事长官的指挥。他们要冲入租界，占领租界。现在外国领事团已经提出严重警告，黄浦江上布满了外国兵舰，兵舰上的大炮都卸了炮衣指向我们，租界里新近调来了不少外国军队。如果发生冲突，不但全国精华的上海完了，北伐事业也要完了。”③ 吴稚晖则发表了“国民党已经变成了火中取栗的猫脚爪”④ 言论。

同日，为了使“清党”取得“法理”支持，国民党坚决反共的右派蒋介石、柏文蔚、宋子文、李济深、李宗仁、黄绍竑、白崇禧、古应芬、蔡

① 黄绍竑：《四·一二政变前后秘密分工会议》，中共广州市委党史资料征集、研究委员会办公室编：《广州大革命时期回忆录选编》（中共广州党史资料丛书），广东人民出版社1986年版，第568～569页。

② 黄绍竑：《四·一二政变前后秘密分工会议》，中共广州市委党史资料征集、研究委员会办公室编：《广州大革命时期回忆录选编》（中共广州党史资料丛书），广东人民出版社1986年版，第569页。

③ 黄绍竑：《四·一二政变前后秘密分工会议》，中共广州市委党史资料征集、研究委员会办公室编：《广州大革命时期回忆录选编》（中共广州党史资料丛书），广东人民出版社1986年版，第569～570页。

④ 黄绍竑：《四·一二政变前后秘密分工会议》，中共广州市委党史资料征集、研究委员会办公室编：《广州大革命时期回忆录选编》（中共广州党史资料丛书），广东人民出版社1986年版，第570页。

元培、李石曾、吴稚晖、张静江等在上海道尹公署楼上开了一次秘密会议。到会的国民党部分中央执行委员和监察委员都是少数，无法代表国民党中央，这次会议决定由吴稚晖向国民党中央监察委员会提出一个“检举共产党谋叛”的呈文，并盗用中央监察委员会的名义咨请国民党中央执行委员会、国民革命军总司令蒋介石以及地方军事当局做“非常紧急处置”。该呈文称：

由吴敬恒提出“共产党连接容纳于国民党内之共产党员同有谋叛证据”一案，经出席委员共同讨论，……全场一致议决将访察所得首要各人（名单另附），咨请贵委员等以非常紧急处置，姑将所开各人及各地共产党首要危险分子经党部举发者，就近知照公安局或军警暂时分别看管监视，免于活动，致酿成不及阻止之叛乱行为，仍须和平待遇，一面由贵会公决，召集全体中央执行委员会共议处分。①

蒋介石则复函称：“中正接奉四月二日贵会全体紧急会议举发共产党谋叛证据来咨，……事关叛乱党国，中正所辖各军汛地已十万火急通电令行照办，静候中央执行委员会全体会议共议处分。”由此，蒋介石等军事首领正式非法获得武力“清党”的授权。

1927年4月9日，上海国民党中央监察委员邓泽如、蔡元培、吴稚晖、李宗仁、黄绍竑、古应芬、陈果夫、张静江等联名发表通电，攻击武汉政府，公开反对武汉政府。电文称：

长此以往，不独北伐困难，而本党百万党员与朝夕以求中国的自由平等之民众亦将何所寄托？险象如此，讵能再安缄默？爰痛切陈词，望我全体同志念党国之危机，凛丧亡之无日，被发缨冠，共图匡济；扶危定倾，端视此举。披沥奉陈，敬候明教。②

---

① 黄绍竑：《四·一二政变前后秘密分工会议》，中共广州市委党史资料征集、研究委员会办公室编：《广州大革命时期回忆录选编》（中共广州党史资料丛书），广东人民出版社1986年版，第571页。

② 黄绍竑：《四·一二政变前后秘密分工会议》，中共广州市委党史资料征集、研究委员会办公室编：《广州大革命时期回忆录选编》（中共广州党史资料丛书），广东人民出版社1986年版，第572～573页。

此电言辞“恳切”，表明了国民党右派在轰轰烈烈的大革命和工农运动前惶恐不安的心态，也表明国民党右派“忍受”共产党和工农群众势力发展已经到了极点。在“法理”、舆论、军事、外交等各方面做了充足准备后，蒋介石在1927年4月12日发动政变，收缴工人纠察队武器，屠杀左派群众。接着，在蒋氏控制各地区相继发生武力“清党”事变，第一次国共合作在局部地区已经破裂了。

二、“四一五”政变

“四一二”政变之前两三天，广州已经实行秘密戒严。1927年4月12日，在蒋介石于上海发动政变时，李济深、古应芬等赶回广州。4月14日，李济深、广州警备司令钱大钧、广州公安局长邓彦华、第四军第二十师师长徐景唐等国民党驻穗军警举行联合会议，研究广州“清党”事宜。会议决定钱大钧为广州戒严司令，统筹各方；徐景唐负责石围塘、芳村、花地一带的警备。邓彦华负责市内搜索；第五军军长李福林负责河南警备；海军负责珠江水面警备；广州新军阀的军事机器已经启动，在军事上完成了对共产党员和左派工农群众屠杀的准备。

1927年4月14日晚，广州市内各重要路口和繁华地段都设立了岗哨，军队占领了市电话局、市电报局和《广州民国日报》等重要新闻信息部门。15日凌晨，军警开始在整个广州市内搜捕共产党员和左派工农群众。中共广东区委机关、中华全国总工会广州办事处、省港罢工委员会、广东省农民协会、广东妇女解放协会等200多个共产党和左派工农群众重要组织纷纷遭到搜查和封闭。至20日，有2 000多名共产党员和左派工农群众被逮捕，刘尔崧、熊雄、肖楚女、邓培、李森、谭其镜、何耀全、李亦愚、张瑞成、毕磊、杨其纲等100多名当时活跃在各个领域的共产党员遇害。亲身经历过这一恐怖过程的革命者赖先声回忆说：

反动军队上着刺刀，押送一大批约数百工友向中山东路而过，他们个个昂头，雄视，健步，愤慨异常，举手高呼：“反抗国民党屠杀工人、摧残工会！”“打倒反革命军阀！”“拥护孙中山三大革命政策！”“拥护共产党！”“工人阶级自由解放万岁！”前呼后应，鼓噪异常，观者莫不为之动容。……十五、十六、十七日均大戒严，反动军警、反动国民党队伍、反动工贼队伍等，大肆活动，四处搜捕，并派叛徒协同反动岗警站立在十字马路交通警察岗位上，了（瞭）望往来行人和人力车乘客，随时喝令检查，逮捕。①

共产党方面，也对新军阀的屠杀政策有一定防备。1927年4月13日晨，广东区委领导人从报纸上得知上海“四一二”政变的消息后，当晚立即举行紧急会议。会议决定，负重要责任的同志停止公开工作，迅速隐蔽；尚未暴露的同志负责日常工作。广东区委决定对广州新军阀的屠杀政策进行反击。杨殷召集粤汉、广九、广三铁路的党员开会，决定捣毁机车锅炉，拆毁跌路，阻止敌人运兵，并准备武装自卫；刘尔崧召集广州工人代表大会下属各工会干部开会，决定发动罢工，实行武装自卫。尽管实力相差悬殊，但是广州部分工人武装仍然进行了军事抵抗。

1927年4月15日凌晨2时多，第四军3个步兵连及机关枪兵1个小队，联合几百名黄色工会广东机器工会“体育队”武装人员对粤汉铁路总工会发动进攻，遭到粤汉铁路工人武装的果断反击，附近及其他工人武装、南海农民自卫军赶来增援，参战工农武装共1 000多人，“施放手枪、抛掷炸弹、手榴弹，与军警激战”②，敌人屡攻不下，伤亡惨重。广州戒严司令部被迫增兵，调来第五军步兵1个营、机关枪兵1个连；广东机器工会“体育队”派出汽舰两艘，运载“体育队员”迂回到工人武装侧后发动攻击。激战至16日上午10时，工农武装才撤退，后被兵力占优势的敌人截击而溃散。广三铁路工人也进行了反抗，“彼此激战颇烈”③；省港大罢工工人与敌人激战，“双方发生枪声数百发，全城轰动”④。工人还破坏广州对外铁路路轨，粤汉铁路黄沙车站机车有4个被工人拖走，3个被毁坏，广州对外交通陷于瘫痪。

然而实力上存在巨大悬殊，局部反抗不能改变整体上广州共产党和左

---

① 赖先声：《在广东大革命的洪流中》，中共广州市委党史资料征集、研究委员会办公室编：《广州大革命时期回忆录选编》（中共广州党史资料丛书），广东人民出版社1986年版，第92～93页。

② 《申报》，1927年4月17日。

③ 《申报》，1927年4月17日。

④ 《申报》，1927年4月17日。

派工农群众被动的局面。广州“四一五”政变，标志着广州国共两党的合作局面彻底破裂。广州共产党的活动被迫转入地下，左派工农群众运动受到沉重打击。然而，广州毕竟是国民革命的策源地，在北伐前也是国民革命的中心，因而共产党的活动虽然转入地下，但依靠其雄厚的群众基础，对于国民党新军阀仍然是严重威胁。

三、中共广州市委成立

1927年3月下旬，陈延年等广东区委重要领导离开广州后，区党委留有穆青、刘尔崧、李森、何耀全、杨殷、罗绮园、冯菊坡、杨匏安、任卓宣和赖先声等，领导力量相对削弱了。4月上旬，中共中央曾给广东区委两个指示：前一个指示是，革命形势正在发展，重大政策问题待大会讨论决定，不可轻举妄动；后一个指示是，时局正在紧张发展中，应准备秘密机关布置，保持地下工作活动。①

为了应对复杂形势，在接到中央指示后，广东区委也作出了几项重要决议：在秘密机关布置的问题上，“决定区委各工作部门，立即另租较隐僻房屋两处，一处作为各负责同志秘密住所，一处作为所联系工作单位接头机关，由穆青同志分配机关费，各工作部门负责同志迅即派人租屋布置，并另行挑选可靠同志作秘密交通员，以保卫党组织和负责同志的安全”②；重要同志办公，白天照常到各机构领导工作，晚间则隐居在新的秘密居所；组织地下秘密赤卫队，决定在“各工会党支部中挑选忠诚可靠而又有斗争活动能力的党员，组织赤卫队十人小组核心，建立各工会中的赤卫队基干，逐步吸收各工会中积极可靠有斗争性的工友参加，在各工会群众中逐步发展赤卫队十人小组，组长由工人党员负责领导，再逐步在各工会中扩展赤卫队组织，并决定由穆青、刘尔崧、杨殷、李森、周文雍等同志负责计划领导”③。广东区委的以上布置，为保护广东党组织和后来的广州起义，做了组织上的重要准备。

---

① 赖先声：《在广东大革命的洪流中》，中共广州市委党史资料征集、研究委员会办公室编：《广州大革命时期回忆录选编》（中共广州党史资料丛书），广东人民出版社1986年版，第90页。

② 赖先声：《在广东大革命的洪流中》，中共广州市委党史资料征集、研究委员会办公室编：《广州大革命时期回忆录选编》（中共广州党史资料丛书），广东人民出版社1986年版，第90页。

③ 赖先声：《在广东大革命的洪流中》，中共广州市委党史资料征集、研究委员会办公室编：《广州大革命时期回忆录选编》（中共广州党史资料丛书），广东人民出版社1986年版，第91页。

1927年4月17日，中共广东区委针对当时的险恶形势，在广州西堤东桥对面糖捐公司3楼召开紧急会议。广东区委领导人穆青、赖先声、杨殷、冯菊坡、罗绮园、周文雍、吴毅等参加。这次会议决定："一、区委机关暂时撤离广州迁往香港，在广州另成立中共广州市委；二、挑选过去不大露面、忠实可靠、斗争性强的同志担任各党支部书记；三、以各工会党支部和赤卫队十人小组为基本队伍，重新掌握各工会领导的工人群众；四、发表反抗'四一二'、'四一五'反革命政变的宣言和举行罢工；五、营救被捕的同志。"①

1927年4月21日，中共广东区委以全总广州办事处、省港罢工委员会、广州工人代表大会、广东省农民协会的名义发表《反抗国民党反动派残暴大屠杀宣言》，号召广州工人举行总同盟罢工。粤汉、广九、广三铁路工人及汽车工人当天下午就罢工一小时。23日至25日，广州的海员以及汽车、铁路、轮渡、印刷等行业工人数千人举行罢工。广州戒严司令部进行镇压，邓金娣、罗志群、周翼华、黄培、何金5位党、团员被捕并被杀害。

1927年4月22日，穆青召集了新成立的中共广州市委第一次会议，会议决定吴毅担任市委书记，周文雍担任工委书记，徐彬如任宣传部长，麦裕成任组织部长，上述数人加上季步高、罗登贤、何振武三人，共同组成市委，市委机关设在广大路广大二巷四号。会议还决定："一、重新整顿市区各党支部、各工会组织工作和斗争活动问题；二、依照中共广东区委会议决定积极进行工作，在省港罢工和广州市各工会中重新整顿和发展斗争队伍；三、在五一劳动节时，省港罢工代表大会和市内各工会举行短时纪念集会，争取和团结群众；四、以广东济难总会的名义，救济、营救被捕同志和工友。"② 同年5月，中共中央常委决定陈延年不再回广东工作，由彭湃、穆青、黄平、赖玉润、阮啸仙等组织广东省委。由于彭湃尚在武汉，新省委没有正式成立，实际工作还是由穆青等人负责。

新成立的中共广州市委领导人在险恶的形势下，继续领导左派工人运

① 中共广州市委党史研究室编：《中共广州地方史（新民主主义革命时期）》，广东人民出版社1995年版，第142页。

② 中共广州市委党史研究室编：《中共广州地方史（新民主主义革命时期）》，广东人民出版社1995年版，第143页。

动，积极建立地下组织和赤卫队。大量艰苦细致的工作使广州共产党的力量逐步得到恢复，为国共两党在广州的决战——广州起义做了准备。

第一节　“四一五”政变后国共在广州的博弈

“四一五”政变后，新军阀控制了广州。但是新军阀内部桂系李济深和粤系张发奎之间矛盾重重。汪精卫在宁汉战争汉方失败后又转依广州军阀对抗宁方，招致李济深猜忌，汪精卫遂联合粤系张发奎赶走李济深。新军阀在内斗的同时并没有放松对广州共产党组织和工农运动的镇压。广州共产党在新的广东省委领导下，积极发展组织，吸收工农积极分子入党，并不断发动工人运动，与新军阀争夺对工人群众的影响力。共产党在与新军阀的斗争中，力量得到恢复和发展，为发动广州起义做好了准备。

一、新军阀在广州的矛盾

上海“四一二”政变、广州“四一五”政变、武汉“七一五”政变后，国民党新军阀在反共方面达成了高度一致，但其内部矛盾重重，各派互相牵制，尚未形成绝对权威。尤其是南京蒋介石政权和武汉汪精卫、唐生智政权，互相争夺“正统”。此外，江浙一带的桂系军阀李宗仁、白崇禧，广东的桂系李济深以及西山会议派等大小军阀、政客彼此争夺地盘、争权夺利。桂系军阀联合西山会议派和武汉的孙科等，迫使蒋、汪先后下野。1927 年 10 月，宁汉之间爆发战争，武汉方面很快失败，唐生智下野，汪精卫失去支持，转而依靠占据广州的桂系李济深与宁方对峙。然而李济深并不欢迎汪精卫，他还是想谋求自己的政治、军事方面的独立，“一方面压迫蒋系军队钱大钧、胡谦部队及赶走蒋系之古应芬等，另一方面又不拥汪，显然有独霸一方之幻想”[①]。汪精卫于是与驻广州的粤军第四军张发奎密议，准备驱逐桂系李济深。

汪精卫、张发奎为了反击桂系，一面提出“粤人治粤”以争取民心，

---

① 《陈权、祖诒致苏吉信——省港海员运动近况（1927 年 7 月 2 日）》，中央档案馆、广东省档案馆编：《广东革命历史文件汇集（1927）》，甲 7，编号：0001571，第 14 页。

一面又以左派面目出现，表示支持工农运动，要为工农谋福利。1927 年 10 月 30 日，汪精卫、李济深、陈公博、何香凝、甘乃光等 7 人发出通电，指责南京国民党特别委员会为非法，建议在广州召开国民党四中全会，以解决党内纠纷。国民党内部争斗演变为粤汉对立。

宁方给粤方复电，表示全会应该在南京举行，因南京才是首都，在粤委员应从速赴宁参加全会。宁、粤最后达成一致意见：在沪召开预备会议，以取得初步协议。张发奎为了诱使李济深离开广州，声称准备出洋，离粤赴港，把军队交给黄琪翔。李济深于是委托黄绍竑担任广东军事委员会主席后，与汪精卫赴沪参加国民党四中全会预备会。1927 年 11 月 17 日凌晨，黄琪翔率领第四军及其他粤军发动兵变，包围黄绍竑等人住宅。黄绍竑等桂系首领猝不及防，逃离广州。驻粤桂军向广西撤退，黄琪翔率粤军追击。随后张发奎重返广州，任广东军事委员会主席。广州遂被汪精卫、张发奎势力控制，但仍受宁、桂威胁。

二、新军阀在广州的统治

“四一五”广州政变后，共产党组织被宣布为“非法”，广州的共产党员、共青团员以及工、农、学运动积极分子纷纷成为国民党新军阀的“清洗”对象。

国民党当局在各地设有“密告箱”，遍布党羽密探，以捉拿“异己”分子；派出工贼组成各工会的“改组委员会”，控制工人组织和活动，将革命的工会引导到接受新军阀统治的道路上，当时“革命工人联合会”、“广东总工会”“机器总工会”等均是新军阀控制下的黄色工会组织。“改组委员会”混淆视听，打击左派工人，甚至随意解雇和开除工人。在学生群体中，新军阀指使“孙文主义学会”攻击共产党，协同军警逮捕学生中的激进分子。“四一五”广州政变后，广州政府还反复进行“清党”，以此保留对共产党及工农学左派的威慑，如 6 月 29 日的“清党”，“捕去二百余人（工人），海员亦有十余人被捕，二百余人中同志若干”①。在新军阀的高压下，“广东工农数年来，在东江，刘、杨，省港罢工，及统一广东斗争中之牺牲与奋斗，及湘、鄂、赣、苏等省工农，在北伐中之牺牲，现

① 《陈权、祖诒致苏吉信——省港海员运动近况（1927 年 7 月 2 日）》，中央档案馆、广东省档案馆编：《广东革命历史文件汇集（1927）》，甲 7，编号：0001571，第 14 页。

在已完全被国民党的反动领袖断送了，把万千工农完全断送与（于）豪绅军阀使受残酷的剥削！”[①]

汪精卫、张发奎在与桂系斗法时，为了取得工人群众的支持，一度以左派的面目出现。但是，当工人运动触发到他们统治的根本利益时，他们则进行无情镇压。1927 年 10 月 17 日，广州工人代表会特委会召开革命工会代表会议，会议通过 10 项决议，要求释放政治犯，保证工会与农会的自由，驱逐所谓“改组委员会”，等等。会议还决定 10 月 23 日举行总罢工。10 月 19 日，张发奎当局宣布全市戒严，军警密布，搜查路人，包围和搜查革命工会，逮捕工会领导人，“广州又陷于恐怖状态”[②]。11 月 28 日，张发奎在广州召开“护党运动”集会。革命工会发动工人群众当天举行集会、游行，在“护党运动”的集会上，工人高呼革命口号，散发传单，提出工人的政治要求，张发奎当场就逮捕了工人群众 10 多人。为了进一步瓦解左派工人力量，张发奎当局发给省港大罢工工人各 90 块大洋（内含四成不值钱的金库券）作为路费和生活费，遣散他们自谋生路，同时查封工人宿舍和饭堂，以截断工人集中的机会。工人们放火焚烧几座宿舍以示抗议，当局则出动军警镇压。汪、张政治底牌逐渐曝光，日益与工人群众走向对立。

三、广州共产党重新建立和发展组织

国民党“四一二”和“四一五”政变后，中国共产党无实力对抗屠杀，处于极度危险的状态。在此危急关头，中共中央在汉口召开紧急会议，会议确定了实行土地革命和武装起义的方针，从而为迷惘的全党重新确定了新的路线方针。会议也改选了领导层，选举了新的临时中央政治局，政治局委员为苏兆征、向忠发、瞿秋白、罗亦农、顾顺章、王荷波、李维汉、彭湃、任弼时。瞿秋白主持中央工作。新的临时中央政治局决定设立中共中央北方局、南方局和长江局。周恩来、张太雷、张国焘等组成南方局，张国焘任书记（未到职），下设军委会，以周恩来为主任。周恩

① 《中共广东省委通告（第七号）——汉、宁妥协与时局（1927 年 9 月 19 日）》，中央档案馆、广东省档案馆编：《广东革命历史文件汇集（1927）》，甲 7，编号：0001571，第 49 页。

② 中共广州市委党史研究室编：《中共广州地方史（新民主主义革命时期）》，广东人民出版社 1995 年版，第 152 页。

来未到职前，张太雷、杨殷等组织临时南方局，张太雷任广东省委书记。这样，广东和广州的党组织又重新有了坚强的组织和明确的斗争方向。

广东省委认为，要适应新的政治环境需求，“实行土地革命，我们先要检查过去自己党的组织上的错误和弱点，并谋怎样改造党的组织，以执行党的新政策”①，过去党员“其成份（分）固不算坏，但组织不很严密，指导机关亦多不健全。今年（1927 年）四月十五日广州政变以来，各地党部虽有大部尚能继续奋斗，但也有因此而解体者。各地党员虽陷阵冲锋艰苦奋斗的不少，但投机妥协消极反动也不乏人”②。因而发出通告，要求加强组织工作。

（1）改组省委。“多以工农同志参加指导机关，实行党的工农化”，改组后的省委正式委员有 25 人，他们是：“太雷、啸仙、黄平、代英、贺昌、杨殷、锦辉、陈煜、周祥、何振武、罗登贤、陈志荣、黄钊、陈权、岑灿、李安、赖松柏、朱桂祥、王强亚（以上是工人同志），薛六、黄谦、欧日华（章）、何玉山（以上是农民同志），李海筹（C. Y. ）”③。“四一五”政变后广州市委由吴毅担任书记。后来，为了发动起义，需要加强组织，省委常委黄平担任广州市委书记，市委委员还有陈郁、张善铭、贺昌、周文雍、麦裕等。

（2）加强党团联系。共青团是党组织的后备军，但以往党、团关系并不密切，为此广东省委发出通告，要求党、团关系最少要执行以下要求：

（一）C. Y. 各级书记，应为党各级委员会之委员。
（二）经常互相派代表出席会议。
（三）党各部应与团各部发生密切关系。
（四）工会农会党团应有 C. Y.同志参加。
（五）党应尽力予 C. Y.工作以帮助——尤其是青农及军事工作——务

① 《中共广东省委通告（第三号）——应注意党的发展（1927 年 9 月）》，中央档案馆、广东省档案馆编：《广东革命历史文件汇集（1927）》，甲 7，编号：0001571，第 14 页。

② 《陈权、祖诒致苏吉信——省港海员运动近况（1927 年 7 月 2 日）》，中央档案馆、广东省档案馆编：《广东革命历史文件汇集（1927）》，甲 7，编号：0001571，第 44 ~ 45 页。

③ 《中共广东省委通告（第十五号）——关于省委委员名单（1927 年 10 月 17 日）》，中央档案馆、广东省档案馆编：《广东革命历史文件汇集（1927）》，甲 7，编号：0001571，第 93 页。

使 C. Y. 能充分参加此次斗争。[①]

(3) 大力吸收工农积极分子入党。广州是大革命的中心，工农运动都很发达，并涌现出一批批组织能力强、革命热情高的优秀工农运动分子。广东省委认为这些工农积极分子正可补充到党的队伍中，由此发出第三号通告：

在这次的事变中，我们的同志死的死，囚的囚，逃亡消极，力量损失甚巨，若不积极补充，实不能领导新的工作。查在这次的斗争中，我们同志奋斗者固多，而在广州的香港罢工工人维持队，广州工人自救团，各地农民的自救团，农军中出生入死与反革命派艰苦耐劳拼命奋斗的工农分子尤众。他们虽未填写志愿书加入本党，但他们在革命的实际工作上已完全做了本党的中坚党员，因此，各地党部应用十分力量利用斗争机会，注重对他们宣传，只要他们是真能勇敢奋斗牺牲，并热烈拥护农工利益的分子，可以无条件的（地）吸收他们入党，以充实党的指挥力量和扩大党的真实基础。这不独是为过去在党的损失要求补充，为未来工作要求补充，且与现在、未来党内一切机会主义者奋斗，更非有这一般新的忠勇的同志做保障不可。关于在上述的工人维持队、自救团、农民自救团、农军中无条件的（地）征求在这次争斗中的奋斗分子入党工作，各地党部须于接到本通告之日起，切实执行，并须每周向上级党部报告其发展组织经过一次。至于未恢复组织的地方，各该上级党部须于本通告达到三日，即刻从事恢复组织，其工作经过情形，也须每周向各级上级党部报告一次。附一批调查统计表，限于接到本通告后一周内，按照格式逐项详细用秘密通信法缮就秘密报告，遣人送来，千万不可迟滞。[②]

显然，广东省委把发展工农积极分子入党作为发展党组织的一个重要手段，而且在执行上要求即刻开展。中国共产党的创始人是一群知识分

① 《中共广东省委通告（第八号）——关于党、团关系问题（1927 年 9 月 19 日）》，中央档案馆、广东省档案馆编：《广东革命历史文件汇集（1927）》，甲 7，编号：0001571，第 53 ~ 54 页。

② 《陈权、祖诒致苏吉信——省港海员运动近况（1927 年 7 月 9 日）》，中央档案馆、广东省档案馆编：《广东革命历史文件汇集（1927）》，甲 7，编号：0001571，第 45 ~ 46 页。

子，共产国际一直要求中国共产党要注意吸收工农积极分子入党并培养优秀工人代表做领导人，另外，在斗争实践中也证明，大量的优秀工农积极分子尽管没有掌握经典马克思主义，但是他们的革命热情和组织能力并不低。从上述文件表述中，可知以张太雷为首的广东省委积极发展工农积极分子入党，甚至要求下级党部一周报告上级一次，并且随该通告还附了调查统计表，工作可谓十分细致。广东省委此举在后来广州的革命实践中表现了相当的作用，和八一起义、秋收起义不一样，广州起义中工人发挥了不可替代的作用。

四、共产党对新军阀的反击

广州工人群众逐渐觉醒，意识到广东国民政府已经走向工人群众的对立面："省工人群众自清党之初，当无若何表示，但至最近，反动派一切举动，已与工人以相当认识，如解散及改组工会，无理逮捕工人，撕毁罢工工人证章，不发罢工津贴，并拟驱逐罢工工友到黄埔荒岛，禁止集会结社、言论一切自由等等，使工友深刻明了现在广州政府乃我们的死敌，尤其是省港罢工工友更为愤恨。"① 当时武汉国民政府还是维持着革命统一战线的政策，以左派的面目出现，因此广州的基层群众围绕是拥护南京政府还是拥护武汉政府，常常分成两派，彼此互不相容。试看 1927 年 6 月几次集会上双方的斗争：

每次群众大会都发生捣乱（他们召集之群众大会当不禁止），如反日出兵，六月十九、六月二十三等日，尤其是六月二十三纪念日，我们的群众勇敢激昂吓然，六月二十三之纪念会在中大操场开会，会场布置与旧时无异，满场的演讲，正中的讲台当然是他们占了。及至开会的时候，同德工会预先购备大炮竹，候他们要宣布开会，我们在别一讲台燃放。当时群众均注视我们的讲台，并立即分成两大堆，他们有他们开会，他们所讲者，是拥护南京政府、打倒武汉政府、打倒中国共产党等口号。而我们所讲的都是揭破蒋介石叛背党国的阴谋，并高呼拥护武汉国民政府、打倒南

① 《陈权、祖诒致苏吉信——省港海员运动近况（1927 年 7 月 2 日）》，中央档案馆、广东省档案馆编：《广东革命历史文件汇集（1927）》，甲 7，编号：0001571，第 44 页。

京政府、打倒蒋介石等口号。此时有机器人（工）人代表欲上台讲演，台下群众即大声呼打，并说，“使乜你机器工会来参加？快走！”后来梁子光等亦被群众用同样手段对待。总之，稍带拥蒋色彩及反动分子均被群众驱逐，不许登台，只有曾子候能够讲话，其他演讲的都是我们的同志多。及至散会后仍分两路走，丝毫不乱。煞像敌人会面积（极）不相容的样子多。总共的人数亦比我们的群众少，是日全场人数在二万人左右。我们在会场内，散发许多反蒋反李及痛斥反革命派一切罪恶的传单。结果被捕四人。①

将近散会及开会中间，改委领导高呼口号：打倒武汉政府，打倒汪精卫，拥护南京政府，打倒 C. P.。同人即高呼：拥护武汉政府，打倒蒋介石，打倒南京政府，拥护中国 C. P.。②

1927 年 8 月 20 日，中共广州市委组织了全市 53 个工会的工人为纪念廖仲恺被刺两周年进行罢工、集会。同时，在敌强我弱的情况下，左派工人领导为了更好地组织工人，为进一步的革命活动积蓄力量，与改组委员会进行了灵活的斗争。如省港海员左派工人在陈权等中共广东省委的领导下决定：

（1）同人大会产生之代表团四十五人，他们要审查，我们可不理，并要积极进行我们的工作。

（2）公开召集代表团第一次会议，请改委派员参加。

（3）在该代表团会议，我们互选主席一人、副主席二人、例主二人组织主席团开完此会后代表团马上秘密起来，由主席团主持一切。

（4）在该代表团会议，我们通过下列五项要求，以后主席团工作亦因〔按〕该五项要求以决定工作方针要求：（甲）失业介绍所依旧轮流介绍去船作工，（乙）恢复△开除工友工作，（丙）加薪，（丁）△〔启〕封香港海△分会，（戊）△封×工团总会。

---

① 《陈权、祖诒致苏吉信——省港海员运动近况（1927 年 7 月 2 日）》，中央档案馆、广东省档案馆编：《广东革命历史文件汇集（1927）》，甲 7，编号：0001571，第 7 ~ 8 页。

② 《陈权、祖诒致苏吉信——省港海员运动近况（1927 年 7 月 2 日）》，中央档案馆、广东省档案馆编：《广东革命历史文件汇集（1927）》，甲 7，编号：0001571，第 11 页。

(5) 代表团会议闭会后，即发表宣言表明五项要求及目的。

(6) 各航同人发表宣言拥护代表团，及誓死达到五项要求目的。

(7) 由代表团致呈省政府党部、罢委运输香总等团体，并将宣言△〔分〕发哥工会及各社团，使此运动扩大到各工会去。

总之，我们要使此代表团及代表五项要求的机关。(此处文理不通，原文如此)①

由于采取了以上比较灵活的措施，使粤港海员工人改组委员会召开同人大会的目的完全达不到，而左派工人则实现了以下目的："(1) 使工友明白改委的真面目。(2) 表示我海员群众的力量。(3) 工会虽被改组，群众仍在我们手里。"② 粤港海员工人灵活而坚定的斗争产生了强辐射效应，"各船公司望风生畏，故泰山船已拟一律换回走狗而中止，海汀船已经更换走狗后，卒由汕交涉复工"③。各革命工会的工人纷纷起来与改组委员会斗争。印刷工人罢工一天，并将改组委员驱逐出去；煤油业工人袭击了改组委员，五金、洋务、运输工人驱逐甚至打死了改组委员。汽车和邮务工人进行了改善经济条件的斗争。

"四一五"政变后，广州工人群众在中国共产党领导下与广州新军阀的斗争表明，广州的革命火种并没有熄灭，"广州罢工工人，时起骚乱，放炸弹、放火烧宿舍，示威大会（二十三、四日罢工工友大会运动维持罢工），散发传单等，并未稍为停止"④。而且随着汪精卫、张发奎集团假左派、真右派面目的逐渐显露，广州的党组织和工人群众发动武装起义的决心也逐渐坚定。

---

① 《陈权、祖诒致苏吉信——省港海员运动近况（1927年7月2日）》，中央档案馆、广东省档案馆编：《广东革命历史文件汇集（1927）》，甲7，编号：0001571，第13～14页。

② 《陈权、祖诒致苏吉信——省港海员运动近况（1927年7月2日）》，中央档案馆、广东省档案馆编：《广东革命历史文件汇集（1927）》，甲7，编号：0001571，第14页。

③ 《陈权、祖诒致苏吉信——省港海员运动近况（1927年7月2日）》，中央档案馆、广东省档案馆编：《广东革命历史文件汇集（1927）》，甲7，编号：0001571，第14页。

④ 《中共广东省委给中央的报告——目前广东政治状况及党的策略（1927年11月）》，中央档案馆、广东省档案馆编：《广东革命历史文件汇集（1927）》，甲7，编号：0001571，第152页。

第二节　广州起义

一、广州起义前夕广州形势

李济深、黄绍竑等桂系势力被驱逐出广州后，不甘失败，积极准备反攻："黄绍雄（应为黄绍竑）军队已集中西江，十三师陈章甫，在江门已宣布讨黄琪翔，江门新会一带共有三十七团云瀛桥、三十八团李务滋、三十九团陈章甫，另补充一团共四团，肇庆则有严博球、韩汉英、曾友仁等三团势力。北江桂军又想北路回桂加厚西江兵力"①，另外，"陈济棠在东江已独立，宣布讨张发奎、黄琪翔，谓其勾结共产党"②，各路敌军压境，张发奎精锐尽出，广州兵力空虚，"只剩保安队千人、教导团一团、警卫团一团而已，故目前积极的（地）招募，以图维持市面治安"③。这为共产党发动广州起义提供了军事胜利的可能。

张发奎的第四军是北伐一支劲旅，号称"铁军"。其战斗力强悍的重要原因是军队内部共产党员和共青团员政治工作到位并起着模范作用。"四一二"和"四一五"政变后，张发奎虽然清退了军队内部共产党员和共青团员，但这支军队受共产党影响太深了，士兵同情工农运动。另外，张发奎军队慑于广州工农运动声势，军心动摇："在十八号那一天，召集了一个示威大会，到了二千人左右……散会后巡行，警察并不敢予以干涉。巡行至中途遇有黄琪翔一连迫击炮队，工人适呼：'打倒李济深'、'打倒摧残工农的新军阀'、'工农兵代表会万岁'等口号，该队士兵非常注意，长官瞠目而视。这证明黄、张军队中之士兵很有动摇之可能。"④ 12月1日，张发奎召开护党大会，会上张发奎命令士兵逮捕工人，结果"惟

---

① 《中共广东省委给中央的报告——目前广东政治状况及党的策略（1927年11月）》，中央档案馆、广东省档案馆编：《广东革命历史文件汇集（1927）》，甲7，编号：0001571，第152页。

② 《中共广东省委给中央的报告——目前广东政治状况及党的策略（1927年11月）》，中央档案馆、广东省档案馆编：《广东革命历史文件汇集（1927）》，甲7，编号：0001571，第152页。

③ 《中共广东省委给中央的报告——目前广东政治状况及党的策略（1927年11月）》，中央档案馆、广东省档案馆编：《广东革命历史文件汇集（1927）》，甲7，编号：0001571，第152页。

④ 《中共广东省委给中央的报告——目前广东政治状况及党的策略（1927年11月）》，中央档案馆、广东省档案馆编：《广东革命历史文件汇集（1927）》，甲7，编号：0001571，第150页。

士兵颇有难色，卒由张卫队捕去数人”①。

经济方面，金融趋于混乱，“中行纸币在中山、汕头，陈章甫、陈济棠调空，广州纸币均则又低弱，商店不愿找赎，甚至是一元的纸币。张发奎极力在商人面（前）表明他不是 C. P.，不惜向商人磕头，以求其经济的帮助。但金融始终是紊乱格兑”②。金融的混乱，影响市民心态的稳定，张发奎政权的群众基础更加薄弱。

二、广东省委为广州起义所做的准备工作

广州“四一五”政变后，中共广东省委并没有被新军阀吓倒，而是于1927年6月15日发出通告，宣布要实行革命的恐怖：“我们斗争策略，毫无疑义的，应该不断地实行革命的恐怖，使资产阶级政权不能稳定。”③ 八七会议的精神传达到广东后，广东省委召开会议，“详细讨论中央紧急会议之议决后，认为对于中央过去机会主义政策之批评（是）完全对的。广东省委决定，以全力与党内此种机会主义奋斗，并不惜以严格纪律制止机会主义倾向。广东省委完全拥护国际的议决及紧急会议所定之政策，并努力使同志普遍了解及立即在实际上实现之”④。

1927年8月22日，广东省委书记张太雷在致中央常委的信中说：“此间完全接受紧急会议之议决案，并决定暴动计划（计划口号等附上）、省委之改组并组织广州、西江、北江暴动委员会，分派人到各地工作。”⑤ 以张太雷为首的广东省委加紧在全省组织暴动工作，在9月14日给潮梅暴委的信中表示广州的暴动正在加紧准备：“广州方面虽受压迫，但工作紧

① 《中共广东省委给中央的报告（三）——关于张、李之战及广州暴动之准备和策略（1927年12月11日）》，中央档案馆、广东省档案馆编：《广东革命历史文件汇集（1927）》，甲7，编号：0001571，第150页。

② 《中共广东省委给中央的报告——目前广东政治状况及党的策略（1927年11月）》，中央档案馆、广东省档案馆编：《广东革命历史文件汇集（1927）》，甲7，编号：0001571，第152～153页。

③ 《中共广东省委通告（第三号）——组织农民进行各种破坏工作（1927年6月15日）》，中央档案馆、广东省档案馆编：《广东革命历史文件汇集（1927）》，甲7，编号：0001571，第1页。

④ 《中共广东省委拥护中央紧急会议之决议（1927年8月）》，中央档案馆、广东省档案馆编：《广东革命历史文件汇集（1927）》，甲7，编号：0001571，第26页。

⑤ 《张太雷致中央常委信——广东当前形势及暴动计划等问题（1927年8月22日）》，中央档案馆、广东省档案馆编：《广东革命历史文件汇集（1927）》，甲7，编号：0001571，第23页。

张，……领导工人做争政治自由运动，及组织广州市三条路（疑指粤汉、广九、广三铁路）上之恐怖工作，你们不日又听到响声的。”① 可见，以张太雷为首的广东省委正在抓紧时间，准备广州“暴力恐怖”。

暴动是流血行为，广东省委丝毫不敢轻视。9月，广东省委特别制定《工农军作战方法与军队作战方法》，根据敌强我弱、工农军缺乏正规训练的实际情况，指出“作战方法，与普通军有特别不同的地方”，对工农军与敌方正规军作战方法做了详细规定：

1. 避免正面战斗——工农（军）受军队攻击或次击军队时关于正面的应战，必须有要有平有（编者注：此处文理不通，似应为“要有平时有”）组织训练的部分去抵当（挡），不然则虽多亦难于胜寡，甚至于只有损失，然而迫于事势，不能不单独作战时，必须极力避免正面战斗，或假设正面以欺骗敌人，然后用迂回（秘密包围方法以利胜之）。

2. 逆袭敌人的侧方或后方——战术原则告诉我们，利用地形施行敌军侧后方的逆袭，可收事半功倍之效，工农军生长于该地方，对于地形道路当然是熟悉，而军队的一举一动也易于明了，施行逆袭自然是容易。尤其有主力军队与敌军作战时，工农军是天然的别动队，最好作逆袭工作，但须与正面军队发生关系。

3. 攻击敌军后方各机关——军队作战，主力军必集中前线后方空虚的弊是不能免的，工农军当利用敌人这个弱点，集中力量，攻击或截击：(1) 敌人的军需机（关），以断绝其交通军饷，(2) 交通机关——如兵站交通处运输处等，以断绝其后方交通，(3) 军械机关——如兵工厂等，以断其军械。诸如此类，都是以制（致）其死命，可以使敌军不战而逃。

4. 扰乱敌人后方——在敌军队后方，施行军事的扰乱，在军事行动中，有极大的作用。如在敌军宿营地附近，连施夜间向扬袭（此处文理不通，原文如此）的动作，使敌军不能夜眠，而日间遂不能工作，又造作疑兵，以摇动其军心。②

---

① 《中共广东省委给潮梅暴委信——关于潮梅工作的方针（1927年9月14日）》，中央档案馆、广东省档案馆编：《广东革命历史文件汇集（1927）》，甲7，编号：0001571，第41页。

② 《工农军作战方法与军队作战方法（1927年9月）》，中央档案馆、广东省档案馆编：《广东革命历史文件汇集（1927）》，甲7，编号：0001571，第69～70页。

以上作战方法的制定，说明广东省委对工农武装的优缺点有正确的认识，其侧击、逆袭、攻敌后方机关以及扰敌等战术都可以看作是后来红军作战方法的雏形。在广州起义的过程中，以上方法有些得到了确实贯彻，有些则没有，军事战术的进一步完善，需要长期战争实践的磨炼。

另外，广东省委还特意制定了城市作战方法：

(1) 现在城市的工人，大多数没有枪板，在城市举行暴动，必须有得力农军帮助。

(2) 城市的暴动，完全是巷战，必须熟悉街道，按照作战目标适当分配兵力，从属重要街道，兵力过多也没有用，因为不能展开，战斗开始，须完全取攻势，最忌取得一机关即认为满足，而不穷追敌人，便会陷入反攻地位，取得一机关，当即指定负责管理人，军队则仍不停止。

(3) 在战斗时，毁坏建筑物能达敌人之侧背时，则须毅然行之，有时亦可以放大。

(4) 攻克之区域，必须严密搜索，以防敌人之潜伏。

指挥人员应注意事项：

(1) 在事前必有细密的调查、严密的计划。

(2) 没有训练的军队，一经使用，即收不回来，所以战前侦察敌情地形，非常要紧，侦察后，即须决心分配兵力，监督及指挥战斗，不可稍有犹豫。

(3) 没有训练的军队，尤其是工农军，假使兵败没有方法收容，故在战斗之前，即当示意各级指（挥）人员以败后收容地点及方法。

(4) 行军及驻军之警戒必须亲自侦察地形，及监督侦探之搜索步哨之监视。

(5) 在城市乡村暴动时，获反动首要分子即可执行军法，毋使逃脱(敌人兵士等，万不能杀)。①

以上城市作战方法也是十分详备的，广东省委应是得到了苏联军事顾

---

① 《工农军作战方法与军队作战方法（1927年9月)》，中央档案馆、广东省档案馆编：《广东革命历史文件汇集（1927)》，甲7，编号：0001571，第72~73页。

问的援助。这些城市作战原则，在广州起义实战中，也得到了相当的贯彻，因而广州起义在初期可以迅速取得胜利，并控制了大部分城区。

至于何时发动暴动，广东省委经过研究，也明确给出了起义条件。在1927年11月给中央的报告中，广东省委指出：

> 广州暴动夺取政权是要根据下列条件（自然不是要这些条件完全具备然后动）：
>
> 1. 要积极发展群众的经济斗争，以至杀工贼改组委员，夺取工会，一直达到最高点工人自己起来暴动。
> 2. 敌人的统治动摇，社会秩序敌人已无能力维持。
> 3. 要张、李战争打到最厉害的时候。
> 4. 要各地农民暴动起来与广州一致。
> 5. 要一般市民开始厌恶军阀战争，最低限度不积极反对我们。①

以上五个条件，在11月中旬时基本具备了。粤桂军阀之间战争爆发。驻粤桂军西撤，黄琪翔率粤军主力赴西江与桂军对峙。留在广州的军队，除了公安系统的保安总队和各区局的警察约3 000人外，还有第四军教导团、第四军新编警卫团，这些部队受共产党影响较深，倾向革命。新军阀之间的矛盾，给共产党发动广州起义提供了机会。11月17日，中共中央常委通过了《广东工作计划决议案》，命令广东省委抓住时机，发动全省暴动，特别要发动广州起义，夺取广州政权，“建立工农士兵代表会议的统治”。11月26日，广东省委张太雷、黄平、陈熠等人在广州开了一个常委会，决定立即暴动。其准备方法为：

> （1）召集全体工会同志，一致活动筹备总同盟罢工（以示威的性质而为领导暴动的总同盟罢工）；
>
> （2）组织赤卫队准备暴动；
>
> （3）加紧张发奎军队内部工作，使暴动时有一部分枪到工人方面；

---

① 《中共广东省委给中央的报告——目前广东政治状况及党的策略（1927年11月）》，中央档案馆、广东省档案馆编：《广东革命历史文件汇集（1927）》，甲7，编号：0001571，第151～152页。

(4) 市郊农民的暴动;

(5) 海陆丰运动即向惠州方面移动,宝安、东莞亦应动作。①

以上五条,证明广东省委对广州起义己方实力的局限性是很清楚的,因而要求市郊和海陆丰农民武装在广州起义爆发后积极响应。1927 年 12 月 5 日,中共中央给广东省委的信中也提醒广东省委要注意广州市郊工农武装的配合:“关于广州暴动的计划,中央赞成,应注意广州市及四郊工农群众之发动。”② 实战中,市郊农民武装确实参加了广州起义,但由于广州起义很快失败,所以海陆丰等地的农民武装没有起到相应的配合作用。

另外,以上五条中还有一条当提及,即组织赤卫队。广州起义为城市起义,工人赤卫队武装不可忽视。广州的工人运动一直比较发达,工人倾向于革命。广东省委利用良好的工人基础,秘密训练工人赤卫队,“先后在长寿路、黄沙、芳村、花地、石围塘等地设立党的秘密活动机关,设法联络市内各业工人和失业工人,广州市委委员周文雍派员前往香港、澳门、粤北等地联络被遣散的省港大罢工工人纠察队员及其他失业工人,动员他们返回广州参加起义,并把‘省港罢工工人纠察队’、‘工人自救队’、‘剑仔队’和‘海员义勇队’等工人秘密组织统一改编为工人赤卫队,总共 3 000 多人,分为 7 个联队。另外,将原省港大罢工时的模范纠察队员组成一个敢死队,还建立了消息局、汽车队等工人组织。由于工人赤卫队队员大部分都未受过军事训练,省委和市委又派员把他们组织起来进行军训,授以利用地形、地物,投掷手榴弹等技术,这种训练,直到起义前几个小时仍在进行中”③。经过训练,由 3 000 多名工人组成的赤卫队形成了一定的战斗力,在广州起义各战斗中起着重要作用。

广东省委还特别重视对第四军教导团、警卫团和黄埔军校特务营等部队的组织发动工作。第四军教导团团长是叶剑英,该部队原基础是武汉中

---

① 《中共广东省委给中央的报告——目前广东政治状况及党的策略(1927 年 11 月)》,中央档案馆、广东省档案馆编:《广东革命历史文件汇集(1927)》,甲 7,编号:0001571,第 154 页。

② 《中共中央致广东省委信(1927 年 12 月 5 日)》,中共中央党史资料征集委员会、中共广东省委党史资料征集委员会、广东革命历史博物馆编:《广州起义》,中共党史资料出版社 1988 年版,第 98 页。

③ 中共广州市委党史研究室编:《中共广州地方史(新民主主义革命时期)》,广东人民出版社 1995 年版,第 158 ~ 159 页。

央军事政治学校的学生，内有200多人为中共党员，整个部队思想受中共影响颇深。在广东省委和叶剑英组织下，该团成立了中共教导团委员会，各营、连成立了党支部或党小组。广东省委军委干部曾干庭奉命到该团开展工作，曾干庭在报告中提到，其对内工作，“除督促各小组按时开会，随时召集营、连干事会议外，并于十一月二十八日，召开组长联席会议，十二月四日，举行全体党员大会；此外，官长方面的分组训练，亦连日举行，均由我召集，由太雷同志出席训练。在这两星期内征收新同学（编者注：指新党员）百二十余人”①；对外工作，“除将《红旗》及《工农小报》公开散发外，并令同学全体动员。要每个同学，至少须抓住四五个群众，因此教（导）团群众的革命情绪，一转热烈到达沸点，即反动分子亦多被我们所软化”②。此外，还对反动军官和士兵特别提防，“调查各连的反动分子，准备暴动时的军事组织，均由党团与负责同学分别调查与决定”③。第四军警卫团中，团长梁秉枢是共产党员，部分骨干也是共产党员，招募新兵时，“省委又选派300多名原省港大罢工工人纠察队（员）参加进去，改编为第二营。党还通过叶剑英的关系把一批党员军事干部调到该团工作”。经受过大革命洗礼的省港大罢工工人纠察队员政治思想比较先进，且受过一定的军事训练，加上基本干部为中共所控制，这样广东省委也基本掌握了第四军警卫团。

除以上外，广东省委还要求深入敌人内部掌握武装，并拟定了暴动口号：“目前形势，广州警卫团、第五军、财政厅驳壳队及俞作柏部均招兵，我们准备派大批罢工工友进去夺取武装。据广州来函谓暴动客观条件极有希望，惟工人力（量）尚弱，现积极要去发动他们，并拟就各种口号，扩大宣传（口号主要是：1. 武装工人抵抗李、黄！2. 组织赤卫队！3. 建立

---

① 《曾干庭参加广州暴动的工作报告（1928年1月4日）》，中共党史资料征集委员会、中共广东省委党史资料征集委员会、广东革命历史博物馆编：《广州起义》，中共党史资料出版社1988年版，第202页。

② 《曾干庭参加广州暴动的工作报告（1928年1月4日）》，中共党史资料征集委员会、中共广东省委党史资料征集委员会、广东革命历史博物馆编：《广州起义》，中共党史资料出版社1988年版，第202页。

③ 《曾干庭参加广州暴动的工作报告（1928年1月4日）》，中共党史资料征集委员会、中共广东省委党史资料征集委员会、广东革命历史博物馆编：《广州起义》，中共党史资料出版社1988年版，第202页。

工农兵政权！4. 打倒李、黄、汪、张！5. 宣布朱晖日死刑！6. 恢复广州工人代表会！7. 为拥护省港罢工工人权利而奋斗！8. 保卫广州等）。”①

1927 年 12 月 11 日晚，即起义前夕，广东省委又确定起义口号为：

（a）工农兵联合起来要饭吃，要衣穿，要太平！

（b）一切政权归工农兵政府！

（c）没收资本家财产，没收土地归农民兵士！

（d）暴动开始即缴保安队警查（察）枪械，即继之以总同盟罢工。②

同时，确定起义的政纲为：

（一）建立苏维埃政府（以工人九、农民三、兵士三、党三人组织之）；

（二）消灭反革命派（杀工贼及缴敌人武装等）；

（三）革命治安由政治警查（察）维持；

（四）没收阔老（佬）房子给工人住；

（五）实行八小时工作制；

（六）没收大资本家财产；

（七）政府给养失业工人；

（八）维持罢工工人原有的权利；

（九）没收一切土地归农民；

（十）组织红军（预备教导团补充成一师，赤卫队一师，海陆丰一师，共三师）；

（十一）提高士兵月饷二十元（无论如何设法照二十元给他们，影响敌人军队）；

（十二）取消租捐附（赋）税及债务；

---

① 《中共广东省委给中央的报告——目前广东政治状况及党的策略（1927 年 11 月）》，中央档案馆、广东省档案馆编：《广东革命历史文件汇集（1927）》，甲 7，编号：0001571，第 154 ~ 155 页。

② 《中共广东省委给中央的报告（三）——关于张、李之战及广州暴动之准备和策略（1927 年 12 月 11 日）》，中央档案馆、广东省档案馆编：《广东革命历史文件汇集（1927）》，甲 7，编号：0001571，第 190 ~ 191 页。

（十三）革命工会绝对自由；

（十四）组织革命裁判所以及军法处；

（十五）工业国有（银行、铁路、大工厂没收）。

以上这些，无论政权能维持几久，甚至三天或一星期，我们都要作去。①

综上，以张太雷为首的广东省委从城市作战方法、政治纲领和口号、训练队伍、起义条件等多方面为广州起义做了充分的准备。这使得广州起义因其严密的组织、起义者英勇的战斗以及提出一系列严密的政纲，而成为中国共产党独立领导武装革命斗争的三大起义之一。

三、广州起义经过

随着加紧准备，“即将举行起义一事，已是满城风雨，所有人都感觉到了”②。中共广州市委大安米店武器转运站被泄露，教导团内部也有人告密。1927 年 12 月 9 日，汪精卫三次电告张发奎等人，要求立即解散教导团，镇压左派工人组织和运动。10 日，粤桂对峙前线的黄琪翔奉命回穗，同日，朱晖日宣布广州全市戒严。形势已经万分危急，广东省委当机立断，决定 11 日凌晨即发动起义。

1927 年 12 月 10 日晚 7 时，广东革命军事委员会参谋团召开会议，向教导团、警卫团、工人赤卫队部署了作战任务。11 日凌晨 1 点，张太雷、恽代英、叶挺等主要起义领导人向士兵做了战前简短动员。3 点半，枪声响起，广州起义正式爆发。在广东省委书记张太雷和叶挺、黄平（革命军事委员会成员之一，后于 1932 年 12 月在天津被捕叛变）、周文雍、叶剑英、杨殷等领导下，国民革命军第四军教导团全部、警卫团一部和广州工人赤卫队七个联队以及市郊部分农民武装，联合举行了武装起义。另外，在广州的苏联、朝鲜、越南部分革命者也参加了起义，使得广州起义具有

① 《中共广东省委给中央的报告（三）——关于张、李之战及广州暴动之准备和策略（1927 年 12 月 11 日）》，中央档案馆、广东省档案馆编：《广东革命历史文件汇集（1927）》，甲 7，编号：0001571，第 191～192 页。

② 《斯特拉霍夫（瞿秋白）在共产国际第六次代表大会第三十一次会议关于广州起义的报告（1928 年 8 月 15 日）》，中共党史资料征集委员会、中共广东省委党史资料征集委员会、广东革命历史博物馆编：《广州起义》，中共党史资料出版社 1988 年版，第 345 页。

了国际主义的色彩。

经数小时激战，起义部队占领了广州市珠江北岸大部分地区。市公安局屋顶飘起了镰刀斧头旗帜，大门口挂起了“广州苏维埃政府”横额。工农红军总司令部也设在市公安局院内。广东省委在给各地党部的通告中这样讲述广州起义经过：

十二月十一日晨四时，五千工人赤卫队，占据公安局，缴了公安局保安队的械，释放一切革命的政治犯，随即由一队队的兵士、一营营的赤卫队，用手枪、炸弹、长枪等，占据了一切反动政府的机关；许多革命军队，占据了广州一切军事要隘。现在我们已经占据了第四军军部、广州卫戍司令部、公安局、省政府、财政厅、军事厅、国民党省党部、电话局、电报局、电灯局、邮政局、中央银行，及粤汉、广三、广九三车站。其他要项机关，尚在肃清中。市上发现用红纸红布书写之种种标语，类多写“工人要饭食，农民要田耕，大家要太平，谁给我们，唯有工农兵苏维埃！”①

12 月 11 日早上，苏维埃政府举行了首次会议，会议选举苏兆征为苏维埃政府主席（未到任前由张太雷代理），黄平为内务兼外交委员，张太雷为海陆军委员，杨殷为肃反委员，彭湃为土地委员（未到任前由赵自选代理），陈郁为司法委员，何来为经济委员，周文雍为劳动委员，恽代英为秘书长，叶挺为工农红军总司令。会议还颁布了《广州苏维埃政府告民众书》、《广州苏维埃宣言》、《工人武装起义》等一系列重要文件。

但是，广州起义部队没有及时逮捕国民党广州军政首脑。国民党广东省政府主席陈公博及张发奎、黄琪翔等人逃到驻珠江南岸海钟寺第五军军部，并立即电令广州周边的第十二师，第二十五师，第二十六师第七十八团，教导第一师第一、二团等部，急速回防广州。12 日，张发奎所部三个多师和李福林第五军一部，在英、美、日、法帝国主义的军舰和陆战队支援下，从东、西、南三面向起义军反扑。由于实力悬殊太大，起义军和工农群众遭到重创，起义主要领导人张太雷牺牲。此时，张发奎的后续部队

① 《政治通讯》1927 年第 15 期。

仍在陆续到达，情况非常危急。起义军总指挥部为保存革命力量，于12日夜下达了撤出广州的命令。但是，此时“市内部分地区已开始巷战，敌我战线犬牙交错。起义军的指挥系统已乱，领导人之间失去联系，结果除教导团及少数部队接到撤退命令突围外，大部分工人赤卫队员因没有接到命令而仍留在市区与敌人浴血奋战”①。

国民党军重占广州后，对未及撤离的起义军、工人赤卫队和拥护革命的群众进行了血腥镇压，遇害者达5 000余人。广州成为一个恐怖之城，“敌人更派队到各户搜查，他们认为可疑的，悉数提出枪决，枪决了约一千余是无辜的。……入夜街上行人绝迹”②。“形迹稍为可疑即行就地枪决，暴动时俘虏兵亦全数枪毙，红军缴械后亦全部枪毙，军政机关或学生稍左的即被疑为共产党，少能幸免。……初被占据时，凡出来的市民，皆被乱枪轰击，其恐怖比暴动时更为厉害。工会除反动的以外，全数被解散”③。甚至家有红巾、新娘穿红衣服也惹上兵灾，“许多走避不及的工人、农民、学生和革命士兵都大批地被逮捕，随后是严刑拷打、枪杀和活埋，敌人只要从哪家翻出了一条红布、一块红绸子或者捉到一个说北方话的人，就不问青红皂白的一概格杀勿论，甚至连穿红衣服的新娘子，也被推到火里活活烧死”④。“这两日广州极为空虚，人心恐慌到了极点，许多大商店从暴动到现在未开门，跑来香港的人数以千计，中央纸币已跌到四折，将要一钱不值了。”⑤ 李宗仁在回忆录中写到过这时的广州：“全市火光烛天，尸体狼藉……下令凡见颈系红巾的，即格杀勿论。人民分不出孰为红军，孰为第四军，只知有红巾亦死，无红巾亦死。一时广州全市全城鬼哭狼嚎，

① 中共广州市委党史研究室编：《中共广州地方史（新民主主义革命时期）》，广东人民出版社1995年版，第158～159页。

② 《广州工人代表大会报告（节录）（1928年1月）》，中共党史资料征集委员会、中共广东省委党史资料征集委员会、广东革命历史博物馆编：《广州起义》，中共党史资料出版社1988年版，第244～245页。

③ 《广州工人代表大会报告（节录）（1928年1月）》，中共党史资料征集委员会、中共广东省委党史资料征集委员会、广东革命历史博物馆编：《广州起义》，中共党史资料出版社1988年版，第225页。

④ 中共广州市委党史研究室编：《中共广州地方史（新民主主义革命时期）》，广东人民出版社1995年版，第158～159页。

⑤ 《立三给中央的报告（节录）（1927年12月28日）》，中共党史资料征集委员会、中共广东省委党史资料征集委员会、广东革命历史博物馆编：《广州起义》，中共党史资料出版社1988年版，第235页。

无辜人民被杀的不计其数。大火数日不绝，精华悉被焚毁，实为民国成立以来鲜有的浩劫。”①

四、广州起义的影响和教训

广州起义虽然失败了，但仍具有其历史意义，主要表现在以下几个方面：

（1）广州起义促进了广东全省工农群众与国民党新军阀的斗争。广州是广东全省的中心，广东省委早就布置了广州、西江、北江暴动委员会，加上原来的海陆丰革命根据地，广州起义点燃了广东各地工农群众暴动之火。对此，广东省委在给中央的报告中有详细的说明：“广州虽然停止暴动，但各县的暴动正在发展，宝安十四日农（民）军攻打深圳后又功（攻）县城。惠州鸭□□也有暴动，潮汕铁路时被掘断，普宁、潮安、澄海都起骚动，汕头工人也有破坏工作，潮梅秩序已十分混乱，北江、清远也曾攻打县城，花县现焚毁，反动乡村甚多。”② 1928 年 2 月，阮啸仙领导了仁化大暴动，建立了仁化苏维埃政权。“广州暴动便是全省暴动的开始。”③

（2）广州起义和南昌起义、秋收起义一起，并称为我军建军三大起义，这是中国共产党独立领导革命战争和创建人民军队的开端，中国人民解放军正是起源于上述三大起义。广州起义部队从广州撤出后，经曲折发展进入海陆丰、左右江、粤北等地，并最后汇入到我军主力部队中：“被迫从广州撤出的部分武装力量，在广东花县整编为工农革命军第四师，转入海丰、陆丰地区，坚持革命斗争；少数起义者到达香港，后到广西参加了左、右江起义；还有少数人员撤到粤北韶关地区，加入朱德、陈毅率领

---

① 李宗仁口述，唐德刚撰：《李宗仁回忆录》，广西师范大学出版社 2008 年版。

② 《中共广东省委给中央的报告——广州暴动的经过和存在问题，暴动后的形势（1927 年 12 月 19 日）》，中央档案馆、广东省档案馆编：《广东革命历史文件汇集（1927）》，甲 7，编号：0001571，第 247 页。

③ 《中共广东省委关于广州暴动问题决议案（1928 年 1 月 1 日至 5 日全体会议通过）》，中共党史资料征集委员会、中共广东省委党史资料征集委员会、广东革命历史博物馆编：《广州起义》，中共党史资料出版社 1988 年版，第 247 页。

的南昌起义保留下来的部队，后来上了井冈山”①。

（3）广州起义还具有世界意义。广州起义的消息迅速传遍了世界，苏联《真理报》1927 年 12 月 13 日发表社论《工农的广州》指出：“工人和农民已把铭刻着无数革命英雄业绩的广州占领了。中国工人和农民的这一胜利有力地证明，中国革命正在向前发展。……工人、农民和士兵在广州起义中并肩战斗，勇敢地宣布占领的广州为‘工农的广州’。他们的这种团结使这次起义永垂青史。”②

然而，广州起义毕竟失败了，其中的经验教训值得总结：

（1）起义的主要决策者张太雷等人缺乏军事经验，共产国际代表纽曼不懂中国国情。出于保密需要，叶挺在起义前一天才赶到广州，叶剑英也是在起义打响后才参与指挥。由于缺少经验丰富的优秀指挥员，这就使得起义军在军事上犯了一系列错误。

（2）没有对敌人首脑进行致命打击。当叶挺发现此问题时，时间已经来不及。“一切当时的军事、政治领袖都在东山（除李福林外），可以一网打尽，但是当时指挥机关不肯发兵去东山，以为抓到政权就够了。”③ 广州国民党新军阀首脑张发奎、黄琪翔、朱晖日、陈公博等人逃到河南，并以河南为基地，调集各路军队，向起义军发动反攻，使军事形势迅速发生了有利于国民党方面的转变。

（3）工人赤卫队组织、训练不严密，在实战中还是表现出散漫性，不去有组织地歼灭敌人有生力量，而流于放火制造恐怖。“群众不喜欢到前线与敌军对垒，而喜欢三三五五去搜屋击杀反革命。犯人都放出来。暴动开始，即火头四起，中央银行亦被焚毁，商人自然全部闭门，马路看不见

---

① 中共中央党史研究室编：《中国共产党历史（1921—1949）》（第一卷）（上册），中共党史出版社 2011 年版，第 244 页。

② 《工农的广州》（苏联《真理报》1927 年 12 月 13 日社论），中共党史资料征集委员会、中共广东省委党史资料征集委员会、广东革命历史博物馆编：《广州起义》，中共党史资料出版社 1988 年版，第 142 页。

③ 《立三给中央的报告（节录）（1927 年 12 月 28 日）》，中共党史资料征集委员会、中共广东省委党史资料征集委员会、广东革命历史博物馆编：《广州起义》，中共党史资料出版社 1988 年版，第 238 页。

行人，全市完全是恐怖状态。”[①]“工人已夺取了敌人不少武装，武装自己，反动派亦杀了不少，并放火烧去反动派住宅及商店，火光焰天”[②]，甚至有赤卫队队员参与了抢劫，“赤卫队亦多为抢劫而不注意消灭敌人”[③]。

（4）在起义陷于不利处境时，没有及时撤退。起义主要领导人张太雷过于激进，认为广州起义只许成功，不许失败，没有提前考虑起义失败时的措施。由于敌人过于强大，激战一天后，叶挺就认识到起义军不可能在广州坚持下去，因而建议撤退到海陆丰，这是个符合实际的正确意见：“自觉地、主动地迅速向农村发展，与当时正蓬勃发展着的海陆丰农民运动相结合，建立农村根据地，并开展以土地革命为中心内容的游击战争，那么起义就会取得更大的胜利。”[④] 然而共产国际代表纽曼一味强调进攻，使起义军后来陷于全面被动，等发出撤退命令时，战线已经混乱，很多起义者没有接到撤退命令，在与兵力占优势的敌人血战中付出了太大牺牲。

（5）起义宣传方面力度不够。这表现在两个方面：一方面是对敌军士兵，“这次敌方各部反攻我们的军队，作战均异常奋勇，前仆后继，甘做军阀的工具，这是我们在各部队中做工作的同志对煽动工作做得太不普遍。如果稍有煽动工作，则兵士纵不反戈，也会休战”[⑤]；另一方面，对工人群众的宣传也有不力的地方，“吾人以为半夜开始动作，至天光当有工人群众出来，可即行编制红军以应战。不意得取政权第二日，广州工人尤不敢出来”[⑥]。

---

① 《中共广东省委给中央的报告（一）——关于广州暴动的经过与情形（1927 年 12 月 19 日）》，中共党史资料征集委员会、中共广东省委党史资料征集委员会、广东革命历史博物馆编：《广州起义》，中共党史资料出版社 1988 年版，第 224 页。

② 《中共广东省委、团省委给各地党团通告——关于广州暴动的经过和当前要做的工作（1927 年 12 月 17 日）》，中央档案馆、广东省档案馆编：《广东革命历史文件汇集（1927）》，甲 7，编号：0001571，第 205 页。

③ 《刘楚杰关于广州暴动情形致斌兄信（1928 年 1 月 11 日）》，中共党史资料征集委员会、中共广东省委党史资料征集委员会、广东革命历史博物馆编：《广州起义》，中共党史资料出版社 1988 年版，第 205 页。

④ 叶剑英：《大革命失败与广州起义》，《人民日报》，1958 年 7 月 30 日。

⑤ 《曾干庭参加广州暴动的工作报告（1928 年 1 月 4 日）》，中共党史资料征集委员会、中共广东省委党史资料征集委员会、广东革命历史博物馆编：《广州起义》，中共党史资料出版社 1988 年版，第 204 页。

⑥ 《刘楚杰关于广州暴动情形致斌兄信（1928 年 1 月 11 日）》，中共党史资料征集委员会、中共广东省委党史资料征集委员会、广东革命历史博物馆编：《广州起义》，中共党史资料出版社 1988 年版，第 205 页。

（6）没有攻占西村石井兵工厂和敌人的军械弹药库，这又是一个致命失误，导致敌人在反攻时弹药充足。没有执行没收一切政府及反动派财产的政策，这使得后来总指挥机关几乎没有买菜的钱，而中央银行躺着几百万现洋。没有严格执行镇压反革命的工作，“退走时，还关有七八十个反动派在牢里。失败后，便出来引导军队大杀我们了”①。

中国共产党毕竟诞生不久，尚没有独立领导武装斗争的经验，因而犯一些错误也在所难免。广州起义的失败，也证明了照搬苏联革命经验，以城市为革命中心是难以取得革命胜利的。②如何从理论和实践上寻找新的革命道路，成为摆在中国共产党人面前的新课题。

---

①《立三给中央的报告（节录）（1927年12月28日）》，中共党史资料征集委员会、中共广东省委党史资料征集委员会、广东革命历史博物馆编：《广州起义》，中共党史资料出版社1988年版，第235页。

②《斯特拉霍夫（瞿秋白）在共产国际第六次代表大会第三十一次会议关于广州起义的报告（1928年8月15日）》，中共党史资料征集委员会、中共广东省委党史资料征集委员会、广东革命历史博物馆编：《广州起义》，中共党史资料出版社1988年版，第347～348页。

结语　中国革命的第一个圣地：第一次国共合作期间的广州

20 世纪 20 年代的第一次国共合作以及由此引起的革命浪潮，是中国历史上一次影响深远的社会大变革。中共早期党员、亲身经历了这段历史的郑超麟在回忆录中说："认识这时代意义的人颇不多见"，"这是一个革命的时代，比辛亥革命更加有革命的意义"。① 在第一次国共合作旗帜下，革命的春雷震撼了中国大地，国外报刊曾这样评论当时的中国："中国发生的事件犹如汹涌澎湃的波涛，滚滚向前，又如一个个一闪即过的电影镜头，瞬息万变。它打破了过去认为中国是一个一成不变、发展停滞的国家的种种概念。"② 而这样深刻的变革，是从广州首先开始的。

一、广州是国共两党工作的重心

早在 1920 年谭平山等人在广州筹办《广东群报》时，他们就曾写信给陈独秀请求帮助和支持。陈独秀回信说："广东和广州是我国重要的省城，在历史上是革命的策源地，曾多次起过先驱作用，做出过重要的贡献，而今更应顺应历史潮流，发挥更大作用。"③ 由于孙中山长期以广州为根据地开展革命，广州的政治气氛相对宽松，工农群众基础比较好，促使了第一次国共合作在广州首先达成。为了更好地开展国共合作，中共中央于 1923 年 4 月迁驻广州，并在广州召开中共三大，在该次会议上作出了国共合作，建立革命统一战线的战略决策。后来中共中央虽迁回上海，但广

---

① 郑超麟：《郑超麟回忆录》（上），东方出版社 2004 年版，第 1 页。

② ［苏］A. 洛佐夫斯基：《中国的革命与反革命》，安徽大学马列主义教研室编：《苏联报刊关于中国革命的文献资料》（第二辑）（内部资料），第 160 页。马宝华译自苏联《真理报》1927 年 9 月 3、4、7、8、9、10、11、14、15 日报道。

③ 中共广州市委党史研究室编：《陈独秀在广州的创党活动》，广州出版社 2009 年版，第 396～397 页。

东区委在20世纪20年代前期仍是中共人数最多、最重要的地方支部。广东区委的工作，一举一动都关系中共政治生命全局。1923年10月15日，孙中山在国民党恳亲会上强调，党员要广泛宣传三民主义，要把“广东这块净土做成我们的策源地”①。国民党中央长期在上海，1923年底改组前夕迁到广州，国民党的工作中心亦转移到广州。

广州成为国共两党的革命大本营，国民党改组首先在广州开展，各项革命指示从广州传到了全国，广州成为全国革命青年向往的革命圣地，青年们纷纷来到广州参加革命。广州也相继兴办了各种革命学校、组织，群众运动十分发达。在各种革命口号的激励下，广州已经成为一个“激情”城市。据亲历者文强回忆：“我们一行到达广州，真是耳目一新，既感到无比兴奋，又感到无比紧张，同时又感到自己对革命的认识很不够，只是凭着一股爱国热情而已。耳目一新，新在满街红色标语牌，民气昂扬，对比北洋军阀统治区的死气沉沉，显然是两个天地。”②“此时（指1924年）的五羊城，和北方、上海都大不一样，革命的气氛很好。《广州民国日报》天天公开登载革命者活动的消息”③，“广州为中国民族主义最大中心点”④。如果说瑞金、延安是后来中国革命的圣地，那么我们也可以当之无愧地说广州是中国革命的第一个圣地。这个圣地与后面两个圣地的不同之处在于，它是由国共两党共同缔造的。国共两党宣传革命，组织群众参加革命，而反过来群众的激情革命行为，也推动着广州政府革命。

1926年1月1日，国民党二大在广州召开。会议发表的《中国国民党第二次全国代表大会宣言》中，对广州在当时中国革命中的中心地位及影响力、辐射力进行了概括：

弹丸之广州，已为香港帝国主义者，纳诸掌握之内。而北洋军阀，如

① 中国社会科学院近代史研究所、中山大学历史系孙中山研究室编：《孙中山全集》（第8卷），中华书局1986年版，第283页。

② 文强：《我在黄埔军校的见闻》，中国人民政治协商会议全国委员会文史资料研究委员会编：《第一次国共合作时期的黄埔军校》，文史资料出版社1984年版，第322页。

③ 中国人民政治协商会议全国委员会文史资料研究委员会：《第一次国共合作时期的黄埔军校》，文史资料出版社1984年版，第216页。

④ 广东哲学社会科学研究所历史研究室编：《省港大罢工资料》，广东人民出版社1980年版，第47页。

曹锟、吴佩孚等，复眈眈然欲灭此而朝食，不恤百计以求逞。陈炯明等跳梁于东江，邓本殷等负隅于南路，杨希闵、刘震寰等，更反侧于肘腋之下。吾人苟鲜明其主义及政纲，无异自树一的，以待此等敌人之共同进攻，况所谓官僚、买办阶级、土豪，正环绕于吾人前后左右，将以保护其不正当之利益之故，而同心合力，务置吾人于死地。惟吾人则百无所畏，准备与之为殊死战。吾人于此四面包围之中，所艰难成立者，有中央各地之党部，以宣传民众，组织民众。有陆军军官学校及党军，以造成与人民合作的军队，使进而为人民的军队。有各种工人的组织，及农民的组织，彼之能保卫其利益，而发挥其能力。吾人曾与勾结北洋军阀之叛军战，曾与勾结帝国主义之商团战，其结果，此等敌人不特不能困苦吾人，且使吾人益增长其气势，进而与北洋军阀曹锟、吴佩孚战。曹吴推倒之后，总理挺身北上，以开国民会议，制军阀之死命，以废除不平等条约，制帝国主义之死命，事岁未成，而以殉道之精神，已普及于全国民众，而深入其肺腑。……大河南北、大江南北及湖南、湖北间，农工民众，团体组织，日以坚固，能力日以发达，其参加国民革命运动，亦日以热烈。吾人更于此时，巩固广州之革命根据地，肃清一切反革命分子，扫除东江南路一切叛徒，建立与人民合作之政府，及与人民合作之军队，以坦白真挚之精神，为民众谋利益，同时领导民众，从事与国民革命，虽帝国主义者及其工具之重重压迫，屹然不为之摇动。且决定其覆灭之期，必不在远，最后之胜利，终属之吾人。①

上述表达也总结了广州革命根据地是在敌人重重围困的情况下，依靠国共两党及民众共同努力，历尽艰难，终于一一击败了四周的敌人，统一了广东，为革命进一步发展奠定了坚实的基础。

遗憾的是，国共分裂也是自广州起，廖案、中山舰事件、整理党务案等国共分裂的重大事件也都发生在广州。对于国民党右派的攻击，列宁主义没有作出比较好的回答，广州的革命者们也没有作出比较好的回答。这个问题留给了中国共产党人在后来的革命道路中回答，这是广州的遗憾，

① 《中国国民党第二次全国代表大会宣言》，中共广东省委党史研究委员会、中共广东省委党史资料征集委员会编：《第一次国共合作研究资料》（内部刊物），1984 年，第 241 ~ 242 页。

但是也符合历史发展的规律。

二、广州是中国共产党人早期探索革命道路的最重要地点

广州是当时向往革命的青年的圣地。宋希濂经历了那一激情澎湃的时代，他回忆道："孙中山于1923年2月重返广州。孙在未回粤以前曾于一月二十六日在上海与列宁特派的苏联代表越飞晤谈，并发表宣言，回粤以后，获得中国共产党的帮助，提出了反帝反封建的政治纲领，得到了广大人民和知识青年的热烈响应，都把广州看成是祖国前途希望的象征，我脑海里产生了到广州去参加革命的念头。"① 文强也回忆说："我虽然身在长沙，却又深受广东革命空气的影响，心向往之。"② 各地青年络绎不绝南下，投入广州这个革命的大熔炉，并不断成长。我们所知的20世纪20—70年代国共两党杰出的、有影响力的领导人，几乎都在这一时期来到广州。他们在广州领导或参与革命，有的从普通的青年学子成长为职业政治家、职业军人、职业革命家等。他们一起思考和探索中国革命的道路，尽管得出的结论有所不同，但他们改造中国，谋求国家富强、民族独立的出发点是一致的。

这一时期，中共早期著名领导人陈独秀、李大钊、毛泽东、周恩来、陈延年、恽代英、彭湃、阮啸仙、张太雷等纷纷来到广州参加革命。共产国际和苏俄（联）代表或顾问维经斯基、达林、马林、鲍罗廷、加伦等纷纷来华，常驻广州。国民党著名领导人孙中山、廖仲恺、汪精卫、胡汉民、蒋介石、戴季陶、张继、邹鲁也在广州活动。青年学子、未来将帅徐向前、林彪、陈赓、陈诚、杜聿明、薛岳、叶挺、叶剑英、聂荣臻等或成为同学，或成为校友、师生、同事，他们排除政治理念的差异，也构筑了自己的朋友圈。这么一大批中国最优秀的人才集聚广州，可谓蔚为大观。他们在广州参加革命，在革命中学习、总结、思考。即使如蒋介石，也一直以革命者自居。他们的理念和抉择，不仅是个人的抉择，更是时代和中国未来的抉择，代表着历史发展的方向。这在广州人才史上是罕见的，从

① 中国人民政治协商会议全国委员会文史资料研究委员会编：《第一次国共合作时期的黄埔军校》，文史资料出版社1984年版，第238~239页。

② 文强：《我在黄埔军校的见闻》，中国人民政治协商会议全国委员会文史资料研究委员会编：《第一次国共合作时期的黄埔军校》，文史资料出版社1984年版，第321页。

这个意义上说，广州影响着中国，影响着世界。

事实上，中国革命的很多规律，在20世纪20年代的革命浪潮中已经初见端倪。我们试以广东党、团组织总结学生运动的例子来说明这一问题。由于实行“让步”政策，本来占尽优势的广州党、团组织在学生运动中的竞争输给了右派组织，这仿佛暗示了第一次国共合作破裂，共产党被驱赶、屠杀的命运。广东党、团组织总结学生运动失败的教训以及这些教训对中国革命的启示有：

(1)“学生运动是任何派别都不能够包办。我们看到此次右派出尽九牛二虎之力来包办，因此促成无成见、无党派的代表占（站）在反对他们的方面。”① ——对中间派的争取不可靠简单强迫，而应该着眼于革命理论的宣传和革命策略的制定。由于国民党右派的政治欺骗及后来蒋氏的高压政策，中间派后来都站在了中国共产党方面。在20世纪20年代的革命过程中，中国共产党积累了丰富的团结中间派的斗争策略，由中间派构成的第二战线，是瓦解蒋介石政权的重要力量。

(2)“口号能适合群众心理，方能煽动群众。”② ——这令我们想起毛泽东言简意赅的“三大纪律、八项注意”、“打土豪、分田地”。

(3)“过去我们做学生运动常有依赖政治势力的幻想，并且把广东学生运动直接由民校指挥。这次代表请愿中央全体会议，证明上层势力不可靠，只有我们在下层活动，以群众力量，才能打倒敌人。”③ ——国共分裂后，共产党并没有消沉，而是逐渐将精力转移到广东、湖南、江西等地农村，建立农村革命根据地，走农村包围城市的道路。事实证明，在特定时期，取得下层老百姓的支持是革命胜利和政权长久之道。中国四万万同胞，大部分是下层老百姓。一旦有合适的革命理论和革命策略，将下层老百姓武装成一个集体，其力量是空前巨大的，也势必成为改变历史、推动历史的强大动力。

(4)“我们这次之所以不能得到胜利，就因为我们只能团结一部分左

---

① 《全省学联会代表大会经过报告》，广东省档案馆、中共广东省委党史研究委员会办公室编：《广东区党、团研究史料（1921—1926）》，广东人民出版社1983年版，第400~401页。

② 《全省学联会代表大会经过报告》，广东省档案馆、中共广东省委党史研究委员会办公室编：《广东区党、团研究史料（1921—1926）》，广东人民出版社1983年版，第401页。

③ 《全省学联会代表大会经过报告》，广东省档案馆、中共广东省委党史研究委员会办公室编：《广东区党、团研究史料（1921—1926）》，广东人民出版社1983年版，第401页。

派，而分化右派的工作未有做到，这证明不能分化敌人势力，就不能打倒敌人。”① ——统一战线是我党取得革命成功的三大法宝之一，对敌开展政治宣传，分化瓦解敌人，一直是我党革命工作的重要任务之一。在以后的革命历程中，中共统战策略的成功，也是后来国民党政权瓦解的重要原因之一。

类似的例子还有很多，如张太雷在我党历史上第一次提出要建立农村革命根据地等。中国有自己的国情，革命道路的选择也需要结合中国的国情，广州在早期中国共产党人探索中国革命道路中处于最重要的地位。统一战线、党指挥军、军队中的政治工作、群众路线等中国革命道路中的重要经验在广州革命过程中已经开始实践。

三、广州是20世纪20年代革命气氛最活跃的城市

在国民党发动“清党”之前，20世纪20年代的广州，革命群众最集中、最坚定，革命气氛最活跃。共产国际代表达林曾经在1922年“五一”劳动节时在广州亲身体会广州火一样的革命热情：

“五一”节那天，游行队伍沿着广州最宽阔的滨河大街行进。小船上写着革命口号的小红旗争相辉映。

工人队伍在行进，几百面旗帜迎风飘扬。每面旗上都写着工会的名称。前排的人用几根棍子抬着一面大鼓。鼓手们站在中间奋臂擂鼓。笙、笛、鼓乐交织在一起，鞭炮在脚下齐鸣。游行者拿着人工制作的狮子头，让它伴着炮鸣、鼓乐和人们哈哈大笑，张嘴闭嘴，睁眼合眼，奇形怪状的长龙在街上蜿蜒移动。

每个游行的人都拿着红纸做的小旗，上面写着：“全世界无产者联合起来！”“八小时工作日万岁！”“‘五一’劳动节万岁！”

我们登上了最高的一所楼顶观看游行的全貌。这是惊人的场面。各街道挤满了工人。一片红旗的海洋。游行队伍宛若红色的巨流。这是海员工会的队伍，队伍前面稳健地开着一艘很漂亮的大轮船模型，上面插满了旗

① 《全省学联会代表大会经过报告》，广东省档案馆、中共广东省委党史研究委员会办公室编：《广东区党、团研究史料（1921—1926）》，广东人民出版社1983年版，第401页。

子，由隐在船身内的几辆汽车拉动。

中小学的学生们带着乐队从城里的四面八方加入到游行队伍中来。社会主义青年团组织的队伍整齐地走过。他们的旗帜上写着“共产国际万岁!”“青年共产国际万岁!”“苏俄万岁!”

我们下了房顶向游行队伍集中的公园走去。社会主义青年团员们正在那里分发专门写的宣言和传单，并就地出售共产主义书籍。我从像（相）片看出来了，这边是关于卡尔·马克思和弗里德里希·恩格斯的小册子，那边是关于卡尔·李卜克内西和罗莎·卢森堡的小册子。

我沿着公园的林荫道信步走到共产党员的队伍中，我感到人们注视着我，注意着我的每一个动作。他们对一个外国人来参加集会感到惊讶。有人向他们说明了我的身份，于是态度马上就变了：我们友好地握起手来。

开会了。每一篇发言都是热情洋溢的。共产党和社会主义青年团的代表以及工会的领导人都先后讲了话。我永远不会忘记这次“五一”集会的一个场面，那是从华北到这里来参加全国劳动大会的一名工人在发言：“我们宣誓，我们将万众一心为工人阶级的利益与资产阶级进行斗争……”——说这些话时，他把食指放到嘴里，咬起来。经过了沉重的瞬间，他很吃力地咬破了手指，剧痛的表情掠过他的面孔。演说者拿起一小块白布，用血在上面写了“誓死斗争!”几个字。

集会结束了。游行的人们又涌到大街上。已经五点钟了，但到处仍然很热闹。入夜，游行变成了狂欢，几乎通宵达旦。

与1921年不同，当时广州“五一”庆祝活动是在国民党的领导下进行的，并有店主们参加。而这一次游行是纯粹无产阶级性质的，特别是在共产党的领导下进行的。①

要知道，这还只是1922年5月，中国大部分地区都还在军阀铁蹄下呻吟，而广州的群众已经公开展现了对无产阶级革命的向往。

1927年2月，达林重到广州。他发现，广州的群众已经习惯了在街头通过游行、请愿、罢工、罢课等方式来表达利益和政治诉求。广州已经成

---

① ［苏］C. A. 达林著，梁澄宇、刘敬忠译：《中国回忆录（1921—1927）》，中国社会科学出版社1981年版，第88～89页。

为一个让人惊奇的城市："在广州最使你感到惊奇的是什么呢？那就是连续不断的罢工……只有在街头通过斗争解决问题。广州没有一天是没有罢工的。"① 群众参加集会和游行解决各种问题已经成为日常生活的一部分，以至于当时的权力机关几乎成为"某种仲裁委员会"：

广州变了。这里进行过极其巨大的宣传鼓动工作。国民党唤起了广州各阶层的广大群众。不用说已百分之百组织起来的工人阶级，便连学生、小资产阶级、知识分子和普通市民都动起来了。公开的反革命——"纸老虎"队（编者注：指叛乱的广州商团）——被解除了武装。每天在关门停业的厂房内和街头上都有群众集会，出版了大量的革命普及读物。甚至最偏僻的角落也张贴有传单和宣传画。这里的政治生活朝气蓬勃。所有这一切都集中表现在街头。广州的街道总是挤满了人群：时而是罢工工人的示威，时而是庆祝国民革命军大捷的游行，时而是商人的请愿游行，时而是街头集会、兰（蓝）色的国民党旗、红色的国旗和白色的标语交织成五彩缤纷的巨流，滚滚向前。

当我们在广州的那些日子里，权力是属于这种革命街头的，某些问题有时不是通过法令，而是通过斗争的各方在街头的冲突而解决的。国民党中央委员会和政府变成了某种仲裁委员会。国民党中央委员会的门口经常聚集着工人或商人，当然是工人为多。②

这些资料，是外国人眼中观察到的广州，是相对客观的。这样大规模的群众运动，这样普遍的几乎成为日常生活的街头革命，在中国历史上是少见的，与同时代中国其他城市相比，同样是少见的。随着革命在广州的推进并扩展到全国各地，上海、武汉等城市才相继有了这样大规模的群众运动。难怪达林认为，广州是"革命的摇篮"。

更有意思的是，这些革命行为都是在国共合作旗帜下进行的：

① ［苏］谢·达林：《广州》，安徽大学马列主义教研室编：《苏联报刊关于中国革命的文献资料》（第二辑）（内部资料），第53页。章任贤译自苏联《真理报》1927年2月25日报道。

② ［苏］谢·达林：《广州》，安徽大学马列主义教研室编：《苏联报刊关于中国革命的文献资料》（第二辑）（内部资料），第52～53页。章任贤译自苏联《真理报》1927年2月25日报道。

我们出席过国民党的许多会议。这里已经规定并牢固地形成了特殊的开会仪式。在会议大厅里通常挂着孙中山像，两旁是马克思像和列宁像。从国民党中央党部的礼堂到各县县党部的礼堂，到处都是如此，肖像下面挂着总理遗嘱。每次会议，无论是成千上万人的大规模集会，还是小型办公会议，开始时全体起立，会议主持者朗读总理遗嘱。然后全体与会人员向孙中山像行三鞠躬礼。随后选举主席团，正式开会。当冗长的会议结束时，全体人员再次起立，按照共青团员那样，齐声高呼口号，向国民革命致敬。①

连广州的儿童也投入了激情革命，团广东区委专门组织了劳动童子团运动委员会，“派出许多宣传员到各工会及罢工委员会宣传组织劳动童子团之意义及重要，并举行募捐。此时在报纸上天天宣传，组织劳动童子团空气非常浓厚，报名登记不及十天，已达五百余人”②。“在李列纪念大会未开前，曾召集了广州市的儿童纪念李列大会一次，是时，除了省港罢工及广州各工会工厂中的青工外，还有许多国民学校小学生及街坊儿童数千人到会，我们也有许多同志做此工作，结果成绩甚佳。”③

在当时国共两党合作的广州政府努力建设下，广州的市政建设也取得长足进展：“广州！最近五年起了多么大的变化，从外貌简直无法辨认了。五年前到过广州的人，现在恍若完全置身于另外一个城市。五年前，孙中山开始实现其改造广州的计划。经过他的努力，建成了第一条从广州市到近郊农村的汽车路，这是第一条宽阔的欧式公路。现在整个广州市已是宽阔的街道纵横交错，高楼大厦如雨后春笋遍地矗起，马路上灯光明亮。总之，广州已从一个只有小街陋巷的典型中国城市变成了现代化的欧洲型城市。从外貌已难以辨认它了。现在广州还没有电车，可是已在议论此事。目前只有小型公共汽车在行驶。每当修筑好一条新路，立刻就有公共汽车

① ［苏］谢·达林：《广州》，安徽大学马列主义教研室编：《苏联报刊关于中国革命的文献资料》（第二辑）（内部资料），第56页。章任贤译自《真理报》1927年2月25日报道。

② 《共产主义青年团广东区委工作总报告》，广东省档案馆、中共广东省委党史研究委员会办公室编：《广东区党、团研究史料（1921—1926）》，广东人民出版社1983年版，第382页。

③ 《共产主义青年团广东区委工作总报告》，广东省档案馆、中共广东省委党史研究委员会办公室编：《广东区党、团研究史料（1921—1926）》，广东人民出版社1983年版，第370页。

在那里通行。”[①] 可以说，革命的广州是全国的样本，建设的广州也是全国的样本。

然而，不得不指出，底层群众也存在非理性、反科学的一面。如公共汽车受到人力车夫的敌视，而广州的人力车夫已经有相当的组织性，“当广州市政当局决定扩大公共汽车交通，并在通行电车以前增设公共汽车路线的时候，人力车夫火了，开始游行反对这一计划，市政当局在人力车夫的压力下不得不放弃扩大公共汽车的打算”[②]。但同时，组织起来的人力车夫们追求公平、公理和正义的一面也让人肃然起敬：“广州的人力车夫组织得非常好，要知道这是无产阶级中最落后、最分散的一部分。一次，有个警察按照旧习气用棍子打了人力车夫。第二天，全市人力车夫都举行了罢工。他们组织了示威游行，拉着自己的车子鱼贯而行，终于达到了把那个警察解职的目的。”[③] 尽管文化水平低，但人力车夫们选择了正确的斗争方式。中国20世纪20年代底层群众的革命手段、革命智慧，向往公平、正义的朴素追求以及非理性的极端化都在这里得到了初步的展现。

让我们以达林描述广州的一段话作为本书的结尾：

> 要描述广州的全部情况是困难的，更不可能在一篇文章中包罗无遗。须知道，这是中国革命的摇篮。这里已经有了好几年的革命历史。这些年来，底层群众觉醒了，广大人民开始推动历史前进，阶级斗争空前尖锐，其结果是，一切社会问题几乎全部拿到街头去解决。[④]

---

① ［苏］谢·达林：《广州》，安徽大学马列主义教研室编：《苏联报刊关于中国革命的文献资料》（第二辑）（内部资料），第51页。章任贤译自苏联《真理报》1927年2月25日报道。

② ［苏］谢·达林：《广州》，安徽大学马列主义教研室编：《苏联报刊关于中国革命的文献资料》（第二辑）（内部资料），第52页。章任贤译自苏联《真理报》1927年2月25日报道。

③ ［苏］谢·达林：《广州》，安徽大学马列主义教研室编：《苏联报刊关于中国革命的文献资料》（第二辑）（内部资料），第51页。章任贤译自苏联《真理报》1927年2月25日报道。

④ ［苏］谢·达林：《广州》，安徽大学马列主义教研室编：《苏联报刊关于中国革命的文献资料》（第二辑）（内部资料），第51页。章任贤译自苏联《真理报》1927年2月25日报道。

参考文献

1. ［美］伊罗生：《中国革命的悲剧》，马克思主义文库，http：//marxists. anu. edu. au/。

2. ［日］波多野善大著，罗可群译：《国共合作》，中共广东省委党史研究委员会办公室 1982 年版。

3. ［美］罗伯特·诺思、津尼亚·尤丁编著，王淇等译：《罗易赴华使命——一九二七年的国共分裂》，北京：中国人民大学出版社 1981 年版。

4. 王建民：《中国共产党史稿》，香港：中文图书供应社 1975 年版。

5. 郭华伦：《中共史论》，台湾“国立”政治大学国际关系研究中心东亚研究所 1969 年版。

6. 李云汉：《从容共到清党》，台北：及人书局 1987 年版。

7. 司马璐：《中共党史暨文献选粹》，香港：自联出版社 1977 年版。

8. 陈伙成：《国共合作北伐记》，北京：军事科学出版社 1996 年版。

9. 曾成贵、江抗美：《国共合作的北伐战争》，郑州：河南人民出版社 1986 年版。

10. 卜穗文、孟育东：《大革命时期的黄埔军校史略》，广州：广东人民出版社 2012 年版。

11. 中国人民政治协商会议全国委员会文史资料研究委员会编：《第一次国共合作时期的黄埔军校》，北京：文史资料出版社 1984 年版。

12. 张光宇：《第一次国共合作时期的国民革命军》，武汉：武汉大学出版社 1989 年版。

13. 华岗：《中国大革命史（1925—1927）》，北京：文史资料出版社 1982 年版。

14. 吴斐民：《中国大革命》，上海：时代书局 1950 年版。

15. 王宗华：《中国大革命史（1924—1927）》，北京：人民出版社1990年版。

16. 朱洪：《重话大革命》，北京：人民出版社2006年版。

17. 姚金果、苏杭：《解读中国大革命史》，福州：福建人民出版社2006年版。

18. 杨奎松：《“中间地带”的革命——国际大背景下看中共成功之道》，太原：山西人民出版社2010年版。

19. 吴祖明：《中国大革命与亚洲》，北京：中国档案出版社1997年版。

20. 黄修荣：《共产国际和第一次国共合作的形成》，北京：求实出版社1983年版。

21. 向青：《共产国际和中国革命关系的历史概述》，广州：广东人民出版社1983年版。

22. 杨云若：《共产国际和中国革命关系纪事（1919—1943）》，北京：中国社会科学出版社1983年版。

23. 苏杭、苏若群、姜羿：《绝密档案：第一次国共合作内幕》，北京：人民日报出版社2011年版。

24. 杨奎松：《国民党的“联共”与“反共”》，北京：社会科学文献出版社2008年版。

25. 李玉贞：《国民党与共产国际（1919—1927）》，北京：人民出版社2012年版。

26. 王奇生：《党员、党权与党争：1924—1949年中国国民党的组织形态》，北京：华文出版社2010年版。

27. 王奇生：《中国近代通史（第七卷）：国共合作与国民革命（1924—1927）》，南京：凤凰出版传媒集团、江苏人民出版社2006年版。

28. 李新、陈铁健：《中国新民主革命通史（第二卷）：国民革命的兴起（1923—1926）》，上海：上海人民出版社2001年版。

29. 曾庆榴：《国共合作与国民革命》，广州：广东人民出版社1989年版。

30. 中共北京市委党史研究室编：《李大钊与第一次国共合作》，北京，北京出版社1989年版。

31. 中共江苏省委党史工作委员会编：《第一次国共合作在江苏》，1995年。

32. 中共四川省委党史研究室编：《第一次国共合作在四川》，成都：四川大学出版社1996年版。

33. 陈鹤锦：《第一次国共合作在江苏》，《民国档案》1994年第4期。

34. 中央档案馆、广东省档案馆编：《广东革命历史文件汇集》，1982年。

35. 广州市地方志编纂委员会编：《广州市志》，广州：广州出版社2000年版。

36. 中共广州市委党史资料征集、研究委员会办公室编：《广州大革命时期回忆录选编》（中共广州党史资料丛书），广州：广东人民出版社1986年版。

37. 陈登贵、江铁军编：《广东农民运动资料选编》，北京：人民出版社1986年版。

38. 林锦文编：《广州农民运动讲习所资料选编》，北京：人民出版社1987年版。

39. 方志钦、蒋祖缘：《广东通史（现代部分·上册）》，广州：广东高等教育出版社1996年版。

40. 广东民国史研究会编：《广东民国史》，广州：广东人民出版社2004年版。

41. 中共广东省委党史研究室编：《中国共产党广东地方史》，广州：广东人民出版社1999年版。

42. 中共广州市委党史研究室编：《中共广州地方史（新民主主义革命时期）》，广州：广东人民出版社1995年版。

43. 杨万秀：《广州通史（现代卷·上册）》，北京：中华书局2010年版。

44. 曾庆榴：《国民革命与广州》，广州：广州出版社2011年版。